SERICK

Deutsche Mobiliarsicherheiten – Aufriß und Grundgedanken

Vorlesungen und Vorträge in Japan

GLIEDERUNG

Vorlesungen an der Nihon Universität in Tokio

Vier Vorlesungsveranstaltungen

Vorträge an japanischen Universitäten und für Praktiker in Tokio

Vortrag an der Kinki Universität, Osaka

Vortrag im Japanese Institute of International Business Law, Inc., Tokio, für japanische Juristen aus der Praxis

Vortrag an der Kyoto Universität

Vortrag an der Meiji Universität, Tokio

Vortrag im Comparative Law Institute der Nihon Universität, Tokio

Anhang

Überblick und Orientierungspunkte zu Serick, Eigentumsvorbehalt und Sicherungsübertragung. Band I bis VI

Deutsche Mobiliarsicherheiten Aufriß und Grundgedanken

Vorlesungen und Vorträge an japanischen Universitäten sowie für Praktiker in Tokio

von Dr. Rolf Serick

ord. Professor der Rechte an der Universität Heidelberg
Honorarprofessor an der Universität Stuttgart

Verlag Recht und Wirtschaft GmbH
Heidelberg

CIP-Kurztitelaufnahme der Deutschen Bibliothek

Serick, Rolf:

Deutsche Mobiliarsicherheiten – Aufriß u. Grundgedanken ; Vorlesungen u. Vorträge an japan. Univ. sowie für Praktiker in Tokio / von Rolf Serick. – Heidelberg : Verl. Recht u. Wirtschaft, 1988

ISBN 3-8005-1002-2

ISBN 3-8005-1002-2

Lichtsatz und Offsetdruck: HVA Grafische Betriebe, 6900 Heidelberg
Buchbinderische Verarbeitung: W. Fischer, 6900 Heidelberg

Printed in Germany

VORWORT

Auf der japanischen Zivilrechtslehrertagung im Herbst 1987 in Osaka referierte Prof. Dr. Mikami (Yokohama) über die Insolvenzrechtsreform in Deutschland unter besonderer Berücksichtigung der Vorschläge zu den Mobiliarsicherheiten im Ersten und Zweiten Bericht. Das Thema zeigt, in welch hohem Maße die japanische Wissenschaft an Grundlagen und Fortentwicklung deutscher Mobiliarsicherheiten interessiert ist. Dieses Interesse beruht darauf, daß das heutige japanische Zivilrecht tief im deutschen Rechtsdenken wurzelt (vgl. Kitagawa, Das Methodenproblem in der Dogmatik des japanischen bürgerlichen Rechts, AcP 166 [1966] S. 330; Zweigert/Kötz, Einführung in die Rechtsvergleichung auf dem Gebiete des Privatrechts, I [2. Aufl. 1984], S. 414 f.) und dieser Einfluß sich auch bei den japanischen Mobiliarsicherheiten, insbesondere bei Vorbehalts- und Sicherungseigentum, bemerkbar macht (vgl. etwa Sugishita, Der Eigentumsvorbehalt im japanischen Recht, Diss. Heidelberg 1985).

Meine Vorlesungen an der Nihon Universität in Tokio sowie die Vorträge an der Kyoto Universität, der Kinki Universität, Osaka, der Meiji Universität in Tokio, dem Comparative Law Institute der Nihon Universität und nicht zuletzt vor Praktikern am Japanese Institute of International Business Law, Inc., Tokio, im Wintersemester 1987/88 sollten über den derzeitigen Stand deutscher Mobiliarsicherheiten berichten, aber auch über die Reformbestrebungen in Deutschland informieren. Die japanische Geschäftspraxis wollte im Rahmen ihrer Handelsbeziehungen zu deutschen Partnern rechtzeitig beantwortet wissen, ob und inwieweit beim Waren- und Geldkredit die Sicherung durch in Deutschland gewährte Mobiliarsicherheiten auch im Konzept des geplanten Insolvenzrechts weiterhin als kalkulierbar bezeichnet werden darf.

Ziel der Vorlesungen war es, Aufriß und Grundlinien der Mobiliarsicherheiten darzustellen. Die Vorträge boten sodann eine willkommene Gelegenheit, ergänzend einzelne Schwerpunkte, die in den Vorlesungen nur angesprochen werden konnten, aufzubereiten; bei dem unterschiedlichen Hörerkreis waren freilich gelegentlich kleinere Wiederholungen unvermeidbar, die aber im ganzen wohl als hinnehmbar erscheinen. So ist die Gesamtdarstellung der Vorlesungen und Vorträge, angeregt durch Reinhold Trinkner, in gewissem Sinne zu einer Summe aller sechs Bände meiner Monographie über Eigentumsvorbehalt und Sicherungsübertragung geworden – einer Summe, die freilich zuweilen grenzüberschreitend auch in Neuland vorstößt. Sie steht zwischen der Monographie und meinem in Angriff genommenen Werk über den Sicherheitenpool, in dem die Dogmatik der Mobiliarsicherheiten auf Grund der Rolle, die ihnen in einem eigenständigen Umfeld zukommt, neue Impulse erhalten könnte.

In der Druckvorlage dieser Veröffentlichung wurde die Vortragsform beibehalten. Ergänzungen durch Fußnoten und Querverweisungen erleichtern die Beschäftigung mit der jeweiligen Thematik; ein Anhang dient als Überblick über die Monographie und gibt erste Orientierungshilfen. Vor allem für den ausländischen Leser ist ein ausführliches Sachverzeichnis erstellt worden.

Vorlesungen und Vorträge hat Prof. Nagata, den Vortrag für die Meiji Universität Dozent Dr. Sugishita ins Japanische übersetzt, eine Kurzfassung meines Vortrags an der Universität Kyoto stellte Prof. Dr. Kitagawa als Grundlage für ein Staff-Seminar her; allen habe ich hierfür herzlich zu danken. Deutsche Fassung und japanische Übersetzung sollen in Japan – weiterführend durch eine Stellungnahme von Prof. Nagata im Blick auf das japanische Recht – als selbständige Publikation der Nihon Universität, Tokio, erscheinen. Die Vorträge sind außerdem zur Veröffentlichung in japanischen Universitäts- bzw. einschlägigen Fachzeitschriften vorgesehen.

Heidelberg, den 23. 12. 1987 *Rolf Serick*

INHALTSVERZEICHNIS

Vorlesungen an der Nihon Universität in Tokio

Die einfache Sicherungsübertragung

Erste Vorlesungsstunde am 14. 10. 1987 3

I. Allgemeines 3
1. Sicherungsübertragung und zu sichernder Kredit 3
a) Gegenstände und Ziel der Sicherungsübertragung 3
b) Zu sichernde Darlehensforderung 3
2. Sicherungsübereignung beweglicher und unbeweglicher Sachen 4
a) Grundstücke 4
b) Bewegliche Sachen 5
3. Gewohnheitsrecht als Rechtsquelle der Sicherungsübertragung 5
a) Sicherungsübereignung und Erfordernisse des Gewohnheitsrechts. 5
b) Sicherungsübertragung von Forderungen und Rechten . 6
4. Sicherungsübereignung beweglicher Sachen als Vortragsgegenstand 6

II. Sicherungsübereignung, nicht Verpfändung beweglicher Sachen 6
1. Unzulänglichkeit des Faustpfandes 6
2. Sicherungsübereignung durch Besitzkonstitut (§ 930 BGB) – ohne Übergabe der Sachsicherheit, der Sicherungsgeber bleibt unmittelbarer Besitzer 8
3. Schuldrechtliche Sicherungsabrede und zu sicherndes Darlehen 9
a) Bedeutung und rechtliche Behandlung der Sicherungsabrede 9
b) Verhältnis zum Darlehen, das gesichert werden soll . . . 10
c) Geschäftsbedingungen und Formularverträge 10

III. Funktion des Sicherungseigentums 11
1. Sicherungseigentum und Bundesgerichtshof 11
2. Volleigentum und Sicherungseigentum im Konkurs 11
3. Sicherungseigentum als Treuhandeigentum 12

IV. Allgemeine Bemerkungen zur Sicherungstreuhand – insbesondere zu den quasidinglichen Wirkungen und zum Umwandlungsprinzip 13
1. Römisch- und germanischrechtliche Treuhand 13
2. Geltung und Wesen des fiduziarischen Rechtsgeschäftes römischrechtlicher Herkunft 14
3. Fiduziarische Verwaltungs- und Sicherungstreuhand 15
4. Quasidingliche Rechtswirkungen der Sicherungstreuhand, vor allem in der Insolvenz des Sicherungsgebers – Grundgedanken des Umwandlungsprinzips 15
a) Quasidingliche Wirkungen im Beispiel der Sicherungsübereignung 15
b) Das Umwandlungsprinzip – vom Sicherungseigentum zur Sicherungstreuhand 16

Der einfache Eigentumsvorbehalt

Zweite Vorlesungsstunde am 16. 10. 1987 19

I. Gesetzliche Grundlagen und systematische Grundgedanken . . 19
1. Gesetzliche Ausgangspunkte 19
2. Gewöhnlicher Kauf als Rechtsgrund für einen unbedingten Eigentumserwerb des Käufers 20
a) Kaufvertrag als schuldrechtliche causa 20
b) Unbedingte Übereignung als Erfüllungsgeschäft – abstraktes Rechtsgeschäft und Abstraktionsprinzip . . . 21
c) Ungerechtfertigte Bereicherung und Abstraktionsprinzip 22
3. Unbedingter Vorbehaltskauf als causa und aufschiebend bedingte Übereignung als Erfüllungsgeschäft 23
4. Wesenszüge des aufschiebend bedingt übertragenen Eigentums in Gestalt von Vorbehaltseigentum, verglichen mit dem treuhänderisch übertragenen Sicherungseigentum . . . 24

a) Vorbehaltseigentum 24
b) Exkurs: Zum Sicherungseigentum 24
c) Konsequenzen aus treuhänderisch gebundenem bzw. nicht gebundenem Vollrecht im Konkurs: Aussonderungsrecht des Vorbehaltseigentümers – bloßes Absonderungsrecht des Sicherungseigentümers 25

II. Anwartschaftsrecht aus Vorbehaltskauf 26
1. Interessenlage 26
2. Eigenschaften des Anwartschaftsrechtes aus einfachem Vorbehaltskauf – Rechtsstellung des Vorbehaltskäufers . . . 26
3. Rechtsnatur und Kennzeichen des Anwartschaftsrechtes . . 27
a) Rechtsnatur des Anwartschaftsrechtes aus Vorbehaltskauf 27
b) Kennzeichen 28
4. Exkurs: Eigenschaften des Anwartschaftsrechtes aus auflösend bedingter Sicherungsübereignung 29

Die verlängerte und erweiterte Sicherungsübereignung

Dritte Vorlesungsstunde am 20. 10. 1987 31

I. Formularklauseln einer Großbank als Anschauungsmaterial; Vorlesungsstoff 31
1. Der Sachverhalt 31
2. Die Musterklauseln aus dem Formular der Großbank . . . 32
a) Fundstellen 32
b) Im einzelnen: Wortlaut der Verarbeitungsklausel 32
c) Wortlaut der Vorausabtretungsklausel 33
d) Wortlaut der Erweiterungsklausel 33
3. Klauselkombinationen im Musterformular; Vorlesungsstoff 34

II. Gemeinsame Technik bei den Verlängerungen von Sicherungs- und Vorbehaltseigentum 35
1. Allgemeines – Aufriß der Verlängerungsformen 35
2. Insbesondere: Technik der Verlängerung kraft Vorausabtretung – Rechtsgrundlagen und Durchgangserwerb 36
3. Künftige Forderung: Begründung, Entstehung und Vorausabtretung 38

4. Probleme der Bestimmbarkeit einer im voraus abgetretenen Forderung und Wesen der Vorausabtretung 39

III. Ermächtigungen bei Verlängerungsformen kraft Vorausabtretung – auch zur germanischrechtlichen Treuhand in Gestalt der Ermächtigung 40

1. Veräußerungs- und Einziehungsermächtigung als Bindeglieder zwischen veräußerter Sach- und erworbener Forderungssicherheit 40

a) Veräußerungsermächtigung 40

b) Einziehungsermächtigung 41

2. Rechtsgeschäftliche Ermächtigung germanischrechtlichen Ursprungs 42

3. Zusammenfassung: Architektur der Verlängerung kraft Vorausabtretung 43

IV. Erweiterte Sicherungsübereignung 44

1. Gemeinsamer Grundgedanke der Erweiterungsformen im Bereiche des Geld- und Warenkredits 44

2. Gemeinsame Behandlung der Erweiterungsformen in der vierten Vorlesungsstunde 45

Der verlängerte und erweiterte Eigentumsvorbehalt

Vierte Vorlesungsstunde am 22. 10. 1987 47

I. Formularklauseln in der Lieferantenpraxis und Überblick über die Vorlesungsstunde 47

1. Musterklauseln aus neuerem Schrifttum als Anschauungsmaterial 47

2. Zur Vorlesungsstunde 48

II. Verlängerungen kraft Verarbeitungsklausel 48

1. Grundlagen 48

a) Rechtsfolgen nach Verarbeitung eines Rohstoffes zu einer neuen Sache – ohne und mit Verarbeitungsklausel 49

b) Zulässigkeit einer Verarbeitungsklausel – Theorienstreit 49

2. Theorienstreit und die hier behandelten Musterklauseln aus der Bank- sowie der Lieferantenpraxis 51
a) Zuordnung der besprochenen Verarbeitungsklauseln . . 51
b) Insbesondere: Zur Zweispurigkeit unserer Bank-Verarbeitungsklausel 51
3. Verarbeitungsklausel in der Lesart des Bundesgerichtshofes und Eigentumserwerb des Lieferanten bzw. der Bank . . . 52
4. Eingeschränkte und uneingeschränkte Verarbeitungsklausel 53

III. Erweiterungsformen des Eigentumsvorbehaltes und der Sicherungsübereignung – Gemeinsamkeiten und Art der Erledigung des jeweiligen Sicherungszwecks 54
1. Sicherungsabrede als Herzstück der Erweiterungsformen . 54
2. Erledigung des Sicherungszwecks bei bedingten Sicherungsgeschäften 56
3. Insbesondere zum Rückgewähranspruch bei erledigtem Sicherungszweck im Rahmen einer unbedingt vorgenommenen Sicherungsübereignung 57
a) Künftige Forderungen als Gegenstand der Sicherung durch die Erweiterungsklausel 57
b) Sicherungsrechtliche Treuhand und Rückgewähranspruch 58

IV. Spezialfragen beim erweiterten Eigentumsvorbehalt und Vorschau auf die Vortragsveranstaltungen 59
1. Terminologie: Erweiterter Eigentumsvorbehalt oder Kontokorrentvorbehalt? 59
2. Eintritt des Erweiterungsfalles und Bundesgerichtshof . . . 60
3. Wirtschaftliche und rechtliche Einordnung des Vorbehaltseigentums nach Eintritt des Erweiterungsfalles – dogmatische Deutung 61
a) Pfandrechtsartige Berechtigung des Lieferanten an eigener Sache 61
b) Dogmatische Deutung – „Elastizität" des Vorbehaltseigentums 62
4. Vorschau auf den Vortragszyklus 63

Vorträge an japanischen Universitäten und für Praktiker in Tokio

Sicherungsübertragung in Deutschland – Rechtskonstruktion, Problematik der Offenkundigkeit und Funktion der Sicherungstreuhand

Vortrag an der Kinki Universität, Osaka, am 27. 10. 1987 67

I. Ausgangspunkte im Bürgerlichen Gesetzbuch: Das Vertragspfandrecht an beweglichen Sachen (Fahrnispfandrecht) sowie an Rechten einerseits und andererseits die Übertragung des Vollrechtes 67

1. Das Offenkundigkeitsprinzip bei beweglichen Sachen . . . 67
   a) Durchbrechungen des Offenkundigkeitsprinzips bei der Übereignung 68
   b) Strikte Anwendung des Offenkundigkeitsprinzips beim vertraglichen Fahrnispfand 69
2. Offenkundigkeitsprinzip – Verpfändung und Abtretung von Forderungen 69
3. Fazit 70

II. Unbrauchbarkeit der gesetzlich geregelten Verpfändung – insbesondere zum Erfordernis der Offenkundigkeit 71

1. Allgemeines 71
2. Wirtschaftliche Erfordernisse bei Kreditsicherung mit Hilfe beweglicher Sachen 72
3. Nicht Anzeigepflicht und Geheimhaltungsinteresse, sondern fehlende wirtschaftliche Praktikabilität als Haupteinwand gegen Forderungsverpfändung 73
   a) Schrifttum und Rechtsprechung zum Gewicht der Anzeigepflicht bei Forderungsverpfändung 74
   b) Offenes Factoring als Argument gegen die entscheidende Bedeutung des Geheimhaltungsinteresses 75
   c) Fehlende wirtschaftliche Praktikabilität der Verpfändung künftiger Forderungen als Haupteinwand 76
4. Künftige Forderungen und deren Verpfändung 76

III. Sicherungsübertragung als Ausweg – Rechtskonstruktion und Funktion der Sicherungstreuhand 78
1. Gewöhnliche Vollrechtsübertragung – antizipierte Übereignung und Vorausabtretung. 78
2. Insbesondere: Sicherungsübertragung – Rechtskonstruktion und Funktion 80
a) Rechtskonstruktion auf der Grundlage der Sicherungstreuhand 80
b) Funktionen der Sicherungstreuhand, insbesondere zum Umwandlungsprinzip 82
c) Sicherungseigentum im Konkursverfahren über das Vermögen des Sicherungsgebers als Beispiel 83

Fiduziarische Sicherungsabtretungen, Factoring-Globalzessionen und Einziehung von Treuhandforderungen in der deutschen Praxis

Vortrag im Japanese Institute of International Business Law, Inc., Tokio, am 15. 10. 1987, für japanische Juristen aus der Praxis . . . 85

I. Rechtstatsachen – Bedeutung und Erscheinungsformen der fiduziarischen Sicherungsabtretung und der Factoring-Globalzession 85
1. Eigenkapitalknappheit deutscher Unternehmen und Bedarf an Fremdkapital 85
2. Fiduziarische Sicherungsabtretungen im Bereich des Geld- und Warenkredits 86
a) Geldkredit 86
b) Warenkredit 88
c) Gewichtung der Abtretung als Kreditsicherungsmittel . 88
3. Sonderfall der Globalzession bei Factoring-Geschäften . . . 89
a) Echtes Factoring 89
b) Unechtes Factoring 90
c) Bedeutung im Zusammenhang mit Globalzessionen . . . 90

II. Globalzessionen als Sicherungstreuhand, als nichtfiduziarische Kreditsicherung oder als Erfüllungsgeschäft eines Forderungskaufes – Konsequenzen bei Kollision und Insolvenz . . . 91

1. Globalzessionen im Rahmen von Factoring-Verträgen . . . 92
a) Echtes Factoring: Globalzession als bloßes Erfüllungsgeschäft eines Forderungskaufes 92
b) Unechtes Factoring: Globalzession sicherungshalber ohne Treuhandcharakter 92
c) Zur Alternative: Globalzession bei unechtem Factoring als Unterfall der Sicherungstreuhand 94

2. Kollisionsproblematik bei mehrfachen Abtretungen im Blick auf Factoring-Globalzessionen 95
a) Mehrfache Abtretung einer künftigen Forderung – Prioritätsprinzip 95
b) Durchbrechung des Prioritätsprinzips bei einer Kollision zwischen der vorrangigen kreditsichernden Globalzession und einem kraft Vorausabtretung verlängerten Eigentumsvorbehalt 96

3. Sicherungsabtretung als Treuhandgeschäft – insbesondere: Abgrenzung zur Globalzession beim unechten Factoring . . 98
a) Rückgewähranspruch des Sicherungsgebers: Wesensmerkmal der fiduziarischen Abtretung – Fehlen bei der Globalzession des unechten Factoring-Geschäftes 99
b) Funktionen der fiduziarischen Sicherungsabtretung und einer nichtfiduziarischen Globalzession bei unechtem Factoring 99

III. Einziehungsermächtigung bei fiduziarischen Sicherungsabtretungen 101

1. Allgemeines 101

2. Erlöschen der Einziehungsermächtigung 102
a) Vertragliche Regelung und Erlöschen durch Widerruf . . 102
b) Automatisches Erlöschen 103

3. Ergänzung der römischrechtlichen fiducia bei der Sicherungsabtretung durch die germanischrechtliche Treuhand bei der Einziehungsermächtigung 104

4. Tradition und Reform 107

Mobiliarsicherheiten – made in Germany; insbesondere zur Rolle umsatzbestimmter Sachsicherheiten und der Sicherheitsforderungen

Vortrag an der Kyoto Universität am 26. 10. 1987 109

I. Schlüsselfunktion der Unterscheidung zwischen statischen und dynamischen (umsatzbestimmten) Waren bei einfachem Eigentumsvorbehalt und einfacher Sicherungsübereignung . . 109

1. Unzureichende gesetzliche und umfassende gewohnheitsrechtliche Regelung des Eigentumsvorbehaltes und der Sicherungsübertragung 109
2. Kauf einer zum Verbleib bzw. zum Umsatz bestimmten Vorbehaltsware 111
3. Einfacher Eigentumsvorbehalt mit den Schwerpunkten: Eigentumserwerb des Käufers bei statischer Ware oder Veräußerungsermächtigung bzw. Verarbeitungsgestattung und bloß hilfsweiser Eigentumserwerb bei umsatzbestimmter Ware 112
   a) Vorbehaltskauf und statische Vorbehaltsware 112
   b) Vorbehaltskauf und dynamische Vorbehaltsware 113
   c) Theoretischer und praktischer Stellenwert der Unterscheidung 115
4. Einfache Sicherungsübereignung einer zum Verbleib bzw. zum Umsatz bestimmten Ware 116
5. Vom einfachen Eigentumsvorbehalt und von der einfachen Sicherungsübereignung bei umsatzbestimmten Waren hin zu gemeinsamen Verlängerungsformen 117

II. Verlängerungs- und Erweiterungsformen bei Vorbehalts- sowie Sicherungseigentum; Klauselkombinationen 118

1. Verlängerungsformen 118
   a) Verlängerungsformen kraft Vorausabtretungsklausel . . 118
   b) Verlängerungsformen kraft Verarbeitungsklausel 120
   c) Begriffsumschreibungen 120
2. Kombinationsformen, insbesondere: hintereinandergeschaltete Verlängerungen 121
3. Erweiterungsformen 122

III. Globalzessionen und der Grundsatz der Gleichbehandlung von Waren- und Geldkredit 124
1. Formularklausel einer Globalzession 124
2. Wesen der Globalzession und Abgrenzung gegenüber den Verlängerungsformen 125
3. Globalzession als Sicherungsmittel der Geld- und Warenkreditgeber 126
4. Schlußbemerkung 127

Eigentumsvorbehalt und Sicherungsübertragung – Trennung, Einheit oder Verbund?

Vortrag an der Meiji Universität, Tokio, am 23. 10. 1987 129

I. Kerngedanken einer Trennungstheorie 129
1. Argumente aus dem deutschen Recht 129
2. Trennung und japanische Vorlesungspraxis 132

II. Von der Einheit der Sicherungsmittel Vorbehaltseigentum und fiduziarische Sicherheit zum gegenseitigen Verbund 133
1. Vorbehalts- und Sicherungseigentum als besitzlose Pfandrechte? 133
2. Vom besitzlosen Pfandrecht zur Einheitsmobiliarsicherheit 135
3. Einheitsmobiliarsicherheit und deutsche Insolvenzrechtsreform 136
4. Kritik an Einheit, aber auch an starrer Trennung 137

III. Verbund von Eigentumsvorbehalt und Sicherungsübertragung durch Übergänge unter Wahrung der ursprünglichen Institute – Durchlässigkeitsgebot sowie Elastizität des Vorbehaltseigentums 139
1. Verlängerungsformen 139
2. Erweiterungsformen 142

IV. Fazit – Trennung von Vorbehaltseigentum und fiduziarischer Sicherheit, aber behutsame Fortschreibung durch Brückenschläge (Verbundkonzept) 145

1. Verbundkonzept im Spiegel von Rechtsprechung und Schrifttum 145
a) Zum Durchlässigkeitsgebot beim Austausch Vorbehaltssache gegen Sicherheitsforderung bzw. neu hergestellte Sache 146
b) Zur These von der Elastizität des Vorbehaltseigentums bei Auswechslung der ursprünglich gesicherten Kaufpreisforderung gegen eine neue Forderung 147
2. Ausklang 149

Insolvenzrechtsreform und Reform der Mobiliarsicherheiten in Deutschland am Beispiel von Sicherheitenpools heute und in Zukunft (Erster und Zweiter Bericht der Kommission für Insolvenzrecht)

Vortrag im Comparative Law Institute der Nihon Universität, Tokio, am 5. 11. 1987 151

I. Sicherheitenpools im geltenden Recht 151
1. Überblick über Zwecke und Strukturen des Pools 151
2. Gefahren bei Begriffsumschreibungen 152
3. Eigenheiten des Sicherheitenpools bei Lieferanten und Banken 153
a) Lieferantenpools 153
b) Bankenpools 154
4. Zum hier verwendeten Begriff des Sicherheitenpools de lege lata 155
5. Zerschlagung des Sicherheitenpools geltenden Rechts durch die Reformvorschläge 156

II. Sicherheitenpool, Mobiliarsicherheiten und Insolvenzrechtsreform 157
1. Regelung des Pools im Ersten Bericht der Kommission für Insolvenzrecht 157
2. Von der Kommission vorgeschlagener Sicherheitenpool als insolvenzrechtliches Institut sui generis 158

3. Während des Reorganisationsverfahrens entstandene „abstruse“ Mobiliarsicherheiten und geltendes Zivilrecht 159
a) „Gesetzliche“ Verlängerung am Beispiel der Verarbeitung 160
b) „Gesetzliche“ Verlängerung am Beispiel der Verbindung 160
4. Mit dem Zivilrecht unverträgliche Verunstaltungen der Mobiliarsicherheiten bei ihrer Entlassung aus dem Insolvenzverfahren 161
5. Zwang, mit insolvenzrechtlich denaturierten Mobiliarsicherheiten im Zivilrecht zu arbeiten 162

III. Fazit 164
1. Unverträglichkeit der insolvenzrechtlich geprägten Mobiliarsicherheiten mit den Mobiliarsicherheiten des geltenden Zivilrechts 164
a) Sicherheitenpool 164
b) Mobiliarsicherheiten 164
2. Ausblick 165

Anhang

Überblick und Orientierungspunkte zu Serick, Eigentumsvorbehalt und Sicherungsübertragung. Band I bis VI 167

VERZEICHNISSE

I. Verzeichnis der Abkürzungen 179
1. Vorlesungen und Vorträge – in der Reihenfolge ihrer Veröffentlichung 179
2. Abkürzungen und abgekürzt zitiertes Schrifttum 180

II. Sachverzeichnis 183

Vorlesungen
an der Nihon Universität in Tokio

Die einfache Sicherungsübertragung*

I. ALLGEMEINES

1. Sicherungsübertragung und zu sichernder Kredit

a) Gegenstände und Ziel der Sicherungsübertragung

Das Thema „Die einfache Sicherungsübertragung" behandelt Sicherungsgeschäfte mit Hilfe von beweglichen Sachen, Forderungen und Rechten. Die nach der Übertragung entstehenden Sicherungsrechte sind Mobiliarsicherheiten; schon an dieser Stelle soll jedoch angemerkt werden, daß der Begriff Mobiliarsicherheiten neben Sicherungseigentum und sicherungshalber übertragenen Forderungen oder Rechten auch das Vorbehaltseigentum umfaßt[1].

Allen in unserer ersten Vorlesungsstunde zu besprechenden Sicherungsübertragungen ist gemeinsam, daß es sich stets um fiduziarische Rechtsgeschäfte handelt – der Erwerber soll nicht endgültig der Berechtigte des ihm übertragenen Rechtes werden; er soll vielmehr die Rechtsstellung, „Inhaber des Vollrechtes" zu sein, lediglich vorübergehend zu treuen Händen, und zwar sicherungshalber, erhalten[2].

b) Zu sichernde Darlehensforderung

Die Sicherungsübertragung findet sich regelmäßig im Zusammenhang mit einer Darlehensgewährung. Deshalb wird sie beim Geldkredit oft verallgemeinernd als Sicherungsmittel der Banken bezeichnet und in einen Gegensatz zum Sicherungsmittel der Warenlieferanten, nämlich dem Vorbehaltseigentum, gebracht: Dem

---

* Erste Vorlesungsstunde am 14.10.1987.

1 Zum Begriff „Mobiliarsicherheiten" vgl.: *Serick*, V, § 57 I 1, S. 46; *Serick*, VI, § 72 I 2, S. 3. Ferner unten: Vortrag Kyoto Universität, I 1, S. 109; Vortrag Meiji Universität, I 2, S. 132.

2 Vgl. *Serick*, II, § 19 I 1, S. 71 f. Zu dem im folgenden verwendeten Begriff „Sicherungsmittel" vgl. unten: Dritte Vorlesung, IV 1, S. 45.

Vorbehaltseigentum, das den Kaufpreis zu sichern hat, entspricht beim Geldkredit die Sicherung eines Darlehens mit Hilfe beweglicher Sachen – der Darlehensgeber erhält an ihnen Sicherungseigentum.

2. Sicherungsübereignung beweglicher und unbeweglicher Sachen

Zur Sicherung können theoretisch nicht nur bewegliche, sondern auch unbewegliche Sachen übereignet werden.

a) Grundstücke

Die Sicherungsübereignung von Grundstücken hat jedoch im modernen Kreditverkehr kaum praktische Bedeutung[3]. Steht dem Darlehensnehmer ein genügend wertvolles Grundstück zur Verfügung, so wird er es nicht sicherungshalber übereignen, sondern mit einem der gesetzlich bestens geregelten Grundpfandrechte – einer Hypothek oder einer Sicherungsgrundschuld – belasten. Das ist einfacher, billiger und steuerrechtlich vorteilhafter als die Sicherungsübereignung des Grundstücks.

Ein Verpflichtungsvertrag zur Sicherungsübereignung des Grundstücks würde überdies eine kostspielige notarielle Beurkundung (§ 313 BGB) benötigen – die Verpflichtung zur Bestellung eines Grundpfandrechtes kann dagegen formlos erfolgen. Das Vollzugsgeschäft der Sicherungsübereignung wäre grunderwerbsteuerpflichtig; seine Rückabwicklung – falls das gesicherte Darlehen zurückbezahlt und das Grundstück zurückübereignet wird – löste, jedenfalls grundsätzlich, ein weiteres Mal die Pflicht zur Zahlung von Grunderwerbsteuer aus[4].

3 Im Gegensatz zum japanischen Recht, vgl. dazu *Nagata*, Gegenstand der Sicherungsübereignung im deutschen und japanischen Recht, Nihon University, Comparative Law, Vol. 2 (1985) S. 67, 78 ff.

4 Einzelheiten: *Serick*, II, § 17 III 1, 2, S. 18 ff. Zum heute geltenden Grunderwerbsteuergesetz (GrEStG 1983) vom 17.12.1982, BGBl. I 1982, S. 1777, vgl.: Grunderwerbsteuer, Neues Grunderwerbsteuergesetz, BB 1983 S. 44: „Es schließt an das frühere Reichsgrunderwerbsteuergesetz (1940) an, so daß die bisherige Rechtsprechung kontinuierlich fortgeführt werden kann"; § 16 Abs. 2 Nr. 1 GrEStG (1983) entspricht § 17 Abs. 2 Nr. 1 GrEStG (a.F.); Steuersatz 2%: § 11 GrEStG (1983). Zur Sicherungsübereignung von Gebäuden auf fremdem Boden (Scheinbestandteile, § 95 BGB) und der Grunderwerbsteuer: Nieders. Fm., Erlaß vom 29.4.1985, BB 1985 S. 1054.

b) Bewegliche Sachen

Ganz im Gegensatz zu Grundstücken, wo die gesetzlichen Grundpfandrechte gewöhnlich das Sicherungsmittel sind, werden bewegliche Sachen in der heutigen Wirtschaftspraxis nicht mit dem gesetzlich geregelten Faustpfand belastet. Sie werden vielmehr regelmäßig, und zwar ohne daß der Gesetzgeber hierfür spezielle Normen zur Verfügung gestellt hätte, sicherungshalber übereignet. Bei beweglichen Sachen verliert der Darlehensnehmer dabei sein Eigentum, der Darlehensgeber erwirbt es sicherungshalber; bei einer Grundpfandbestellung behält der Darlehensnehmer hingegen sein Eigentum am Grundstück, der Darlehensgeber erwirbt lediglich ein Grundpfandrecht.

3. Gewohnheitsrecht als Rechtsquelle der Sicherungsübertragung

a) Sicherungsübereignung und Erfordernisse des Gewohnheitsrechts

Die im Bürgerlichen Gesetzbuch nicht geregelte Sicherungsübereignung gilt heute kraft ungeschriebenen Rechtes, kraft Gewohnheitsrechtes[5]. Das Gewohnheitsrecht ist im Bereiche des deutschen Zivilrechtes eine Rechtsquelle, die den gleichen Rang hat wie das geschriebene Recht: Art. 2 des Einführungsgesetzbuches zum BGB spricht davon, daß Gesetz im Sinne des Bürgerlichen Gesetzbuches jede Rechtsnorm ist – eine Einschränkung gerade auf die geschriebene Rechtsnorm fehlt. Die Sicherungsübereignung ist von der Rechtsgemeinschaft – dem Volk, den Gerichten und der Wissenschaft – ausgestaltet worden; die so gebildeten Rechtsregeln werden gleichmäßig angewendet und mit Rechtsgeltungswillen ausgeübt. Damit liegen die Voraussetzungen vor, die erforderlich sind, um von Gewohnheitsrecht sprechen zu können; ihm kommt als jüngerem Recht sogar die Kraft zu, Gesetzesrecht – etwa zwingende Regeln, die im BGB für das Faustpfand vorgeschrieben sind – zu durchbrechen. Man spricht hier von der derogatorischen Kraft des Gewohnheitsrechts.

5 Einzelheiten zum Gewohnheitsrecht als Rechtsquelle bei Mobiliarsicherheiten, insbesondere bei der Sicherungsübertragung: *Serick*, I, § 1 I 2, S. 2 ff. Vgl. ferner unten: Vortrag Kyoto Universität, I 1, S. 110.

b) Sicherungsübertragung von Forderungen und Rechten

Gewohnheitsrechtlichen Bestand hat auch die Sicherungsübertragung von Forderungen und Rechten. Auch bei diesen Rechtsobjekten hat der Gesetzgeber des BGB – ebenso wie bei beweglichen Sachen – lediglich deren Verpfändung geregelt: Neben einer beweglichen Sache kann nach BGB zur Sicherung der Forderung auch ein Recht oder eine Forderung in der Weise belastet, hier also verpfändet werden, daß der Gläubiger berechtigt ist, Befriedigung aus dem Recht oder aus der Forderung zu suchen (§§ 1273, 1279, 1204 BGB).

4. Sicherungsübereignung beweglicher Sachen als Vortragsgegenstand

Die Fragen, warum sich die Sicherungsübertragung bei Sachen, Forderungen und Rechten kraft Gewohnheitsrechts durchgesetzt hat, obwohl gesetzlich das Pfandrecht an beweglichen Sachen, Rechten und Forderungen ausführlich geregelt ist, warum andererseits die Sicherungsübereignung von Grundstücken gerade wegen der gesetzlichen Bestimmungen über die Grundpfandrechte völlig unüblich ist, können hinsichtlich der verschiedenen Sicherungsrechte nur getrennt beantwortet werden: Für bewegliche bzw. unbewegliche Sachen sind bezüglich des Siegeslaufs der Sicherungsübertragung andere Gründe maßgebend als für Forderungen oder Rechte.

Im folgenden soll dem Problem am Beispiel der Verpfändung oder Sicherungsübereignung beweglicher Sachen nachgegangen werden.

II. SICHERUNGSÜBEREIGNUNG, NICHT VERPFÄNDUNG BEWEGLICHER SACHEN

1. Unzulänglichkeit des Faustpfandes

Will ein Geldkreditgeber eine Forderung, hier: seine Darlehensforderung, mit Hilfe beweglicher Sachen rechtsgeschäftlich sichern lassen, so stellt das BGB dafür das Fahrnispfandrecht zur Verfügung. Es handelt sich um ein Besitzpfandrecht: Zu seiner Bestellung ist neben der dinglichen Einigung über die Entstehung des Pfandrechtes grundsätzlich die Übergabe der Sache, also die Verschaffung des unmittelbaren Besitzes, erforderlich (§ 1205 Abs. 1 Satz 1 BGB).

Der Gesetzgeber hat die Tatbestände, die ein vertragliches Pfandrecht begründen können, auf diesen nach außen hervortretenden Formalakt, die Besitzübergabe, ausgerichtet, um zu gewährleisten, daß die Belastung offenkundig ist; er will heimlichen Pfandrechten entgegentreten. Unzulässig ist daher eine Verpfändung durch Einigung über die Bestellung des Pfandrechtes und Vereinbarung eines Besitzmittlungsverhältnisses, etwa eines Leihvertrages, auf Grund dessen der Verpfänder, der zugleich Darlehensnehmer ist, den unmittelbaren Besitz der verpfändeten Sache behält und der Pfandgläubiger, der zugleich Darlehensgeber ist, nur den mittelbaren Besitz erwirbt. Der Darlehensgeber muß vielmehr den unmittelbaren Besitz erhalten.

Im heutigen Geschäftsleben kann aber ein Darlehensnehmer in der Regel auf den unmittelbaren Besitz beweglicher Sachen (Waren i. S. von § 1 HGB), mit denen er einen ihm gewährten Kredit sichern will, schlechterdings nicht verzichten. Der Kaufmann etwa braucht die Waren, die ihm als Kreditunterlage zur Verfügung stehen, damit er sie verkaufen und aus dem Verkaufserlös das Darlehen zurückzahlen kann; der Fabrikant benötigt die zu belastenden Rohstoffe, weil sie verarbeitet und weiterveräußert werden müssen; Maschinen und Geschäftseinrichtungen sind für seine Arbeit unentbehrlich. Andererseits brächte der unmittelbare Besitz für die Geldkreditgeber, insbesondere für die Banken, in der Regel lästige Verwaltungspflichten mit sich. Wo sollte eine Bank im übrigen die Sachen – Rohstoffe, Warenlager, Maschinen, Autos usw. – unterbringen?

Die gesetzlichen Vorschriften über das vertragliche Pfandrecht haben daher heutzutage im Kreditverkehr zwischen Banken, Kaufleuten und Fabrikanten nur noch dort einen echten Anwendungsbereich, wo ein Kreditnehmer den unmittelbaren Besitz des Sicherungsgutes entbehren kann und dieser Besitz den Kreditgeber auch nicht belastet. Das trifft zum Beispiel für Kostbarkeiten zu, die die kreditgebende Bank in ihr Depot nehmen kann, ferner für Waren, die ein Lagerhalter übernommen hat[6].

---

6 Vgl. dazu *Serick*, II, § 17 II 1, S. 5 f. Ferner unten: Vortrag Kinki Universität, II 1, S. 71 f.

2. Sicherungsübereignung durch Besitzkonstitut (§ 930 BGB) – ohne Übergabe der Sachsicherheit, der Sicherungsgeber bleibt unmittelbarer Besitzer

Für die Entstehung und Ausbildung der Sicherungsübereignung war entscheidend, daß die Wirtschaft ein Sicherungsmittel benötigte, das – anders als das Pfandrecht an beweglichen Sachen – eine Forderung mit Hilfe beweglicher Sachen dinglich sichert, ohne daß der Sicherungsgeber auf den unmittelbaren Sachbesitz verzichten müßte[7]. Als Lösung bot sich die Form an, in der die Sicherungsübereignung heutzutage regelmäßig vorgenommen wird: Das Eigentum an der Sache wird durch Einigung und Vereinbarung eines Besitzmittlungsverhältnisses (durch Einigung und Besitzkonstitut) fiduziarisch übertragen. Sicherungsgeber und -nehmer müssen dabei ein Rechtsverhältnis vereinbaren, „vermöge dessen der Erwerber den mittelbaren Besitz erlangt" (§ 930 BGB). Ein solches Besitzmittlungsverhältnis liegt gemäß § 868 BGB vor, wenn der Sicherungsgeber die Sache etwa als Verwahrer oder auf Grund eines ähnlichen Verhältnisses besitzt, vermöge dessen er dem Sicherungsnehmer gegenüber auf Zeit zum Besitz berechtigt oder verpflichtet ist; dadurch wird auch der Sicherungsnehmer Besitzer, und zwar mittelbarer Besitzer. Im Beispiel ist der Verwahrer unmittelbarer und der Hinterleger mittelbarer Besitzer. Erforderlich ist allerdings ein konkretes Besitzkonstitut. Ein gesetzlich geregeltes Schuldverhältnis, das auf Zeit zum Besitz berechtigt oder verpflichtet, sowie ein kraft Parteivereinbarung geschaffenes, das die genannten Rechtswirkungen entfaltet, erfüllen diese Anforderung. Ihr genügt nach heute herrschender Auffassung auch die Sicherungsabrede[8]. Sie ist das Verpflichtungsgeschäft der Sicherungsübereignung (unten 3 a) und bei einer Übereignung nach § 930 BGB das hinreichend konkrete Konstitut: Der Sicherungsgeber ist jetzt nur noch auf Zeit und eingeschränkt zum Besitz berechtigt – er darf die Sache nur nach Maßgabe der Sicherungsabrede bis zur Verwertungsreife gebrauchen; der Sicherungsnehmer ist befugt, sie spätestens dann herauszuverlangen.

7 Zum folgenden *Serick*, II, § 20 I 4, S. 117 f.

8 Dazu *Serick*, II, § 20 I 4 b, S. 121 ff. Zu den Anforderungen an die Vereinbarung eines Besitzmittlungsverhältnisses bei der Sicherungsübereignung vgl. *BGH*, 2.5.1979, BB 1979 S. 1004, 1005 (mit zahlreichen Nachweisen). Vgl. aus dem neueren Schrifttum: *Jauernig*, Bürgerliches Gesetzbuch (4. Aufl. 1987), § 930 Anm. 5 D b, ee.

3. Schuldrechtliche Sicherungsabrede und zu sicherndes Darlehen

Der rechtliche Zuschnitt der Sicherungsabrede (Kreditsicherungsverhältnis) und ihre Verbindung zum Kreditverhältnis – in der Regel einem Darlehensvertrag – bedürfen der Erläuterung.

a) Bedeutung und rechtliche Behandlung der Sicherungsabrede

Jedes Sicherungsgeschäft umfaßt insgesamt ein schuldrechtliches Grundgeschäft und ein dingliches Vollzugsgeschäft[9]. Das wesentliche Merkmal des Grundgeschäftes ist die Verpflichtung des Sicherungsgebers, einen Gegenstand als Sicherheit zu übertragen. Im Vollzugsgeschäft erfüllt er diese Verbindlichkeit; er übereignet zum Beispiel sein Kraftfahrzeug durch Einigung und Besitzkonstitut (§ 930 BGB) zur Sicherheit. Das Verpflichtungsgeschäft – zunächst einmal Gegenstand der folgenden Untersuchung – wird hier (schuldrechtliche) Sicherungsabrede[10] genannt; sie läßt sich des näheren als Kreditsicherungsverhältnis kennzeichnen.

Die schuldrechtliche Sicherungsabrede ist als Vertragstyp weder im BGB noch in einem anderen Gesetz geregelt. Ihre Zulässigkeit ergibt sich daraus, daß im Bereiche der Schuldverträge der Grundsatz der Vertragsfreiheit gilt. Die Vertragsfreiheit umfaßt die Abschlußfreiheit und die inhaltliche Gestaltungsfreiheit. Für die nähere Ausgestaltung der schuldrechtlichen Beziehungen zwischen Sicherungsgeber und -nehmer sind infolgedessen in erster Linie die Parteiabreden maßgebend. Die Sicherungsabrede bedarf keiner Form – Schuldverträge sind grundsätzlich formlos gültig. (In der Praxis wird sie freilich aus Beweisgründen meist schriftlich abgefaßt; die Urkunde enthält außerdem die Einzelheiten der Sicherungsübertragung, etwa die Modalitäten zur Erfassung eines Warenlagers mit wechselndem Bestand als übereignetes Sicherungsgut.)

9 Zum folgenden: *Serick*, II, § 18 I 1, S. 44 f. (Grundgedanken zur Sicherungsabrede – hier: Bedeutung und rechtliche Behandlung). Zur Sicherungsabrede als Kreditsicherungsverhältnis (zu dieser Bezeichnung auch im Kontext mit dem Kreditverhältnis) vgl. etwa *Serick*, I, § 4 II 3, S. 60.

10 Zu einzelnen Klauseln in der Sicherungsabrede vgl. *Serick*, II, § 18 II 1 ff., S. 62 ff. (Kontrollrechte, Mindestdeckungsbestand und Freigabeklauseln, Austauschklauseln, Verwertungsklauseln usw.). Zur Sicherungsabrede ferner unten: Vierte Vorlesung, III 1, S. 54 f.; Vortrag Kinki Universität, III 2 a, S. 80 f.

b) Verhältnis zum Darlehen, das gesichert werden soll

Die Sicherungsabrede darf nicht isoliert gesehen werden. Sie ist aufs engste mit dem Kreditverhältnis – in der Regel einem Darlehensvertrag – verbunden. Die zu sichernde Forderung ist notwendiger Bestandteil beider Vertragsverhältnisse, die Rechtsprechung und Schrifttum zuweilen zu einem einheitlichen, beiderseitige Pflichten erzeugenden Schuldvertrag zusammenziehen. Hierdurch entstehen, wie an dieser Stelle nur angedeutet werden kann, auf schuldrechtlicher Ebene zum Teil schwierige theoretische Probleme (z. B. die Frage einer synallagmatischen Verbindung in Gestalt eines gegenseitigen Vertrages, der den §§ 320 ff. BGB untersteht, usw.)[11].

c) Geschäftsbedingungen und Formularverträge

Weiter ist zu beachten, daß das individuelle Kredit- und das Kreditsicherungsverhältnis, also: Darlehen und Sicherungsabrede, im Bankverkehr regelmäßig durch die Allgemeinen Geschäftsbedingungen der Kreditinstitute, oft außerdem durch besondere Formulare ergänzt werden. Solche besonderen Formulare bestehen z. B. für den Fall, daß ein Warenlager mit wechselndem Bestand als Sicherung dienen soll. Ein derartiges Formular einer deutschen Großbank dient als Anschauungsmaterial in der dritten Vorlesungsstunde, in der auf die verlängerte und erweiterte Sicherungsübereignung eingegangen wird.

Ganz allgemein ist jedoch schon hier festzuhalten, daß die Allgemeinen Geschäftsbedingungen und die besonderen Formulare nur kraft besonderer Vereinbarung gelten und dann nur nach Maßgabe des das BGB ergänzenden Gesetzes zur Regelung des Rechts der Allgemeinen Geschäftsbedingungen (AGB-Gesetz)[12].

---

11 Vgl. etwa *Serick*, I, § 4 II 3, S. 60 f., i. V. mit *Serick*, II, § 18 I 1, S. 45. Zur Frage, ob der Sicherungsabrede allein der Charakter eines gegenseitigen Vertrages zukommt: *Serick*, VI, § 79 VI 3 b, S. 645. Zu Problemen beim Vorbehaltskauf: *Huber*, Der Eigentumsvorbehalt im Synallagma, ZIP 1987 S. 750 ff.

12 Vom 9.12.1976, BGBl. I S. 3317; BGBl. III 402-28. Aus neuerem Schrifttum: *Löwe/Graf v. Westphalen/Trinkner*, Großkommentar zum AGB-Gesetz, Band III, Einzelklauseln und Klauselwerke (2. Aufl. 1985); *Ulmer/Brandner/Hensen/H. Schmidt*, AGB-Gesetz (5. Aufl. 1987). Vor Inkrafttreten des AGB-Gesetzes: *Serick*, I, § 3, S. 23 ff. Aus neuerer Rechtsprechung zu Mobiliarsicherheiten und AGB-Gesetz, hier: zur kreditsichernden Globalzession, zum kraft Vorausabtretung oder Verarbeitungsklausel verlängerten sowie zum erweiterten Eigentumsvorbehalt vgl. *BGH*, 8.10.1986, BGHZ 98 S. 303 ff. = BB 1987 S. 222, 223 (in BGHZ 98 S. 303 nicht abgedruckte Ausführungen zum erweiterten Sicherungszweck).

III. FUNKTION DES SICHERUNGSEIGENTUMS

1. Sicherungseigentum und Bundesgerichtshof

Der Bundesgerichtshof hat sich in der Entscheidung vom 24.10.1979[13] grundsätzlich zu Wesen und Funktion des Sicherungseigentums geäußert. Nach kurzen Bemerkungen zum „Wesen der treuhänderischen Sicherungsabrede“, zur fehlenden gesetzlichen Regelung der Sicherungsübereignung und einem Vergleich mit dem gesetzlichen Faustpfandrecht führt das Gericht aus: „... das Sicherungseigentum ist gerade kein volles, ungebundenes Eigentum, sondern gewährt nur eine Verwertungsbefugnis, die im Konkurs des Sicherungsgebers nicht zur Aussonderung, sondern nur zur abgesonderten Befriedigung berechtigt. Der Umfang dieser Befugnis läßt sich daher nicht von der Stellung des Volleigentümers her bestimmen. Sinn und Zweck der Sicherungsübereignung ist es, dem Sicherungsnehmer für den Fall der Nichterfüllung seiner Forderungen die Befriedigung aus dem Sicherungsgut zu gewährleisten, den übereigneten Gegenstand regelmäßig aber zunächst dem Sicherungsgeber zur Nutzung zu belassen, um ihm die Fortführung seines Betriebes zu ermöglichen.“ Das Sicherungseigentum hat hiernach seine wichtigste Funktion in der Insolvenz eines Sicherungsgebers, der zugleich Darlehensnehmer ist. Das bedarf einer kurzen Erläuterung.

2. Volleigentum und Sicherungseigentum im Konkurs

In der Insolvenz zeigt sich ohne weiteres Sinn und Zweck der Sicherungsübereignung[14]: Im Konkursverfahren über das Vermögen des Sicherungsgebers ist der Darlehensgeber berechtigt, sich im Hinblick auf seine gesicherte Darlehensforderung aus der zur Sicherung übereigneten Sache abgesondert, das heißt bevorzugt zu befriedigen. Ein Erlösüberschuß gebührt der Konkursmasse; ein Ausfall – wenn das Sicherungsgut weniger Erlös bringt, als zur Tilgung der Darlehensforderung benötigt wird – kann lediglich als Konkursforderung geltend gemacht und mit einer Konkursquote bedient werden.

13 Vgl. *BGH*, 24.10.1979 (Az. VIII ZR 298/78), ZIP 1980 S. 40, 41, 42 (mit Anmerkung *Kübler*).

14 Zum folgenden *Serick*, III, § 35 I 1, 2, S. 266 ff.

Daß der Darlehensgeber im Konkurs nicht wie ein Eigentümer das Sicherungsgut aussondern, also schlicht aus der Konkursmasse herausverlangen kann, weil es der Konkursmasse nicht gehört, sondern daß er lediglich wie ein Faustpfandgläubiger vorgehen kann, der sich nur aus der im Eigentum des Verpfänders stehenden Sache, die zur Konkursmasse gehört, befriedigen darf, belegt, daß das Sicherungseigentum kein volles, ungebundenes Eigentum ist.

Die abgesonderte Befriedigung des Sicherungseigentümers wird durch seine Doppelstellung als Gläubiger bestimmt: Als Sicherungsnehmer ist er Gläubiger, der abgesonderte Befriedigung beanspruchen, als Darlehensgeber ist er jedoch nur ein Konkursgläubiger, der verhältnismäßige Befriedigung verlangen kann. Beide Positionen müssen im Konkurs wie folgt bereinigt werden: Der Sicherungsnehmer muß sich zunächst aus dem Sicherungsgut befriedigen; einen eventuellen Ausfall hat er dann als Konkursforderung geltend zu machen (§ 64 KO). Die Reihenfolge des Vorgehens ist zwingend; es gilt hier der konkursrechtliche Grundsatz der sog. Ausfallhaftung[15].

3. Sicherungseigentum als Treuhandeigentum

Die soeben erwähnte Stellung des Sicherungseigentümers erklärt sich daraus, daß er bloß Treunehmer (Treuhänder) des ihm übertragenen Eigentums ist. Die Rechtsfigur der Treuhand, besser: der Sicherungstreuhand, ist der Zugang zum Verständnis dafür, wie die Sicherungsübertragung als Sicherungsmittel funktioniert. Die – erläuterungsbedürftigen – Stichworte im Zusammenhang mit den soeben skizzierten konkursrechtlichen Vorgängen bei der Sicherungstreuhand lauten: quasidingliche Wirkungen der Sicherungstreuhand und Eingreifen des Umwandlungsprinzips. Der Hinweis auf die Sicherungsübertragung ist erforderlich, weil die Sicherungstreuhand nicht lediglich ein Charakteristikum der Sicherungsübereignung, sondern das Kennzeichen einer jeden Sicherungsübertragung ist.

15 Einzelheiten: *Serick*, III, § 35 I 3 a, S. 277 f. Aus neuerer Rechtsprechung vgl. *BFH*, 24.9.1987, BFHE 151 S. 99, 102 = ZIP 1988 S. 42, 43 f.: „. . . der Sicherungsnehmer erhält die Konkursdividende nur auf den Betrag der Forderung, mit der er bei dem Zugriff auf die Sicherheit ausgefallen ist (Serick, Eigentumsvorbehalt und Sicherungsübertragung, Bd. III, § 35 I 3 a; Kilger, a.a.O. § 64 Anm. 4, 6)"; Kilger a.a.O. betrifft: „Kilger, Konkursordnung, 15. Aufl."

Das treuhänderische Kennzeichen gilt sowohl für die sicherungshalber vorgenommene Übereignung einer beweglichen Sache als auch für die Sicherungsabtretung einer Forderung oder -übertragung eines Rechts. Wird aus den möglichen Rechten, die sicherungshalber übertragen werden können, das Sicherungseigentum herausgegriffen, so steht dieses Sicherungseigentum als kein volles, ungebundenes, sondern fiduziarisch gebundenes Eigentum im Gegensatz zum Vorbehaltseigentum: Das Vorbehaltseigentum, auf das in der nächsten Stunde anläßlich der Erörterungen über den einfachen Eigentumsvorbehalt einzugehen sein wird, ist nicht fiduziarisch gebunden; es ist insoweit volles Eigentum des Lieferanten.

Diese Stunde gehört jedoch der Treuhandberechtigung und soll mit Bemerkungen hierzu – dem Schlüssel zur Sicherungsübertragung und damit auch zur einfachen Sicherungsübereignung – abgeschlossen werden.

IV. ALLGEMEINE BEMERKUNGEN ZUR SICHERUNGSTREUHAND – INSBESONDERE ZU DEN QUASIDINGLICHEN WIRKUNGEN UND ZUM UMWANDLUNGSPRINZIP

1. Römisch- und germanischrechtliche Treuhand

Die Sicherungsübertragung ist ein fiduziarisches Rechtsgeschäft (Treuhandgeschäft); das Sicherungsgut – zur Sicherung übereignete Sachen, sicherungshalber übertragene Forderungen oder Rechte – ist Treugut; Sicherungseigentum ist daher stets Treuhandeigentum. Diese Kennzeichnung der Sicherungsübertragung verlangt eine Erklärung und eine gedrängte Darstellung rechtsgeschäftlicher Treuhandverhältnisse. Zwei Erscheinungsformen der Treuhand sind dabei zu erwähnen: das fiduziarische Rechtsgeschäft römischrechtlicher Herkunft und die rechtsgeschäftliche Ermächtigung germanischrechtlichen Ursprungs. Das fiduziarische Rechtsgeschäft wird hier, die rechtsgeschäftliche Ermächtigung dagegen bei der kraft Vorausabtretung verlängerten Sicherungsübereignung behandelt. Dort nämlich ermächtigt der Sicherungseigentümer institutionell und unverzichtbar den Sicherungsgeber zur Veräußerung des Sicherungsgutes, freilich nur gegen die Verschaffung der Forderung aus dem Zweitgeschäft[16].

2. Geltung und Wesen des fiduziarischen Rechtsgeschäftes römischrechtlicher Herkunft

Fiduziarische Rechtsgeschäfte sind gesetzlich nicht geregelt, jedoch kraft ungeschriebenen Rechtes, also gewohnheitsrechtlich, anerkannt.

Das Wesen des durch sie begründeten Treuhandverhältnisses liegt darin, daß ein Treugeber (oder Fiduziant) einem Treuhänder (oder Treunehmer, Fiduziar) Treugut zu vollem Recht mit schuldrechtlicher Zweckbindung überträgt. Der Rechtsgrund für den Erwerb des Vollrechtes (im Falle eines Sicherungsgeschäftes: die schuldrechtliche Sicherungsabrede) rechtfertigt nur ein zeitlich beschränktes, nicht aber ein endgültiges Behaltendürfen des Treugutes (oben I 1 a). Der Treuhänder erhält vom Treugeber nach außen – Dritten gegenüber – mehr Rechtsmacht, als er nach dem Zweck des Rechtsgeschäftes benötigt. Im Beispiel einer Sicherungsübertragung erhält er das Vollrecht, obwohl für den Sicherungszweck eine pfandrechtsartige Berechtigung am Vollrecht ausreichen würde. Der Treuhänder darf jedoch seine Rechtsmacht auf Grund schuldrechtlicher Absprachen nur in einem beschränkten Umfang ausüben. Er ist verpflichtet, seine Eigentümerstellung nur für den Sicherungszweck zu gebrauchen; er darf das Eigentum zu anderen Zwecken nicht verwenden; er darf – in seiner Eigenschaft als fiduziarisch gebundener Eigentümer – die Sache beispielsweise nicht verschenken.

Schuldrechtliche Absprachen wirken im allgemeinen nur zwischen den Partnern des Schuldverhältnisses; abweichend von dieser Regel verleiht die Rechtsordnung der schuldrechtlichen Zweckbindung bei Treuhandgeschäften in bestimmten Fällen (so vor allem im Konkursverfahren oder in der Zwangsvollstreckung) Wirkung gegenüber jedermann. Freilich lösen bei gleichem Ausgangspunkt – etwa bei der Vollstreckung eines Gläubigers in das Treugut oder im Rahmen eines Konkursverfahrens – nicht alle fiduziarischen Rechtsgeschäfte die gleichen Folgen aus: Es ist jeweils zu prüfen, ob es sich bei dem fiduziarischen Rechtsgeschäft um eine Verwaltungstreuhand oder eine Sicherungstreuhand handelt.

16 Dazu unten: Dritte Vorlesung, III 1 a, S. 41.

3. Fiduziarische Verwaltungs- und Sicherungstreuhand

Bei der Verwaltungstreuhand erwirbt der Fiduziar das Treugut ausschließlich, um die Interessen des Fiduzianten wahrzunehmen; bei der Sicherungstreuhand will er mit dem Treugut in erster Linie seine eigenen Interessen verwirklichen. Schon im römischen Recht sind diese beiden Hauptformen der fiducia ausgeprägt. Wir finden dort die fiducia cum amico – die fiducia im Interesse eines anderen – und die fiducia cum creditore – das Treupfand –, eine Eigentumsübertragung zu Pfandzwecken, bei der der Treuhänder verspricht, das Treugut nach Tilgung der Schuld zurückzuübertragen.

Der wichtigste Fall der heutigen Sicherungstreuhand ist die Sicherungsübertragung in der Form der Sicherungsübereignung beweglicher Sachen sowie der Sicherungsabtretung von Forderungen. Im Fall der Sicherungsübertragung zeigt sich, daß bei ein und demselben fiduziarischen Treuhandgeschäft zunächst eine Sicherungstreuhand, dann eine Verwaltungstreuhand vorliegen kann. Wird nämlich die gesicherte Forderung getilgt, so wandelt sich die Sicherungstreuhand in eine Verwaltungstreuhand um; aus der eigennützigen wird eine uneigennützige Treuhänderschaft – dem Treuhänder dient das Treugut nicht mehr zur eigenen Sicherung, vielmehr hält er es für den Sicherungsgeber mit neuer Zweckbestimmung[17].

4. Quasidingliche Rechtswirkungen der Sicherungstreuhand, vor allem in der Insolvenz des Sicherungsgebers – Grundgedanken des Umwandlungsprinzips

a) *Quasidingliche Wirkungen im Beispiel der Sicherungsübereignung*

Liegt, wie bei der einfachen Sicherungsübereignung, eine Sicherungstreuhand vor, so erlangt der Treugeber (Sicherungsgeber) an dem Sicherungsgut, das er dem Treunehmer (Sicherungsnehmer) zu vollem Recht übertragen hat, in bestimmten Fällen eine dingliche Rechtsmacht, die es erlaubt, von quasidinglichen Wirkungen des Treuhandverhältnisses zu sprechen. Zum Schutze des Treugebers legt nämlich die Rechtsordnung der schuldrechtlichen Sicherungs-

17 Einzelheiten: *Serick*, II, § 19 I 1, S. 71 ff.; *Coing*, Die Treuhand kraft privaten Rechtsgeschäfts (1973), S. 89.

abrede (Treuabrede) verstärkte, quasidingliche Kraft bei. Der Treugeber ist hierdurch etwa imstande, gegen den Treuhänder gerichtete Gläubigerzugriffe in der Zwangsvollstreckung abzuwehren; im Sicherungsnehmer-Konkurs kann sich der Konkursverwalter nach Tilgung der gesicherten Forderung bezüglich des Rückgewähranspruches auf seiten des Sicherungsgebers nicht mehr darauf berufen, daß nunmehr lediglich ein bloß schuldrechtlicher Verschaffungsanspruch vorliege, der nicht zur Aussonderung berechtige[18].

Damit ist aber nur die eine Hälfte dieser quasidinglichen Wirkungen umschrieben. So wie sich auf der einen Seite die Rechtsstellung des Treugebers zur Verwirklichung gewisser Zwecke verstärken kann, können sich auf der anderen Seite die dinglichen Machtbefugnisse des Treuhänders in bestimmten Fällen abschwächen. Das Gesagte wird anschaulich an der Stellung des Sicherungsgebers im Konkurs des Sicherungsnehmers und umgekehrt: Im Konkurs des Sicherungsnehmers wird der Sicherungsgeber im Ergebnis wie ein aussonderungsberechtigter Eigentümer, im Konkurs des Sicherungsgebers hingegen der Sicherungsnehmer letztlich wie ein zur Absonderung berechtigter Pfandgläubiger behandelt. Diese Abschwächung der Befugnisse des Sicherungseigentümers läßt sich ebenfalls nur aus der Treuguteigenschaft des Sicherungsgutes erklären[19].

b) Das Umwandlungsprinzip – vom Sicherungseigentum zur Sicherungstreuhand

Die soeben angesprochene Neuzuordnung von dinglicher Rechtsmacht – Schmälerung beim Sicherungseigentümer, Zuwachs beim Sicherungsgeber – ist nun keinesfalls auf den Konkurs beschränkt. Das von mir so genannte Umwandlungsprinzip[20], das ein dem Sicherungsnehmer übertragenes Vollrecht ohne weiteres wieder dem Sicherungsgeber zuordnen und dafür dem Sicherungsnehmer eine pfandrechtsartige Berechtigung einräumen kann, ist heute nicht nur beim Sicherungseigentum, sondern bei allen fiduziarischen Sicherheiten ein allgemeines Merkmal. Es trägt dem Umstand Rechnung, daß hier der eine Partner dem anderen eine den Sicherungszweck

18 Zur Zwangsvollstreckung vgl.: *Serick*, III, § 34 I 3, S. 213 ff., i. V. mit III 2, S. 237; *BGH*, 28.6.1978, BGHZ 72 S. 141, 145 f. Zum Sicherungsnehmer-Konkurs vgl. unten: Zweite Vorlesung, I 4 c, S. 25 Fußnote 5.

19 Vgl. *Serick*, II, § 19 IV 1, S. 95.

20 Dazu *Serick*, VI, § 73 I 1 a, S. 51; *Kuhn/Uhlenbruck*, Kommentar zur Konkursordnung (10. Aufl. 1986), § 43 KO Randnr. 15 d, S. 734 f.

überschießende Rechtsmacht nur zu treuen Händen übertragen hat, was bei besonderen Rechtslagen, vor allem im Konkurs- und Vergleichsverfahren, berücksichtigt werden muß[21].

Das Umwandlungsprinzip beruht darauf, daß den fiduziarischen Sicherheiten auf dinglicher Ebene eine Schwankungsbreite immanent ist, die sich beim Sicherungsnehmer und beim Sicherungsgeber, freilich in unterschiedlicher Stärke, auswirkt[22]. Das heißt: Der Sicherungsnehmer ist regelmäßig Inhaber des Vollrechts, ausnahmsweise steht ihm nur noch eine bloß pfandrechtsartige Berechtigung zu; sowohl im Regel- als auch im Ausnahmefall bleibt der Sicherungsnehmer dinglich berechtigt – zuweilen allerdings in einer gegenüber dem Vollrecht abgeschwächten Form. Auf seiten des Sicherungsgebers wandelt sich im Ausnahmefall dessen Stellung von der eines nur schuldrechtlich – nach Erledigung des Sicherungszwecks – zur Rückforderung des Vollrechts Berechtigten schon vor diesem Zeitpunkt um in die Stellung, die dem Inhaber eines Vollrechts zukommt[23].

Die Umwandlung greift im Insolvenzverfahren kraft Gewohnheitsrechtes ohne weiteres ein; außerhalb von Konkurs und Vergleich jedoch ist das fiduziarische Sicherungsrecht stets daraufhin zu überprüfen, ob die bei der Sicherungstreuhand geltende Regel im Einzelfall vorliegt oder ausnahmsweise durchbrochen werden muß[24].

21 Vgl. *Serick*, VI, § 73 I 2, S. 57; aus dem Schrifttum: *Uhlenbruck*, Besprechung zu Serick, Eigentumsvorbehalt und Sicherungsübertragung, Band VI (1986), KTS 1987 S. 763, 765.

22 Zur Schwankungsbreite des Vorbehaltseigentums innerhalb der Rechtsstellung ein und derselben Person, nämlich des Vorbehaltslieferanten, vgl. unten: Vierte Vorlesung, IV 3 b, S. 62.

23 Zum Umwandlungsprinzip vgl. insbesondere auch unten: Vortrag Kinki Universität, III 2 b, S. 82 f.(hier vor allem Fußnote 21), c, S. 83; Vortrag International Business Institute, II 3 b, S. 100 f.

24 Dazu *Serick*, Festschrift Arbeitskreis, S. 271, 277 f.

Der einfache Eigentumsvorbehalt*

I. GESETZLICHE GRUNDLAGEN UND SYSTEMATISCHE GRUNDGEDANKEN

1. Gesetzliche Ausgangspunkte

In der ersten Stunde habe ich die einfache Sicherungsübertragung im deutschen Recht vorgestellt. Sie ist im BGB nicht geregelt, gilt heute aber kraft Gewohnheitsrechtes. Dagegen hat sich der Gesetzgeber mit dem einfachen Eigentumsvorbehalt in § 455 BGB wie folgt befaßt: „Hat sich der Verkäufer einer beweglichen Sache das Eigentum bis zur Zahlung des Kaufpreises vorbehalten, so ist im Zweifel anzunehmen, daß die Übertragung des Eigentums unter der aufschiebenden Bedingung vollständiger Zahlung des Kaufpreises erfolgt und daß der Verkäufer zum Rücktritte von dem Vertrage berechtigt ist, wenn der Käufer mit der Zahlung in Verzug kommt."

Anläßlich der – unbedingten – Sicherungsübertragung machte ich darauf aufmerksam, daß theoretisch nicht nur bewegliche, sondern auch unbewegliche Sachen – Grundstücke – zur Sicherung übereignet werden könnten. Dies sei jedoch ganz ungebräuchlich: Grundstücke würden in der Regel nicht zur Sicherung übereignet, sondern mit Grundpfandrechten belastet.

Der Verkauf eines Grundstückes derart, daß das Eigentum bis zur Zahlung des Kaufpreises vorbehalten wird, also unter Eigentumsvorbehalt, ist dagegen rechtlich ausgeschlossen. Denn § 873 BGB erfordert für eine rechtswirksame Übertragung des Eigentums an einem Grundstück die Einigung des Berechtigten mit dem Erwerber und eine Eintragung im Grundbuch. Bei der Übereignung eines Grundstückes ist jedoch nach § 925 Abs. 2 BGB diese Einigung – sie heißt hier Auflassung –, falls sie unter einer Bedingung erfolgt, unwirksam.

Deswegen spricht § 455 BGB ausschließlich von beweglichen Sachen, wobei anzufügen ist, daß der Kaufvertrag, das schuldrecht-

---

* Zweite Vorlesungsstunde am 16.10.1987.

liche Verpflichtungsgeschäft, unbedingt ist und nur das Erfüllungsgeschäft, die Übereignung der verkauften beweglichen Sache, aufschiebend bedingt vorgenommen wird. Dieser Satz bedarf freilich wegen der komplizierten Zusammenhänge einer Erläuterung, die zunächst einmal die im deutschen Recht maßgebenden Begriffe des Rechtsgrundes (causa), des Abstraktionsprinzips und das Bindeglied zwischen schuldrechtlichem Verpflichtungs- und abstraktem Erfüllungsgeschäft in Gestalt der ungerechtfertigten Bereicherung klarzustellen hat. Das soll im folgenden am Beispiel eines gewöhnlichen Kaufvertrages über eine bewegliche Sache erfolgen. Hier ist der Verkäufer allerdings verpflichtet, dem Käufer das Eigentum ohne Beifügung einer Bedingung zu übertragen. Die Besonderheit beim Vorbehaltskauf, in dem der Verkäufer seiner Eigentumsverschaffungspflicht kraft rechtsgeschäftlicher Vereinbarung nur aufschiebend bedingt nachkommt, wird im Anschluß hieran behandelt.

2. Gewöhnlicher Kauf als Rechtsgrund für einen unbedingten Eigentumserwerb des Käufers

a) Kaufvertrag als schuldrechtliche causa

Der Kaufvertrag als Rechtsverhältnis ist der Rechtsgrund oder die sogenannte „causa“, aus der sich ergibt, daß die übereignete Sache dem Käufer gebührt. Es sei daran erinnert, daß der im folgenden erörterte Kaufvertrag lediglich als Beispiel für die Bedeutung des Rechtsgrundes herausgegriffen wird. Die speziellen Ausführungen zum Kaufvertrag gelten daher in gleicher Weise, wenn statt des Kaufvertrages etwa ein Schenkungsvertrag oder ein Tauschvertrag als Beispiel genommen worden wäre.

Die causa, im Beispiel: unser Kaufvertrag, ist ferner der Grund, aus dem der Käufer die Kaufsache endgültig behalten darf. Bei einer Prüfung dieser Rechtsfolge ist scharf zu unterscheiden zwischen der Rechtswirksamkeit des Kaufvertrages als Grundgeschäft und der Rechtswirksamkeit des Zuwendungs- oder Erfüllungsgeschäftes. Der Kaufvertrag ist im Schuldrecht, die Übereignung der verkauften Sache im Sachenrecht normiert. Schuldrechtliches und sachenrechtliches Rechtsgeschäft unterstehen jeweils eigenständigen Regeln; dadurch ist es möglich, daß die causa (hier der Kaufvertrag) unwirksam, das Erfüllungsgeschäft „Übereignung“ aber wirksam ist. Dies geht auf das Abstraktionsprinzip zurück, das unser deutsches Zivilrecht kennzeichnet. Die Ausführungen zum Abstraktionsprinzip sind ebenfalls in keiner Weise auf das Verhältnis des schuldrechtlichen Kaufvertrages zur dinglichen Übereignung beschränkt. Sie gelten vielmehr auch hier nur stellvertretend für die Beziehungen zwischen jedem Verpflichtungs- und nachfolgendem abstraktem Erfüllungsgeschäft.

b) Unbedingte Übereignung als Erfüllungsgeschäft – abstraktes Rechtsgeschäft und Abstraktionsprinzip

Das Erfüllungsgeschäft ist beim gewöhnlichen Kauf die nachfolgende unbedingte Übereignung der verkauften Sache. Eine Übereignung erfolgt bei beweglichen Sachen – sie kommen für unseren Vorbehaltskauf, der später behandelt wird, allein in Betracht – durch Einigung und Übergabe (§ 929 BGB) oder Übergabesurrogat (§§ 930, 931 BGB).

Diese Übereignung ist ein abstraktes Rechtsgeschäft, das – unabhängig vom jeweiligen Grundgeschäft – nur Einigung und Übergabe bzw. Übergabesurrogat voraussetzt: Aus der Übereignung allein kann nicht ersehen werden, warum, das heißt aus welchem Rechtsgrund (causa), das Eigentum übertragen wurde. Die causa, das verpflichtende Grundgeschäft, kann ein Kauf, ebenso aber ein Tausch, eine Schenkung usw. sein. Ein abstraktes Rechtsgeschäft braucht freilich keineswegs ein dingliches zu sein, wie etwa unsere im Sachenrecht geregelte Übereignung einer beweglichen Sache. Es gibt auch anderweitige abstrakte Rechtsgeschäfte, so etwa im Schuldrecht das Schuldanerkenntnis (§ 781 BGB), das nicht erkennen läßt, in was für einem Schuldverhältnis die anerkannte Schuld wurzelt. Es kann sich hierbei um einen Kaufvertrag, ebenso aber um einen Dienstvertrag, um einen Anspruch aus unerlaubter Handlung usw. handeln.

Wenn nun bei unserem gewöhnlichen Kaufvertrag das nachfolgende abstrakte Rechtsgeschäft, nämlich die Übereignung, rechtswirksam ist, geht das Eigentum vom Verkäufer auf den Käufer über; das ergibt sich aus dem sogenannten Abstraktionsprinzip, das nicht mit der Rechtsfigur des abstrakten Rechtsgeschäftes verwechselt werden darf. Das Abstraktionsprinzip ermöglicht vielmehr, daß der Erwerber des Eigentums, hier der Käufer, selbst dann das

Eigentum rechtswirksam erlangen kann, wenn das Grundgeschäft von Anfang an nichtig sein sollte, so – als Beispiel –, weil (nur) bei dem Kauf ein gesetzliches Verbot mißachtet wurde (§ 134 BGB).

Der Gesetzgeber wollte mit diesem Abstraktionsprinzip bei einer Verfügung dem Erwerber, aber auch dem Rechtsverkehr dienen. Vor allem sollen gerade Dritte sich um die Kausalbeziehungen des Erwerbers zu seinem Rechtsvorgänger nicht kümmern müssen. Auch für sie ist der Käufer bei rechtswirksamer Übereignung Eigentümer.

Ist etwa auf Grund eines Kaufvertrages eine bewegliche Sache gültig übereignet worden, so bleibt die Übereignung selbst dann wirksam, wenn der Kaufvertrag nicht, wie in unserem Ausgangsbeispiel, von Anfang an nichtig ist – dort wurde gegen ein gesetzliches Verbot verstoßen –, sondern wenn der Kauf zunächst gültig war, aber wegen eines Willensmangels (§ 119 BGB) angefochten wurde und mit rückwirkender Kraft (§ 142 BGB) nichtig wird. Voraussetzung ist dann freilich, daß die wirksame Anfechtung allein den Kaufvertrag – nicht aber auch die Übereignung – erfaßt.

c) Ungerechtfertigte Bereicherung und Abstraktionsprinzip

Wenn das Abstraktionsprinzip es nach deutschem Recht möglich macht, daß etwa ein Käufer bei einem gewöhnlichen Kauf das Eigentum an der Kaufsache rechtswirksam erwerben kann, obwohl der Kauf selbst unwirksam ist, so muß das Gesetz eine Möglichkeit bereitstellen, den unberechtigten Rechtserwerb wieder rückgängig zu machen. Die Wunden nun, die das Abstraktionsprinzip aufzureißen vermag, heilt das BGB mit Hilfe der ungerechtfertigten Bereicherung (§§ 812 ff. BGB). Diese Normen schaffen den Ausgleich zwischen dem ohne Rechtsgrund Leistenden, hier dem Verkäufer, und dem Empfänger der Leistung, hier dem ungerechtfertigt bereicherten Käufer. Fehlt einer rechtswirksamen Leistung (hier der Übereignung der Kaufsache) eine gültige Vereinbarung über den Rechtsgrund (causa), der bei uns im Kaufvertrag zu sehen ist, so darf der Empfänger (hier der Käufer) die Leistung nicht behalten. Der entreicherte Verkäufer hat gegen den bereicherten Käufer einen Anspruch auf Herausgabe dieser Bereicherung; dieser Anspruch ist schuldrechtlicher Natur. Im bisher behandelten Beispiel ist dem Käufer auf Grund des abstrakten Rechtsgeschäftes rechtswirksam das Eigentum zugewendet worden. Dieses gültige, aber rechtsgrundlose Rechtsgeschäft muß rückabgewickelt werden; der Käufer muß dem Verkäufer das Eigentum wieder durch Einigung und Übergabe bzw. Übergabesurrogat (§§ 929 ff. BGB) zurückübereignen[1].

3. Unbedingter Vorbehaltskauf als causa und aufschiebend bedingte Übereignung als Erfüllungsgeschäft

Gegenüber dem gewöhnlichen Kauf, von dem zunächst ausgegangen wurde, weist der Kauf unter Eigentumsvorbehalt auf schuldrechtlicher Ebene, also im Zuschnitt des Kaufvertrages, in einem ganz entscheidenden Punkt keinen Unterschied auf: Auch dieses Mal wird das Verpflichtungsgeschäft unbedingt abgeschlossen.

Dagegen ist für das Erfüllungsgeschäft (Verfügungsgeschäft) die Besonderheit zu vermerken, daß der Vorbehaltsverkäufer das Eigentum lediglich unter der aufschiebenden Bedingung vollständiger Zahlung des Kaufpreises dem Käufer überträgt. Der gesetzliche, abstrakt aufgebaute Verfügungstatbestand der Übereignung in § 929 BGB wird von Verkäufer und Käufer durch Vereinbarung einer aufschiebenden Bedingung für den Eigentumsübergang verändert. Das ist erlaubt – nur bei der Übereignung eines Grundstückes wäre dieses Vorgehen, wie einleitend gesagt, kraft ausdrücklicher Normierung ohne Wirkung (§ 925 Abs. 2 BGB).

Auf sachenrechtlicher Ebene stellt sich bei einer aufschiebend bedingten Übereignung die Eigentümerstellung des Vorbehaltsverkäufers wie folgt dar: Er bleibt bis zum Eintritt der Bedingung Volleigentümer der Vorbehaltsware. Er hat dieses Volleigentum – nicht „aufschiebend bedingtes Eigentum" – nur unter der aufschiebenden Bedingung vollständiger Zahlung des Kaufpreises übertragen (dazu § 455 BGB); bis zum Eintritt der Bedingung muß ihm daher auch das Volleigentum noch verbleiben. Die Bedingung verändert die der Übereignungserklärung an sich zukommende Wirkung; sie beschränkt oder ändert jedoch nicht das Eigentum, auf das sich die Willenserklärung bezieht. Das bedingt übertragene Recht ist noch nicht übertragen[2].

1 Einzelheiten bei *Serick*, I, § 4 I 1, S. 50 ff.
2 Einzelheiten: *Serick*, I, § 10 I 2 a, S. 210.

4. Wesenszüge des aufschiebend bedingt übertragenen Eigentums in Gestalt von Vorbehaltseigentum, verglichen mit dem treuhänderisch übertragenen Sicherungseigentum

a) Vorbehaltseigentum

Sachenrechtlich bedeutet die Vereinbarung eines Eigentumsvorbehaltes, daß das Eigentum im Zweifel unter der aufschiebenden Bedingung vollständiger Bezahlung des Kaufpreises übertragen wird (§ 455 BGB). Das Verpflichtungsgeschäft ragt hier unmittelbar in das Verfügungsgeschäft hinein, das Verfügungsgeschäft ist unmittelbar im Verpflichtungsgeschäft verankert; der das Sachenrecht beherrschende Abstraktionsgrundsatz wird damit – vom Gesetzgeber erlaubt – durchbrochen. Die Klammer, die beide Rechtsgeschäfte zusammenhält, ist die aufschiebende Bedingung, die die Abhängigkeit der Verfügung des Verkäufers von ihrem Rechtsgrund offenbart und sie damit zu einer kausalen Verfügung macht. Bei Eintritt der Bedingung geht das Eigentum ohne weiteres auf den Käufer über (§ 158 BGB); es kommt nicht darauf an, ob der Vorbehaltseigentümer an der Einigung noch festhalten will, ob der Erwerber die Vorbehaltssache noch unmittelbar besitzt oder ob er sie etwa vermietet hat und der Mieter unmittelbarer Besitzer geworden ist usw. Wichtig ist vor allem, daß der Vorbehaltseigentümer die Einigung nicht mehr einseitig widerrufen und damit den Eigentumserwerb eines vertragstreuen Käufers verhindern kann[3].

b) Exkurs: Zum Sicherungseigentum

In der ersten Vorlesungsstunde wurde im Anschluß und in Übereinstimmung mit dem Bundesgerichtshof das Sicherungseigentum, und zwar im Gegensatz zum soeben herausgearbeiteten Volleigentum des Vorbehaltsverkäufers, dahin gekennzeichnet, daß es gerade kein volles ungebundenes, sondern lediglich treuhänderisch gebundenes Eigentum sei[4]. Diese Charakterisierung geht bei der Sicherungsübereignung auf deren Grundgeschäft (causa), nämlich die treuhänderische Sicherungsabrede, zurück. Beim Erfüllungsge-

3 Vgl.: *Serick*, I, § 7 I 1, S. 116; § 11 III 5, S. 267; *Larenz*, Lehrbuch des Schuldrechts, II, Besonderer Teil, 1. Halbband (13. Aufl. 1986), § 43 II c, S. 115.

4 Dazu oben: Erste Vorlesung, III 1, 2, S. 11 f.

schäft, also der Sicherungsübereignung, legt sie dem Erwerber, dem das Vollrecht übertragen wird, zugleich eine treuhänderische Bindung auf. Das Sicherungseigentum wird dadurch zum Treugut.

c) Konsequenzen aus treuhänderisch gebundenem bzw. nicht gebundenem Vollrecht im Konkurs: Aussonderungsrecht des Vorbehaltseigentümers – bloßes Absonderungsrecht des Sicherungseigentümers

Der tiefgreifende rechtliche Unterschied, der soeben zwischen Vorbehaltseigentum und Sicherungseigentum herausgearbeitet wurde, ist im Bereiche der Sicherungsfunktion, die das jeweilige Eigentum zu erfüllen hat, am besten durch die Behandlung der beiden Sicherungsmittel im Konkursverfahren darzustellen. Die Rechtsordnung erkennt die Rechtsstellung des Vorbehaltseigentümers als die eines Volleigentümers an und gibt ihm damit das Recht, sein Eigentum auszusondern (§ 43 KO). Das heißt: Er ist befugt, die Vorbehaltssache gegebenenfalls als einen dem Gemeinschuldner nicht gehörenden Gegenstand auf Grund seines Eigentums aus der Konkursmasse herauszuverlangen.

Ganz anders ist die Rechtsstellung des Sicherungseigentümers im Konkurs des Sicherungsgebers. Der Sicherungsnehmer muß sich so behandeln lassen wie ein Gläubiger, der an einem zur Konkursmasse gehörenden Gegenstand, hier: einer beweglichen Sache, lediglich ein durch Rechtsgeschäft bestelltes Pfandrecht hat. Ein solcher Gläubiger kann im Blick auf die ihm verpfändete Sache gemäß § 48 KO lediglich abgesonderte Befriedigung verlangen. Diese Norm findet nach herrschender Meinung auch im Falle einer Sicherungsübereignung für die Stellung des Sicherungsnehmers entsprechende Anwendung: Der Sicherungsnehmer darf sich aus der ihm zur Sicherung übereigneten Sache nur bevorzugt befriedigen[5].

5 Einzelheiten: *Serick*, III, § 35 I 1 ff., S. 266 ff. i.V. mit S. 265; aus neuerer Rechtsprechung: *BFH*, 24.9.1987, BFHE 151 S. 99, 102 = ZIP 1988 S. 42, 43 f. Der Konkurs, der eine Gesamtabwicklung der Rechtsbeziehungen zwischen Sicherungsnehmer und -geber erfordert, legt die innerste Struktur der Sicherungsübertragung bloß. Im Sicherungsnehmer-Konkurs hat der Sicherungsgeber, gewohnheitsrechtlich anerkannt, sogar ein Aussonderungsrecht; dazu *Serick*, III, § 35 II 2, S. 294; *Jaeger/Lent*, Konkursordnung (8. Aufl. 1958), § 43 Randnr. 39, S. 631. Hierzu ferner *Kilger*, Konkursordnung (15. Aufl. 1987), § 43 Anm. 9; *BGH*, 7.4.1959, WM 1959 S. 686, 687. Zur Notwendigkeit der Aussonderungsbefugnis im Sicherungsnehmer-Konkurs vgl. unten: Vortrag Meiji Universität, I 1, S. 132.

II. ANWARTSCHAFTSRECHT AUS VORBEHALTSKAUF

1. Interessenlage

Der Vorbehaltslieferant, der seiner Pflicht aus dem Kaufvertrag, dem Käufer die verkaufte Sache zu übereignen, unter aufschiebender Bedingung nachgekommen ist, bleibt, wie gesagt, bis zur vollständigen Zahlung des Kaufpreises Volleigentümer. Er behält diese Rechtsstellung selbst dann, wenn nur noch ein ganz kleiner Kaufpreisrest aussteht. Der Käufer hat aber die Gewähr, nach der vollständigen Zahlung durch Bedingungseintritt das Vollrecht zu erwerben; diese Chance stellt einen Vermögenswert dar.

Der Vermögenswert wird für den Käufer und Dritte um so wertvoller, je näher der Eintritt der Bedingung rückt, also je mehr der Käufer vom geschuldeten Kaufpreis abgezahlt hat. Lehre und Rechtsprechung haben diese Gewähr des Käufers, die unter vermögensrechtlichen Gesichtspunkten im Gesetz nicht geregelt worden, aber schutzwürdig ist, als ein subjektives Recht des Käufers ausgestaltet. Es ist heute in unserer Rechtsordnung fest als sogenanntes Anwartschaftsrecht integriert[6].

2. Eigenschaften des Anwartschaftsrechtes aus einfachem Vorbehaltskauf – Rechtsstellung des Vorbehaltskäufers

Das Anwartschaftsrecht des Vorbehaltskäufers hat in groben Zügen folgende Eigenschaften: Es ist ein subjektives Recht, und zwar ein gegenwärtiges, nicht lediglich künftiges Recht an der Sache; es ist ein gegenwärtiger Vermögenswert. Das Anwartschaftsrecht ist entsprechend den Regeln, die für das Vollrecht gelten, übertragbar: Für das Anwartschaftsrecht aus Vorbehaltskauf, einer Vorstufe des Eigentums an einer beweglichen Sache, kommen infolgedessen die §§ 929 ff. BGB zum Zuge.

Das Anwartschaftsrecht ist vererblich; es kann gutgläubig erworben, es kann gepfändet, verpfändet und zur Sicherung übertragen werden. Seine Sicherungsübertragung erfolgt regelmäßig ebenso wie die Sicherungsübereignung einer beweglichen Sache nach § 930

6 Rechtskonstruktive Überlegungen sowie Hinweise zum Wesen des Anwartschaftsrechtes: *Serick*, I, § 4 I 2, S. 54 f.; *Serick*, VI, § 76 II 6 a, S. 309 Fußnote 29 (Hinweise). Aus neuerer Rechtsprechung etwa: *BGH*, 9.7.1986, ZIP 1986 S. 1059, 1061 f.

BGB[7]. Der BGH hat insbesondere zur Möglichkeit, das Anwartschaftsrecht als Kreditsicherungsmittel einzusetzen, ausgeführt, „daß Rechtsprechung und Lehre dem Anwartschaftsberechtigten eine starke Rechtsstellung gegeben haben, die es ihm ermöglicht, den Wert, der in der Chance des Erwerbs des Vollrechts liegt, bereits in der Gegenwart zu Kreditzwecken für sich zu nutzen ... So ist insbesondere anerkannt, daß das Anwartschaftsrecht nach §§ 929, 930 BGB einem Kreditgeber des Anwartschaftsberechtigten zur Sicherheit übertragen werden kann“[8].

3. Rechtsnatur und Kennzeichen des Anwartschaftsrechtes

a) Rechtsnatur des Anwartschaftsrechtes aus Vorbehaltskauf

Die höchstrichterliche Rechtsprechung hat mehrfach betont: Das Anwartschaftsrecht ist eine Vorstufe zum Eigentum und im Verhältnis zu diesem kein Aliud (nichts andersartiges), sondern ein wesensgleiches Minus[9]. Bildlich gesprochen läßt sich sagen: Ebenso wie der nasciturus, das Kind im Mutterleib, eine Entwicklungsstufe zum Menschen ist, stellt das Anwartschaftsrecht aus Vorbehaltskauf eine Entwicklungsstufe zum Eigentum dar. Dieses Bild erklärt, warum rechtlich die Regeln, die für das Vollrecht gelten, auch für das Anwartschaftsrecht maßgebend sind.

Die Rechtsnatur dieses nasciturus, dieser Vorstufe zum Vollrecht, ist im Schrifttum umstritten. Dazu ist zu sagen: Das Anwartschaftsrecht auf das Eigentum an der Vorbehaltssache ist von seinem Rechtsgrund, dem Vorbehaltskauf, abhängig. Es erlischt ohne weiteres, wenn dieser Rechtsgrund wegfällt (zum Beispiel, wenn der Vorbehaltsverkäufer vom Kaufvertrag zurücktritt oder der Käufer den Vertrag anficht). Deswegen gilt nach der von mir vertretenen Auffassung: Das im Gesetz nicht geregelte, von Rechtsprechung und Schrifttum geschaffene Anwartschaftsrecht des Vorbehaltskäufers nimmt in unserer Rechtsordnung eine eigenartige Zwischenstel-

7 Grundsätzliches zum Anwartschaftsrecht aus Vorbehaltskauf: *Serick*, I, § 11, S. 241 ff. Im Text erwähnte Einzelheiten a. a. O. § 11 I 1, S. 243 i. V. mit III 1, S. 256; dazu ferner *Jauernig*, Bürgerliches Gesetzbuch (4. Aufl. 1987), § 929 Anm. 6 F, S. 1053 ff.; *Larenz* (oben Fußnote 3), § 43 II c, S. 115 ff.

8 *BGH*, 24.10.1979 (Az. VIII ZR 289/78), BGHZ 75 S. 221, 227.

9 Aus neuerer Rechtsprechung etwa: *BGH*, 2.2.1984, ZIP 1984 S. 420, 421 („Vorstufe zum Eigentum“). Nachweise aus älterer Rechtsprechung bei *Serick*, I, § 11 I 2, S. 244 Fußnote 20.

lung zwischen Schuld- und Sachenrecht ein. Es enthält Elemente beider Rechtsgebiete und läßt sich eindeutig weder in das eine noch das andere einordnen. Es ist ein subjektives Recht eigener Art, ein schuldrechtlich-dingliches Recht: ein dingliches Recht mit noch schuldrechtlicher Abhängigkeit oder ein schuldrechtliches Recht mit schon dinglichen Merkmalen[10].

Der Bundesgerichtshof stimmt im Ergebnis dieser Auffassung zu, wenn er anläßlich einer Sicherungsübertragung des Anwartschaftsrechtes für dessen Zweiterwerber im Blick auf das Erstverhältnis zwischen Vorbehaltsverkäufer und -käufer feststellt: Im Erstverhältnis „entsteht kein Anwartschaftsrecht, wenn der schuldrechtliche Vertrag nicht besteht oder nichtig bzw. unwirksam ist; in diesem Fall ist auch ein gutgläubiger Erwerb des Anwartschaftsrechts ausgeschlossen; denn der gute Glaube an den Bestand der Kaufpreisforderung wird nicht geschützt (Raiser aaO S. 38; Serick aaO S. 271). Auch erlischt das Anwartschaftsrecht beim Anwartschaftszweiterwerber ohne weiteres, wenn der Vorbehaltsverkäufer infolge Verzuges des Vorbehaltskäufers vom Vertrage zurücktritt (BGHZ 35, 85, 94), oder wenn der Vertrag wirksam angefochten wird. Das Anwartschaftsrecht, eine Vorstufe zum Eigentum (BGHZ 28, 16, 21), das nach den Vorschriften über den Eigentumsübergang an beweglichen Sachen übertragen wird (BGHZ 28, 16, 27), bleibt demnach als subjektiv-dingliches Recht in seiner Bestandskraft durch seine Abhängigkeit vom schuldrechtlichen Grundgeschäft geschwächt (Serick aaO). Mit dieser Belastung geht es auf einen Anwartschaftszweiterwerber über“[11].

b) Kennzeichen

Die herrschende Meinung sieht in der gesicherten Rechtsposition des Erwerbers das wesentliche Begriffsmerkmal eines jeden Anwartschaftsrechtes. Jedoch dürfe noch nicht von einem solchen gesprochen werden, wenn die Aussicht auf den Erwerb des Rechtes, das in mehreren Akten entstehe, durch ein einseitiges Verhalten des Veräußerers (beim Anwartschaftsrecht aus Vorbehaltskauf: des Vorbe-

10 Einzelheiten: *Serick*, I, § 11 I 2, S. 244 ff.; *Serick*, Causa und Anwartschaft, AcP 166 (1966) S. 129 ff.

11 Vgl. *BGH*, 24.10.1979 (Az. VIII ZR 289/78), BGHZ 75 S. 221, 225 f. Das abgekürzt zitierte Schrifttum betrifft „aaO“: „Raiser, Dingliche Anwartschaften, 1961“; „Serick, Eigentumsvorbehalt und Sicherungsübertragung, 1963, Bd. I“.

haltslieferanten) zunichte gemacht werden könne. Dieses Begriffsmerkmal ist jedoch zu ergänzen: Wenn der Vorbehaltskäufer selbst sein Anwartschaftsrecht veräußert – er braucht einen Kredit und überträgt es sicherungshalber einer Bank –, so ist es für das Vorliegen eines Anwartschaftsrechtes nicht entscheidend, daß von mehreren Entstehungsakten des Rechtes schon so viele vorhanden sind, daß von einer gesicherten Rechtsposition des Erwerbers gesprochen werden kann; entscheidend ist lediglich, ob die Rechtsposition des Erstanwärters in der Weise gesichert ist, daß der „Besteller“, der Vorbehaltsverkäufer, diese Position durch einseitiges, willkürliches Verhalten nicht mehr zu zerstören vermag[12].

4. Exkurs: Eigenschaften des Anwartschaftsrechtes aus auflösend bedingter Sicherungsübereignung

Die in der ersten Stunde besprochene Sicherungsübereignung wird in der heutigen Wirtschaftspraxis regelmäßig unbedingt vorgenommen[13]. Wird freilich ausnahmsweise eine bewegliche Sache bedingt zur Sicherung übereignet – was zulässig ist; die ohnehin völlig unübliche Sicherungsübereignung von Grundstücken könnte dagegen, wie gezeigt, rechtswirksam nicht bedingt erfolgen (§ 925 BGB) –, so handelt es sich immer um eine auflösende Bedingung (§ 158 Abs. 2 BGB). Im Gegensatz zu der unbedingten Sicherungsübereignung wird hier der Sicherungsgeber mit Erlöschen der gesicherten Forderung ipso iure wieder Eigentümer der zur Sicherung übertragenen Sache[14].

Bis zum Eintritt der Bedingung hat in diesem Fall der Sicherungsgeber – nicht anders als der Vorbehaltskäufer – ein Anwartschaftsrecht auf das Eigentum an der Sache. Das Anwartschaftsrecht aus einer auflösend bedingten Sicherungsübereignung hat jedoch einen anderen Zuschnitt als jenes aus Vorbehaltskauf. Beide sind also auseinanderzuhalten. Die Unterschiede erklären sich daraus, daß jedes dieser beiden Anwartschaftsrechte mit einem anderen schuldrechtlichen Rechtsgrund unlösbar verknüpft ist: Die causa der ersten Bestellung ist beim Vorbehaltskauf und seinem Anwart-

12 Einzelheiten: *Serick*, I, § 11 II 1, S. 253 f.
13 Vgl. etwa *BGH*, 2.2.1984, ZIP 1984 S. 420, 422.
14 Einzelheiten: *Serick*, III, § 37 I 1 b, S. 389 f. Dazu auch unten: Vierte Vorlesung, III 2, S. 56.

schaftsrecht aus aufschiebend bedingter Übereignung der Kaufvertrag, bei der auflösend bedingten Sicherungsübertragung und ihrem Anwartschaftsrecht die Sicherungsabrede.

Diese Verknüpfung mit verschiedenen Grundgeschäften hat beispielsweise im Konkurs zur Folge, daß das Anwartschaftsrecht aus Vorbehaltskauf im Konkurs des Verkäufers in folgendem Sinne nicht konkursfest ist: Die causa dieser Anwartschaft – der Kaufvertrag – gibt nach zwar bestrittener, aber vor allem auch nach höchstrichterlicher Meinung dem Konkursverwalter das Wahlrecht nach § 17 KO; er kann wählen, ob er den Kaufvertrag erfüllen will oder nicht. Das Anwartschaftsrecht aus auflösend bedingter Sicherungsübereignung hingegen hält dem Konkurs stand, weil seine causa – die schuldrechtliche Sicherungsabrede – kein gegenseitiger Vertrag ist und deswegen dem Konkursverwalter kein Recht zur Erfüllungsablehnung gibt; § 17 KO kommt hier nicht zum Zuge[15].

Lehnt der Konkursverwalter beim Vorbehaltskauf die Erfüllung ab, so vernichtet er das Anwartschaftsrecht des Käufers; kann er dagegen nicht ablehnen, wie bei einer Sicherungsabrede, so ist dieses Anwartschaftsrecht, hier das aus der Sicherungsabrede, insoweit konkursfest. Es zeigt sich: Das Anwartschaftsrecht ist zwar ein schuldrechtlich-dingliches Recht; es erhält aber seinen jeweiligen Zuschnitt durch das jeweilige schuldrechtliche Grundgeschäft, so etwa den Vorbehaltskauf oder die Sicherungsabrede, das über die Bedingung in das Erfüllungsgeschäft hineinragt.

15 Zum Grundsätzlichen: *Serick*, Causa und Anwartschaft, AcP 166 (1966) S. 129 ff. Zu § 17 KO und dem Lieferantenkonkurs: *BGH*, 9.7.1986, ZIP 1986 S. 1059, 1061. Zu § 17 KO und der Sicherungsabrede: *BGH*, 24.10.1979 (Az. VIII ZR 298/78), ZIP 1980 S. 40, 42 f. (mit Anm. *Kübler*); ferner *Serick*, VI, § 79 VI 3 b, S. 645.

Die verlängerte und erweiterte Sicherungsübereignung*

I. FORMULARKLAUSELN EINER GROSSBANK ALS ANSCHAUUNGSMATERIAL; VORLESUNGSSTOFF

1. Der Sachverhalt

Im folgenden sollen zunächst einmal Verlängerungs- und Erweiterungsklauseln, die in der deutschen Kreditpraxis gebräuchlich sind, vorgestellt werden. Der Formularvertrag einer Großbank, der hier beispielshalber herangezogen wird, regelt folgenden Sachverhalt: Die Bank räumt ihrem Kunden einen Kredit ein; der Kunde sichert den Kredit, indem er ein ihm gehörendes Warenlager mit wechselndem Bestand der Bank zur Sicherung übereignet. Die Bank erfaßt das vorhandene Warenlager sowie die Neuzugänge rechtstechnisch auf Grund eines sogenannten Raumsicherungsvertrages[1]. Sie gestattet dem Darlehensnehmer, soweit erforderlich, vorhandene Waren zu verarbeiten; neu hergestellte Sachen werden von der Bank mit Hilfe einer Verlängerungsform, der Verarbeitungsklausel, als Sicherungsgut festgehalten und ausgewiesen.

Dem Sicherungsgeber wird ferner erlaubt, die in Sicherungseigentum der Bank stehenden Waren zu verkaufen. Die Bank ermächtigt ihn, im eigenen Namen das Eigentum einem Käufer zu übertragen (Veräußerungsermächtigung). Der Sicherungsgeber (Darlehensnehmer) tritt schon im voraus – als Ersatz für jene Ware, die der Bank im Lager als Sicherheit durch die Veräußerung verlorengeht – die Forderung aus deren Verkauf ab (Verlängerung der Sicherungsübereignung auf Grund einer Vorausabtretung). Die Bank ermächtigt jedoch den Sicherungsgeber bis auf weiteres, die von ihr erworbene Sicherheitsforderung im eigenen Namen einzuziehen (Einziehungsermächtigung).

---

* Dritte Vorlesungsstunde am 20.10.1987.

1 Die Bezeichnung knüpft an einen Raum an, der im Sicherungsvertrag umschrieben ist (Treuhandgebiet) und in dem sämtliche vorhandenen und künftigen Waren Sicherungsgut sind, vgl. *Serick*, II, § 21 III 2 a, S. 164.

Der Formularvertrag sieht weiter vor, daß die der Bank eingeräumten Sicherheiten nicht nur das gewährte Darlehen, sondern darüber hinaus alle ihre aus anderweitigen Gründen entstandenen und künftig entstehenden Ansprüche gegen den Darlehensnehmer sichern sollen (Erweiterungsklausel).

2. Die Musterklauseln aus dem Formular der Großbank

a) Fundstellen

Die nachstehend – auszugsweise – wiedergegebenen Verarbeitungs- und Vorausabtretungsklauseln sind einem unveröffentlichten Muster der Deutschen Bank Aktiengesellschaft „Raumsicherungsvertrag für Warenlager mit wechselndem Bestand und für Anlagevermögen (11-011 11 78)“ entnommen. Nr. 8 enthält die Verarbeitungsklausel als Verlängerungsform, Nr. 5 und 10 befassen sich mit der Verlängerung kraft Vorausabtretung.

Im Anschluß an Nr. 11 des Musters wird abschließend auf die Geltung der – ebenfalls nicht veröffentlichten – „Allgemeinen Sicherungsübereignungs-Bedingungen (ASB)“ (20-350 1 83) der Deutschen Bank AG wie folgt verwiesen: „Im übrigen gelten die ASB ..., die dem Sicherungsgeber bekannt und diesem Vertrag als Bestandteil beigefügt sind.“

Nr. 1 der ASB enthält sodann die Erweiterungsklausel.

b) Im einzelnen: Wortlaut der Verarbeitungsklausel

Nr. 8 des vorerwähnten Musters „Raumsicherungsvertrag“ lautet in den hier maßgebenden Partien:

„8. Verarbeitungsklausel. (1) Die Bank ermächtigt den Sicherungsgeber bis auf Widerruf, das Sicherungsgut im Rahmen eines ordnungsmäßigen Geschäftsbetriebes zu verarbeiten oder verarbeiten zu lassen. Die Verarbeitung erfolgt unentgeltlich im Auftrage der Bank als Herstellerin derart, daß die Bank in jedem Zeitpunkt und in jedem Grade der Verarbeitung das Eigentum, Miteigentum oder Anwartschaftsrecht an den Erzeugnissen behält oder erwirbt (§ 950 BGB).

(2) Sollte trotzdem bei der Verarbeitung das Eigentum, Miteigentum oder Anwartschaftsrecht der Bank untergehen und der Siche-

rungsgeber entsprechende Eigentumsrechte erwerben, so gehen diese in dem Augenblick des Erwerbs durch den Sicherungsgeber auf die Bank über. Auch in diesem Falle verwahrt der Sicherungsgeber die betreffenden Gegenstände für die Bank. Soweit der Sicherungsgeber lediglich Ansprüche auf Übertragung des Eigentums, Miteigentums oder Anwartschaftsrechts erwirbt, tritt er hiermit diese Ansprüche an die Bank ab."

c) Wortlaut der Vorausabtretungsklausel

Nachdem die Bank in Nr. 5 des Musters „Raumsicherungsvertrag" (unter der Überschrift „Verkaufsermächtigung") den Sicherungsgeber bis auf Widerruf ermächtigt, das Sicherungsgut im Rahmen eines ordnungsmäßigen Geschäftsbetriebes in eigenem Namen an Dritte zu veräußern, sieht Klausel Nr. 10 für den Fall eines Verkaufes vor:

„10. Anschlußzession. (1) Der Sicherungsgeber tritt hiermit seine sämtlichen bestehenden und zukünftigen Forderungen aus Veräußerungen des Sicherungsgutes zu demselben Sicherungszweck, wie er in diesem Vertrag vereinbart ist, an die Bank ab. Die Forderungen gehen, soweit sie nicht bereits früher auf die Bank übergegangen sind, mit Abschluß dieses Vertrages, spätestens mit ihrer Entstehung auf die Bank über ...

(2) Dem Sicherungsgeber ist es ... bis auf Widerruf durch die Bank gestattet, die an die Bank abgetretenen Forderungen im Rahmen eines ordnungsmäßigen Geschäftsbetriebes einzuziehen ...."

d) Wortlaut der Erweiterungsklausel

Nr. 1 der vorerwähnten Allgemeinen Sicherungsübereignungs-Bedingungen (ASB), die die Sicherungsübereignung des Warenlagers ergänzen, sieht im ersten Absatz vor:

„1. (1) Die Übereignung erfolgt zur Sicherung aller bestehenden und künftigen – auch bedingten oder befristeten – Ansprüche, die irgendeiner Stelle der Deutschen Bank Aktiengesellschaft aus der Geschäftsverbindung ... gegen den Sicherungsgeber ... zustehen."

3. Klauselkombinationen im Musterformular; Vorlesungsstoff

Es verdient Interesse, daß in dem Muster „Raumsicherungsvertrag" – unmittelbar oder durch Verweisung auf die ASB – die vorgestellten Verlängerungsformen, nämlich die Vorausabtretungs- und die Verarbeitungsklausel, sowie die Erweiterungsklausel enthalten sind. Das bedeutet, daß die Bank die Verlängerungen mit der Erweiterung, ohne dies ausdrücklich erwähnen zu müssen, kombiniert hat[2]. Solche Klauselkombinationen sind in der Praxis der Geldkreditgeber, in gleicher Weise aber auch bei den Warenlieferanten – dort im Blick auf die Vorbehaltssache –, häufig anzutreffen. Rechtliche Schwierigkeiten, die derartige Klauselkombinationen naturgemäß mit sich bringen[3], können hier nicht erörtert werden – Vortragsthema und dafür zur Verfügung stehende Zeit verbieten dies.

Die Behandlung der verlängerten und erweiterten Sicherungsübereignung setzt voraus, daß Grundprobleme der für das Verständnis der Sicherungsübertragung besonders wichtigen Treuhand bekannt sind. Die Sicherungstreuhand römischrechtlicher Ausprägung konnte bereits in der ersten Vorlesungsstunde anläßlich der einfachen Sicherungsübereignung erörtert werden. Die allgemeinen Merkmale dieser Treuhand – die quasidinglichen Wirkungen der schuldrechtlichen Sicherungsabrede (Treuabrede), das auf dinglicher Ebene von Fall zu Fall eingreifende Umwandlungsprinzip oder die dem fiduziarisch übertragenen Vollrecht eigentümliche Schwankungsbreite zwischen Vollrecht und pfandrechtsartiger Berechtigung – gelten in gleicher Weise wie bei der einfachen Sicherungsübertragung auch bei ihren Verlängerungs- und Erweiterungsformen.

2 Die Kombination ergibt sich, auch wenn eine ausdrückliche Regelung insoweit fehlen sollte, aus dem Gesamtzusammenhang des mit dem Klauselwerk verfolgten erweiterten Sicherungszweckes. Vgl. dazu bei einer Verlängerung im Haftungsrahmen eines erweiterten Eigentumsvorbehaltes: *Serick*, V, § 60 II 3 a, S. 266; bestätigt in *BGH*, 8.10.1986, BB 1987 S. 222, 223 = WM 1986 S. 1545, 1547 (insoweit in BGHZ 98 S. 303 nicht abgedruckt). Entsprechendes gilt für den erweiterten Sicherungszweck einer Sicherungsübereignung auf alle Ansprüche aus der Geschäftsverbindung in einem Klauselwerk mit Verlängerungen.

3 Einzelheiten hierzu: *Serick*, IV, § 43, S. 74 ff. Zur Klauselkombination speziell beim verlängerten und erweiterten Eigentumsvorbehalt: *Serick*, V, § 60, S. 261 ff.; *Serick*, Rechtsmechanismen beim erweiterten Eigentumsvorbehalt in unterschiedlichem Verbund mit Verlängerungsformen, Festschrift für Konrad Zweigert (1981) S. 703 ff. Dazu auch unten: Vortrag Kyoto Universität, II 2, S. 121 f.

In der ersten Stunde ausgespart werden mußte dagegen die germanischrechtliche Treuhand in Gestalt der „Ermächtigung“. Sie wird in dieser Stunde im Zusammenhang mit der über eine Vorausabtretung verlängerten Sicherungsübereignung behandelt. Hier ermächtigt der Sicherungseigentümer den Sicherungsgeber, das Sicherungsgut in eigenem Namen zu veräußern. Sicherungstreuhand und treuhänderische Ermächtigung vervollständigen das Grundwissen über das Funktionieren der deutschen Sicherungsübertragung.

Die zweite für die Praxis wichtige Verlängerungsform – mit Hilfe einer Verarbeitungsklausel – wird dafür zurückgestellt und in der vierten Vorlesungsstunde am Beispiel des über eine Verarbeitungsklausel verlängerten Eigentumsvorbehaltes erörtert. Dies ist angängig: Bei Sicherungs- und Vorbehaltseigentum haben, wie sogleich zu zeigen ist, Verlängerungs- und Erweiterungsformen eine gemeinsame Technik.

II. GEMEINSAME TECHNIK BEI DEN VERLÄNGERUNGEN VON SICHERUNGS- UND VORBEHALTSEIGENTUM

1. Allgemeines – Aufriß der Verlängerungsformen

Die rechtstechnische Ausgestaltung der Verlängerungsformen bei der Sicherungsübereignung entspricht jener beim verlängerten Eigentumsvorbehalt. Deswegen wird diese Technik – zugleich im Vorgriff auf die nächste Stunde – für beide Sicherungsmittel gemeinsam vorgestellt.

Sachsicherheiten gehören in ihrer ursprünglichen Gestalt als Sicherungseigentum den Geldkreditgebern, als Vorbehaltseigentum den Warenlieferanten. In beiden Fällen sichern sie zunächst eine bestimmte Forderung des jeweiligen Gläubigers. Das Schicksal dieser Sicherheiten ist in vielen Fällen von vornherein nicht statisch, sondern dynamisch: Sie sollen und können dem Gesicherten nicht so lange unverändert erhalten bleiben, bis die gesicherte Forderung getilgt ist; solche Sachsicherheiten sind vielmehr von Anfang an zur Verarbeitung oder nur zur Veräußerung bestimmt. Im Falle der Verarbeitung bzw. Veräußerung bemächtigt sich der gesicherte Geld- oder Warenkreditgeber dann fast immer rechtsgeschäftlich des Surrogates, das der Kreditnehmer an Stelle der ursprünglichen Sicherheit erlangt. Dieses Surrogat kann vor allem eine neue, und zwar durch Verarbeitung der Rohstoffe hergestellte, Sache oder eine

Forderung aus der Veräußerung der unveränderten Sachsicherheit sein. Rechtstechnisch erfaßt der Gesicherte die vom Kreditnehmer bzw. Käufer hergestellte neue Sache mit einer Verarbeitungsklausel, die offene Forderung aus einem Zweitgeschäft über die Sachsicherheit durch eine Vorausabtretungsklausel.

Im folgenden wird – ausgerichtet auf diese Vorgänge – von Verlängerungsformen der Sicherungsübereignung und des Eigentumsvorbehaltes dann gesprochen, wenn sich der Gesicherte künftige Vermögenswerte, die an die Stelle der ursprünglichen Sachsicherheit treten und bei fehlenden Absprachen dem Kreditnehmer zufallen würden, durch Verarbeitungs- oder Vorausabtretungsklauseln verschafft. Allen diesen Fällen liegt demnach eine verlängerte Sicherungsübereignung oder ein verlängerter Eigentumsvorbehalt zugrunde; die erste Sicherung wird dabei in vertikaler Richtung ausgedehnt, indem neue Zugriffsobjekte erschlossen werden[4].

In dieser Stunde soll, wie gesagt, nur die Verlängerung kraft Vorausabtretungsklausel analysiert werden.

2. Insbesondere: Technik der Verlängerung kraft Vorausabtretung – Rechtsgrundlagen und Durchgangserwerb

Die Verlängerung kraft Vorausabtretung erfaßt sowohl beim Geld- als auch beim Warenkredit die künftige Forderung aus dem Verkauf einer in Sicherungs- oder Vorbehaltseigentum stehenden Sache, die von vornherein zur Veräußerung bestimmt ist. Die hierbei entstehende Kaufpreisforderung ist das rechtsgeschäftliche Surrogat dieser Sache; die Sache wird in die Verkaufsforderung hinein „verlängert“. Bank bzw. Lieferant erhalten sie im „Austausch“ gegen die ursprüngliche Sachsicherheit[5].

Werden schon existente Forderungen abgetreten, so gilt: Die gewöhnliche Abtretung ist in §§ 398 ff. BGB geregelt; zur Wirksamkeit einer Forderungsabtretung ist insbesondere keine Anzeige an den Schuldner erforderlich. Auch die gewohnheitsrechtlich geltende Sicherungsabtretung[6] einer schon bestehenden Forderung erfolgt deshalb regelmäßig in stiller Form. Den §§ 398 ff. BGB wird ferner der Sonderfall der Vorausabtretung (Abtretung künftiger

4 Vgl. *Serick*, IV, § 40 I 2 a, S. 9.
5 Dazu auch unten: Vortrag Kyoto Universität, II 1 a, S. 118 f.
6 Zum Geltungsgrund oben: Erste Vorlesung, I 3 b i. V. mit a, S. 5 f.

Forderungen) unterstellt, mit dem sich freilich diese Normen nicht befassen. Künftige Forderungen werden in der Kreditsicherungspraxis vor allem bei der verlängerten Sicherungsübereignung, beim verlängerten Eigentumsvorbehalt und der Globalzession[7] als Sicherheit herangezogen.

Ob Vorausabtretungen überhaupt zulässig sind, ist in Deutschland lange Zeit streitig erörtert worden. Kann über eine noch nicht existente Forderung schon jetzt verfügt werden? Das Beispiel der vorerwähnten Musterklausel (oben I 2 c) zeigt, daß auch der Sicherungszedent (der Sicherungsgeber, der die Forderung aus dem Verkauf der Sachsicherheit seiner Bank abtritt) über eine Forderung verfügt, die erst in Zukunft entsteht. Ist dies zulässig?

Dagegen ist etwa eingewandt worden: Die Verfügung über ein Nonens sei Nonsens, ein Einwand, der bei der Abtretung einer schon existenten Forderung, die der Gesetzgeber geregelt hat, ausgeschlossen ist. Die Streitfrage hat sich heute erledigt, denn die Vorausabtretung gilt bei gewöhnlichen wie bei Sicherungsabtretungen kraft ungeschriebenen Rechtes, also kraft Gewohnheitsrechtes[8].

Auf die Vorausabtretung werden heute grundsätzlich die gesetzlichen Bestimmungen analog angewendet, die für die Abtretung schon bestehender Forderungen maßgebend sind, insbesondere also die §§ 398 ff. BGB. Daraus ergibt sich vor allem, ob die Vorausabtretung im Einzelfall wirksam ist und in welchem Zuschnitt der Vorauszessionar die Forderung erwirbt; eine Anzeige an den Schuldner ist hier ebenfalls nicht notwendig – auch die Vorauszession sicherungshalber erfolgt deshalb grundsätzlich in stiller Form.

Besonderheiten gegenüber der Abtretung einer schon existenten Forderung ergeben sich daraus, daß das Gesetz eine Abtretung regelt, bei welcher der Abschlußtatbestand der Zession und die Wirkung der Verfügung zeitlich eine Einheit bilden, während bei der Vorausabtretung diese beiden Elemente zwingend auseinanderfallen. Diese Problematik zeigt sich etwa beim Erwerb der künftigen Forderung nach ihrer Entstehung: Die in Deutschland oft erörterte Frage lautet, ob der Abtretungsempfänger (im folgenden auch Vorauszessionar), also die Bank bzw. der Lieferant, die im voraus abgetretene Forderung direkt erwirbt oder ob beim Abtretenden

7 Zur Globalzession unten: Vortrag International Business Institute, I 2 a, S. 86 f.; II 1, S. 92 ff., siehe auch S. 91; Vortrag Kyoto Universität, III 1 ff., S. 124 ff.

8 Einzelheiten: *Serick*, IV, § 47 I 1, S. 257 ff.; I 5, S. 270 ff. Dazu auch unten: Vortrag International Business Institute, II 1 a, S. 92.

(dem Vorauszedenten, also beim Darlehensnehmer bzw. Erstkäufer), ein vorgeschalteter Durchgangserwerb für eine sogenannte logische Sekunde stattfindet[9]. Derartige Fragen – auf die hier aus Zeitgründen nicht eingegangen werden kann – treten naturgemäß nicht auf, wenn der Zedent eine schon vorhandene, ihm gehörende Forderung abtritt, weil er dann zunächst einmal Gläubiger dieser Forderung geworden sein muß.

3. Künftige Forderung: Begründung, Entstehung und Vorausabtretung

Das Kennzeichen der Vorausabtretung liegt darin, daß der Gegenstand der Abtretung – die künftige Forderung, über die verfügt wird – im Zeitpunkt der Abtretung noch nicht begründet ist. Im Falle der verlängerten Sicherungsübereignung zum Beispiel tritt der Sicherungsgeber (der zugleich Darlehensnehmer ist) seinem Sicherungsnehmer (der Bank) schon jetzt eine Forderung aus einem Kaufvertrag (über die der Bank zur Sicherung übereignete Sache) ab, der vielleicht in Zukunft mit irgendeinem Dritten abgeschlossen wird. Ob diese Forderung entsteht, ist ungewiß; der Rechtsgrund, in dem sie wurzelt, besteht im Augenblick der Abtretung ebenfalls noch nicht. Entsteht dann der Rechtsgrund in Zukunft – der Sicherungsgeber verkauft das Sicherungsgut seinerseits im Wege eines Kreditgeschäftes unter Vereinbarung eines Eigentumsvorbehaltes –, so entsteht mit ihm zugleich die abgetretene Forderung.

Entsprechendes gilt bezüglich der künftigen Forderung für den kraft Vorausabtretung verlängerten Eigentumsvorbehalt, aber auch für die globale Forderungsabtretung. Ob etwa bei einer Globalzession die dem Geldkreditgeber abgetretene künftige Forderung, beispielsweise gegen den Drittschuldner A, entsteht, ja sogar, ob überhaupt ihr Rechtsgrund gelegt werden wird, ist in gleicher Weise ungewiß wie der künftige Verkauf von Vorbehaltsware oder von Sicherungsgut, auf den die Verlängerungsformen abzielen[10]. Unter

9 Einzelheiten: *Serick*, IV, § 47 IV 1 ff., S. 317 ff. Hinweise aus neuem Schrifttum: *Palandt/Heinrichs*, Bürgerliches Gesetzbuch (47. Aufl. 1988), § 398 Anm. 4 c. Der *Bundesgerichtshof* hat die Streitfrage zum Durchgangserwerb offengelassen in *BGH*, 19.9.1983, BGHZ 88 S. 205, 206 f. Zur Bedeutung bezüglich der Normenanwendung aus neuerer Rechtsprechung: *OLG Köln*, 18.2.1987, ZIP 1987 S. 907, 908.

10 Vgl. *Serick*, IV, § 47 I 2 a, S. 260.

diesen Vorzeichen stellt sich die Frage nach der Bestimmbarkeit der im voraus abgetretenen Forderung.

4. Probleme der Bestimmbarkeit einer im voraus abgetretenen Forderung und Wesen der Vorausabtretung

Die vorausabgetretene Forderung muß im Zeitpunkt ihrer Entstehung nach Gegenstand und Umfang, das heißt: nach der Person des Gläubigers und des Schuldners sowie nach dem Gegenstand der Abtretung – bei Teilabtretungen auch der Höhe nach –, hinreichend bestimmbar sein. Der Gegenstand der Abtretung läßt sich nur dann zulänglich bestimmen, wenn als Merkmal der Rechtsgrund der abgetretenen Forderung herangezogen werden kann[11]. Es muß klar sein, für welche konkrete Leistung – erbracht etwa auf Grund eines Kauf- oder Werkvertrages – der Zedent Gläubiger der abgetretenen Forderung geworden ist.

Die Forderung ist bestimmbar, wenn sie sich durch den Vertrag selbst oder aber durch Heranziehung außerhalb des Vertrages liegender Umstände – Schriftwechsel, Rechnungen, Zahlungsbelege usw. – feststellen läßt. Zweifelsfrei bestimmt werden kann also eine Forderung im Zeitpunkt ihres Entstehens, wenn sie mit Hilfe des Vertrages oder auch außervertraglicher Umstände nach der Person des Sicherungsgebers (des Gläubigers), des Schuldners, ihres Rechtsgrundes und ihres Umfangs eindeutig zu ermitteln ist[12].

Die Überlegungen zur Bestimmbarkeit des Verfügungsgegenstandes zielen auf den Zeitpunkt ab, in dem die Forderung, über die im voraus verfügt worden ist, entsteht. Die Fixierung dieses Zeitpunktes bedarf näherer Begründung: Der Verfügungstatbestand ist zwar mit Vornahme der Vorausverfügung beendet, aber die durch die Verfügung gewollte Rechtsänderung kann erst eintreten, wenn die Forderung entsteht. Abschluß des Abtretungsvertrages (Abschlußtatbestand) und Forderungsübergang bei Entstehen der Forderung fallen auseinander; beide Elemente des Gesamttatbestandes – Abschlußtatbestand und Wirksamwerden im Sinne des Entstehens der künftigen Forderung (Wirksamkeitsvoraussetzung) – lassen sich

11 Vgl. *Serick*, IV, § 47 II 2, S. 275.
12 So *Serick*, IV, § 47 II 2 a, S. 276 f.

zeitlich trennen, wobei dann der Übergang der Forderung nichts anderes ist als die Wirkung der Abtretungsvereinbarung[13].

Soll und kann der Forderungsübergang als Rechtsfolge der Vorausabtretung erst eintreten, wenn die Forderung, über die im voraus verfügt worden ist, entsteht, so braucht der Verfügungsgegenstand nicht vor diesem Zeitpunkt eindeutig bestimmt werden zu können; andererseits verfehlt die Verfügung ihren Gegenstand, wenn er nicht in diesem, sondern erst in einem späteren Zeitpunkt einwandfrei ermittelt werden kann[14].

III. ERMÄCHTIGUNGEN BEI VERLÄNGERUNGSFORMEN KRAFT VORAUSABTRETUNG – AUCH ZUR GERMANISCHRECHTLICHEN TREUHAND IN GESTALT DER ERMÄCHTIGUNG

1. Veräußerungs- und Einziehungsermächtigung als Bindeglieder zwischen veräußerter Sach- und erworbener Forderungssicherheit

a) Veräußerungsermächtigung

Ist die Sachsicherheit – eine zur Sicherung übereignete Sache oder eine Vorbehaltssache – nicht zum Verbleib beim Schuldner (Darlehensnehmer bzw. Vorbehaltskäufer), sondern zur Veräußerung bestimmt, so muß sich der gesicherte Darlehensgeber bzw. Vorbehaltslieferant damit einverstanden erklären, daß der Schuldner die Sache verkauft und übereignet. Ohne dieses Einverständnis wäre das Unternehmen des Schuldners mit der Sachsicherheit belastet; sie würde zweckentfremdet im Unternehmen zurückgehalten, anstatt durch Verkauf gewinnbringend veräußert zu werden und damit dem Schuldner die Mittel zu verschaffen, seine Schuld tilgen zu können.

Der gesicherte Darlehensgeber bzw. Lieferant gestattet dem Schuldner deswegen auf schuldrechtlicher Ebene, die Sachsicherheit

---

13 Vgl. *Serick*, IV, § 47 II 2 b, S. 277. Aus der Rechtsprechung hierzu: *BGH*, 9.6.1960, BGHZ 32 S. 367, 369 f.; *BGH*, 30.6.1959, BGHZ 30 S. 238, 240.

14 Einzelheiten zur Bestimmbarkeit: *Serick*, IV, § 47 II 1 ff., S. 274 ff.; III 1 ff., S. 293 ff.; *Serick*, VI, § 76 IV 4 a, S. 395. Aus höchstrichterlicher Rechtsprechung vgl. *BGH*, 25.10.1984, WM 1985 S. 12, 14. Zu anderweitigen Konsequenzen aus den Strukturelementen der künftigen Forderung und ihrer Vorauszession vgl. unten: Vortrag International Business Institute, II 2 a, S. 95 f.; Vortrag Kinki Universität, II 4, S. 76 ff.; III 1, S. 78 ff.

im Rahmen des ordnungsgemäßen Geschäftsverkehrs zu verkaufen, und ermächtigt ihn auf sachenrechtlicher Ebene, sie im eigenen Namen dem Käufer zu übereignen. Rechtstechnisch erteilt also die Bank bzw. der Vorbehaltslieferant dem Darlehensnehmer (Sicherungsgeber) bzw. Vorbehaltskäufer eine Veräußerungsermächtigung (§ 185 BGB); diese berechtigt den Schuldner, als Nichtberechtigter im eigenen Namen über die dem Gläubiger gehörende Sachsicherheit wirksam zu verfügen, das heißt, sie einem Dritten wirksam zu übereignen. Dieser erwirbt das Eigentum (§§ 929, 185 BGB), der Sicherungs- bzw. der Vorbehaltseigentümer verliert es.

Die Verfügung ist aber nur dann kraft der Ermächtigung wirksam, wenn sie durch die schuldrechtliche Gestattung, die dem verfügenden Sicherungsgeber bzw. Vorbehaltskäufer erteilt wurde, gedeckt ist. Für eine Verlängerung kraft Vorausabtretung bedeutet dies: Die Veräußerung ist unrechtmäßig, wenn sie zwar im ordentlichen Geschäftsverkehr erfolgt, aber der Bank bzw. dem Lieferanten die im voraus abgetretene Forderung aus dem Verkauf nicht verschafft. Das trifft bei der verlängerten Sicherungsübereignung bzw. beim verlängerten Eigentumsvorbehalt vor allem für den in der Wirtschaftspraxis besonders wichtigen Fall zu, daß der Dritte, der die Sachsicherheit kauft, wirksam ein Abtretungsverbot vereinbart hat (§ 399 BGB); dann bleibt der Sicherungsgeber bzw. Vorbehaltskäufer Gläubiger der Forderung. Der Sicherungsnehmer bzw. Lieferant würde infolgedessen seine Sicherheit nach der Veräußerung an den Dritten ersatzlos verlieren – diesen Fall deckt die Veräußerungsermächtigung nicht[15].

b) *Einziehungsermächtigung*

Erwirbt die Bank bzw. der Vorbehaltslieferant (Vorauszessionar) nach dem gestatteten Verkauf der jeweiligen Sachsicherheit kraft Vorausabtretung die Kaufpreisforderung als Surrogat, so bleibt der Forderungserwerb dem Schuldner des Zweitgeschäftes (dem Käufer

15 Einzelheiten zur Veräußerungsbefugnis (schuldrechtliche Gestattung und dingliche Ermächtigung): *Serick*, I, § 8 II 1 f., S. 153 ff. (die Bemerkungen gelten in gleicher Weise wie für umsatzbestimmte Vorbehaltsware auch für umsatzbestimmte Sachen, die zur Sicherung übereignet sind); zum Abtretungsverbot: *Serick*, IV, § 51, S. 489 ff.; *Serick*, V, § 66, S. 536 ff. (aus konkursrechtlicher Sicht; a. a. O. § 66 IV 2, S. 567 – Überschreitung der Veräußerungsermächtigung bei Abtretungsverbot im Zweitgeschäft; zu diesem Fall insbesondere *BGH*, 28.11.1968, BGHZ 51 S. 113, 116 ff.; neuerdings *BGH*, 3.12.1987, ZIP 1988 S. 175, 180).

der früheren Sachsicherheit) in der Regel unbekannt, weil die Abtretung zulässigerweise in stiller Form vorgenommen wird. Für ihn ist infolgedessen subjektiv jener Verkäufer sein Gläubiger, der ihm die Sachsicherheit verkauft hat (der Zedent), und nicht die Bank bzw. der Vorbehaltslieferant.

Der Vorauszessionar erteilt für diesen Fall dem Zedenten eine sogenannte Einziehungsermächtigung[16]. Sie berechtigt den Zedenten, die Forderung im eigenen Namen geltend zu machen; sie ist widerruflich, wenn ihr Fortbestand den Sicherungszweck gefährdet. Auch ihr Umfang ist rechtsgeschäftlich festgelegt: Überschreitet ihn der Zedent, so hat er ohne Ermächtigung gehandelt. Wenn der Zedent eine Forderung einzieht und dies nicht durch die Einziehungsermächtigung gedeckt ist, weil der Einzug außerhalb des ordentlichen Geschäftsverkehrs liegt – etwa: weil ein ungewöhnlicher Diskont gewährt wurde –, so ist der Forderungseinzug jedenfalls unter diesem Gesichtspunkt unwirksam und bringt die betreffende Forderung nicht zum Untergang. (Zu prüfen ist dann freilich, ob zugunsten des zahlenden Schuldners Schutzvorschriften eingreifen, die bei einer stillen Zession gelten, so vor allem § 407 BGB[17].)

Die Analyse von Veräußerungs- und Einziehungsermächtigung erlaubt es nunmehr, das Institut der Ermächtigung vor dem Hintergrund der germanischrechtlichen Treuhand zu erklären.

2. Rechtsgeschäftliche Ermächtigung germanischrechtlichen Ursprungs

Wird rechtsgeschäftlich ein Treuhandverhältnis derart begründet, daß das Vollrecht beim Treugeber verbleibt, der Treuhänder aber im eigenen Namen über das Vollrecht verfügen darf, so handelt es sich dabei um eine Ermächtigung. Ihr gesetzlicher Ausgangspunkt ist § 185 BGB; rechtsgeschichtlich ist dieses Treuhandverhältnis germanischrechtlicher Herkunft.

Die Ermächtigung in der Form der Veräußerungsermächtigung tritt fast immer in Erscheinung, wenn Sachen, die zum Umlaufver-

16 Zur Einziehungsermächtigung vgl. *Serick*, II, § 25, S. 304 ff. (Grundsätzliches); § 25 I 3, S. 311 ff. (Umfang der Einziehungsermächtigung); *Serick*, V, § 64 I 2, S. 453 f. (Widerruf). Dazu ferner unten: Vortrag International Business Institute, III 1, 2, teilweise 3, S. 101 ff.

17 Dazu: *Serick*, II, § 25 I 3, S. 311; Vortrag International Business Institute, III 3, S. 106.

mögen eines Kaufmannes gehören, wie im Falle eines Warenlagers mit wechselndem Bestand, in fremdem Eigentum stehen. Hier wird der Vorbehaltskäufer bzw. Sicherungsgeber ermächtigt, die Ware im ordentlichen Geschäftsverkehr zu veräußern. Sodann hat die Rechtsprechung, ohne sich freilich insoweit unmittelbar auf eine gesetzliche Vorschrift stützen zu können, neben dieser Veräußerungsermächtigung auch die Einziehungsermächtigung als zulässig erachtet: Der Gläubiger einer Forderung ermächtigt einen Dritten, in unserem Zusammenhang den Zedenten, die Forderung im eigenen Namen einzuziehen.

Während bei der fiduziarischen Treuhand der Treuhänder mit dem Vollrecht eine den Treuzweck überschreitende Rechtsmacht bekommt, erhält er bei der ermächtigenden Treuhand, der deutschrechtlichen Einrichtung, nur so viel Rechtsmacht, wie die Durchführung des Treuzweckes es erfordert. Im Beispiel der Ermächtigung zur Veräußerung von Ware, welche unter einer kraft Vorausabtretung verlängerten Sicherungsübereignung dem Sicherungsnehmer übertragen wurde, gilt: Der Sicherungsgeber ist nur befugt, die Sicherheit zu veräußern, wenn er dem Sicherungsnehmer die Forderung aus dem Verkauf verschafft. Ist dies nicht der Fall, weil der Käufer des Sicherungsgutes etwa ein Abtretungsverbot gemäß § 399 BGB vereinbart hat (oben 1 a), so ist die Veräußerung durch einen Nichtberechtigten vorgenommen worden, denn der Sicherungsgeber hat seine Veräußerungsermächtigung überschritten. Der deutschrechtliche Gedanke der zweckentsprechenden Begrenzung der Rechtsmacht des Treuhänders führt zu einer konkurrierenden Rechtszuständigkeit: Der Treugeber bleibt Inhaber des Vollrechts und behält neben dem Treuhänder weiterhin Verfügungsmacht[18].

3. Zusammenfassung: Architektur der Verlängerung kraft Vorausabtretung

Bei der kraft Vorausabtretung verlängerten Sicherungsübereignung bzw. dem solchermaßen verlängerten Eigentumsvorbehalt gehört die Veräußerungsermächtigung zum institutionellen Bild. Das heißt: Die Ermächtigung zur Veräußerung der fremden Sache, die die Bank (der Sicherungseigentümer) ihrem Sicherungsgeber, der

18 Einzelheiten: *Serick*, II, § 19 I 1, S. 73 ff. Zu § 185 BGB und Einziehungsermächtigungen unten: Vortrag International Business Institute, III 1, S. 101.

Vorbehaltseigentümer seinem Käufer erteilt, erfolgt in der Regel ausdrücklich. Aber selbst wenn dies nicht zutreffen sollte, kann davon ausgegangen werden, daß sie sich konkludent aus der Art der Verlängerung (nämlich der Vorausabtretung) ergibt: Der gesicherte Kreditgeber weiß, daß der Käufer bzw. der Sicherungsgeber das Sicherungsgut oder die Vorbehaltsware auf Kredit weiterveräußert, und sichert sich gerade auf diesen Fall hin, indem er sich die Forderung aus dem Zweitgeschäft im voraus abtreten läßt. Die Vorausabtretung ihrerseits ist bei einer stillen Zession dann institutionell mit einer Einziehungsermächtigung verknüpft[19]. Fehlt eine ausdrückliche Abrede dieses Inhalts, so ist sie aus der uneingeschränkten (also Bar- oder Kreditverkäufe deckenden) Veräußerungsermächtigung zu schließen.

IV. ERWEITERTE SICHERUNGSÜBEREIGNUNG

1. Gemeinsamer Grundgedanke der Erweiterungsformen im Bereiche des Geld- und Warenkredits

In den einleitend als Mustervertrag einer Großbank vorgestellten Klauseln erweitert die Bank in Nr. 1 ASB (oben I 2 d) die Sicherungsübereignung: Diese Art der Übereignung soll bewirken, daß die der Bank zur Sicherheit übereignete Ware nicht bloß das Darlehen, das Anlaß für die Sicherungsübereignung ist, sondern zusätzlich noch sämtliche der Bank gegen den Darlehensnehmer (Sicherungsgeber) zustehenden gegenwärtigen und künftigen Forderungen sichert. Bank und Darlehensnehmer vereinbaren eine erweiterte Sicherungsübereignung. Auch hier gilt ebenso wie bei der Verlängerung, daß die deutsche Kreditsicherungspraxis für die Bereiche des Geld- und des Warenkredites technisch übereinstimmend ausgestaltete Erweiterungsformen erarbeitet hat – dort die erweiterte Sicherungsübereignung, hier den erweiterten Eigentumsvorbehalt.

Der Grundgedanke und das Wesensmerkmal der Erweiterung ist folgender: Die erste Sicherheit, also die zur Sicherung anläßlich eines ersten Kreditgeschäftes übereignete Ware bzw. die im Vorbehaltseigentum stehende Sache (Sicherungsgut), soll dem Kreditgeber so lange verbleiben, bis ein bestimmt umschriebener Kreis von

19 Vgl. *Serick*, V, § 62 I 2, S. 326.

Forderungen getilgt ist. Die erste Sicherheit ist mit anderen Worten das Sicherungsmittel für diese mehreren zu sichernden Forderungen aus anderen Geschäften[20].

2. Gemeinsame Behandlung der Erweiterungsformen in der vierten Vorlesungsstunde

Dieser Befund bei den Erweiterungsformen erlaubt es, in der nächsten Vorlesungsstunde die erweiterte Sicherungsübereignung gemeinsam mit dem erweiterten Eigentumsvorbehalt zu analysieren, denn die Technik der Erweiterung stimmt hier und dort überein. Das Vorgehen entspricht der gemeinsamen Behandlung der Verlängerungsformen von Sicherungsübereignung und Eigentumsvorbehalt: Die Verlängerung beider Sicherungsmittel kraft Vorausabtretungsklausel konnte in dieser Stunde erörtert werden; auf die Verlängerungen kraft Verarbeitungsklausel wird, wie gesagt (oben I 3; II 1), erst anläßlich der Besprechung des verlängerten und erweiterten Eigentumsvorbehaltes eingegangen.

---

20 Kennzeichen der Erweiterung: *Serick*, V, § 56 I 2, S. 7 ff. Aus neuerem Schrifttum und neuerer höchstrichterlicher Rechtsprechung zum erweiterten Eigentumsvorbehalt vgl.: *Jauernig*, Bürgerliches Gesetzbuch (4. Aufl. 1987), § 929 Anm. 6 B b, bb; *Mühl* in *Soergel*, Bürgerliches Gesetzbuch, Schuldrecht I/2, Band 2/2 (11. Aufl. 1986), § 455 Randnr. 42 ff., S. 877 ff.; *BGH*, 9.7.1986, ZIP 1986 S. 1059, 1062; *BGH*, 8.10.1986, BB 1987 S. 222, 223 (zur Fundstelle dieser Entscheidung oben bei I 3, S. 34 Fußnote 2). Zum Begriff „Sicherungsmittel" vgl. *Serick*, VI, § 78 I 1, S. 511 Fußnote 7; der Begriff wird allerdings auch für die Form verwendet, in der das Sicherungsgut rechtstechnisch erfaßt wird, z. B. kraft Sicherungsübertragung – in diesem Sinne etwa oben: Erste Vorlesung, I 1, S. 3 – oder Erweiterung. Vgl. hier ferner *Braun*, Kontokorrentvorbehalt und Globalvorbehalt (1980), S. 26 (auch zum Sicherungsobjekt: eine Forderung, die durch andere Gegenstände – insbesondere Forderungen und bewegliche Sachen – gesichert werden soll).

Der verlängerte und erweiterte Eigentumsvorbehalt*

I. FORMULARKLAUSELN IN DER LIEFERANTENPRAXIS UND ÜBERBLICK ÜBER DIE VORLESUNGSSTUNDE

1. Musterklauseln aus neuerem Schrifttum als Anschauungsmaterial

Wenn ein Unternehmer seine Ware unter verlängertem und erweitertem Eigentumsvorbehalt verkaufen will, so kann er formularmäßig beispielsweise folgende, in einem neueren Mustervertrag aus dem Schrifttum enthaltene Klauseln vereinbaren[1]:

„1. Einfacher Eigentumsvorbehalt. Der Lieferer behält sich das Eigentum an dem Liefergegenstand bis zum Eingang aller Zahlungen aus dem Liefervertrag vor...

2. Verlängerter Eigentumsvorbehalt (Vorausabtretung). Der Besteller ist berechtigt, den Liefergegenstand im ordentlichen Geschäftsgang weiterzuverkaufen. Der Besteller tritt jedoch dem Lieferer bereits jetzt alle Forderungen in Höhe des Rechnungswertes der Vorbehaltsware ab, die dem Besteller aus der Weiterveräußerung gegen den Abnehmer oder gegen Dritte erwachsen. Zur Einziehung dieser Forderungen ist der Besteller auch nach der Abtretung ermächtigt, solange er sich vertragstreu verhält und keine Zahlungsunfähigkeit vorliegt. Die Befugnis des Lieferers, die Forderungen selbst einzuziehen, bleibt hiervon unberührt; jedoch verpflichtet sich der Lieferer, die Forderungen nicht einzuziehen, solange der Besteller dem Lieferer gegenüber seinen Zahlungsverpflichtungen ordnungsgemäß nachkommt und keine Zahlungsunfähigkeit vorliegt...

4. Verlängerter Eigentumsvorbehalt (Verarbeitungsklausel). Bei Verarbeitung oder Umbildung von Vorbehaltssachen auch zusammen mit anderen, nicht dem Lieferer gehörenden Gegenständen

* Vierte Vorlesungsstunde am 22.10.1987.

1 Dazu: *Thamm*, Kreditsicherungs-Verträge (4. Aufl. 1987) (Heidelberger Musterverträge Nr. 34), S. 2, 3.

erwirbt der Lieferer das Miteigentum an der neuen Sache im Verhältnis seines Rechnungswertes am Wert der neuen Sache zur Zeit der Verarbeitung...

5. Kontokorrent-Eigentumsvorbehalt (Saldovorbehalt). Der Lieferer behält sich das Eigentum an dem Liefergegenstand vor, bis sämtliche Forderungen des Lieferers gegen den Besteller aus der Geschäftsverbindung einschließlich der künftig entstehenden Forderungen auch aus gleichzeitig oder später abgeschlossenen Verträgen beglichen sind. Das gilt auch dann, wenn einzelne oder sämtliche Forderungen des Lieferers in eine laufende Rechnung aufgenommen wurden und der Saldo gezogen und anerkannt ist..."

2. Zur Vorlesungsstunde

Zunächst sollen die Verlängerungsformen, die bei Sicherungsübereignung und Eigentumsvorbehalt gemeinsam auftreten, abgeschlossen werden. In der dritten Vorlesungsstunde wurden die Probleme bei der Verlängerung über eine Vorausabtretung am Beispiel der Sicherungsübereignung behandelt; in dieser Stunde soll die Verlängerung über eine Verarbeitungsklausel am Beispiel des Eigentumsvorbehaltes vervollständigt werden.

Sodann wird die Grundlagenproblematik um die Erweiterungsklausel, die sowohl beim Geld- als auch beim Warenkredit anzutreffen ist, erörtert.

II. VERLÄNGERUNGEN KRAFT VERARBEITUNGSKLAUSEL

1. Grundlagen

Die Verlängerung kraft Verarbeitungsklausel erfaßt beim Waren- und Geldkredit eine neue Sache, die aus einem in Vorbehaltseigentum stehenden oder zur Sicherung übereigneten Rohstoff hergestellt wurde. Der Rohstoff war von vornherein zur Verarbeitung durch den Schuldner bestimmt. Die neu hergestellte Sache ist das Surrogat; die Verarbeitungsklausel verlängert das Sicherungsrecht am Rohstoff in das Fertigfabrikat. Vorbehaltslieferant oder Bank erhalten dieses Fertigfabrikat als neue Sicherheit im Austausch gegen ihre ursprüngliche Sicherheit.

a) *Rechtsfolgen nach Verarbeitung eines Rohstoffes zu einer neuen Sache – ohne und mit Verarbeitungsklausel*

Die Verarbeitung ist in § 950 BGB wie folgt geregelt: „Wer durch Verarbeitung oder Umbildung eines oder mehrerer Stoffe eine neue bewegliche Sache herstellt, erwirbt das Eigentum an der neuen Sache, sofern nicht der Wert der Verarbeitung oder der Umbildung erheblich geringer ist als der Wert des Stoffes. Als Verarbeitung gilt auch das Schreiben, Zeichnen, Malen, Drucken, Gravieren oder eine ähnliche Bearbeitung der Oberfläche.

Mit dem Erwerbe des Eigentums an der neuen Sache erlöschen die an dem Stoffe bestehenden Rechte“[2].

Die Norm bewirkt, daß nach der Verarbeitung des Sicherungsgutes, also des Rohstoffes zu einer neuen beweglichen Sache, das Eigentum des Vorbehaltslieferanten bzw. der Bank am Rohstoff erlischt und der Verarbeiter in vollem Umfang Eigentümer der neuen Sache wird. Das aber hätte zur Folge, daß der Waren- oder der Geldkreditgeber ohne Sicherheit wäre.

Die Verarbeitungsklausel, die Kreditgeber und Kreditnehmer vereinbaren, bewirkt, daß der Kreditnehmer vor der Rückzahlung des Kredites das Sicherungsgut zwar verarbeiten darf, daß aber der Kreditgeber Eigentümer wird. Eine derartige Verarbeitungsklausel, durch die der frühere Rohstoff-Eigentümer in vollem Umfang das Eigentum am Fertigfabrikat erwirbt, ist in der letzten Stunde am Beispiel der Muster-Verarbeitungsklausel Nr. 8 einer Großbank[3] vorgestellt worden.

b) *Zulässigkeit einer Verarbeitungsklausel – Theorienstreit*

Über die Frage, ob eine Verarbeitungsklausel zulässig und – falls dies bejaht wird – unter welchen Voraussetzungen sie wirksam ist, herrscht in Deutschland keine Einigkeit. Das geht darauf zurück, daß die Wirkungen des § 950 BGB höchst unterschiedlich beurteilt werden[4]. Eine Mindermeinung vertritt die Auffassung, daß § 950 BGB dispositiv sei, daß die Parteien also die Vorschrift vertraglich abdingen könnten. Mit der Vereinbarung einer Verarbeitungsklausel

2 Einzelheiten zu § 950 BGB als Ausgangspunkt: *Serick*, IV, § 44 I, S. 115 ff.
3 Dazu oben: Dritte Vorlesung, I 2 b, S. 32 f.
4 Einzelheiten: *Serick*, IV, § 44 III 1 ff., S. 138 ff.; § 44 V Nr. 10, 11, S. 184 ff.

könnten sie von hier aus erreichen, daß an der neuen Sache kein Herstellereigentum entsteht, sondern daß das Stoffeigentum sich an der neuen Sache fortsetzt.

Dagegen gehen der Bundesgerichtshof und ein Teil des Schrifttums davon aus, daß § 950 BGB zwingend sei. Einer Verarbeitungsklausel komme aber bei der Ermittlung, wer Hersteller der Sache sei, als einem Faktor unter anderen durchaus Bedeutung zu. Verhalte sich der Verarbeiter vom Standpunkt eines objektiven Beurteilers aus so, wie dies in der Verarbeitungsklausel vereinbart worden sei, so dürfe in der Regel der durch die Klausel begünstigte Vorbehaltslieferant oder Sicherungseigentümer als Hersteller angesehen werden mit der Folge, daß er die neue Sache gemäß § 950 BGB in Verbindung mit der Verarbeitungsklausel originär erwerbe. Diese Meinung wird auch von mir vertreten.

Eine dritte Meinung geht ebenfalls von der Unabdingbarkeit des § 950 BGB aus. Nach ihr kommt aber der Verarbeitungsklausel eines Sicherungsnehmers oder Vorbehaltslieferanten keinerlei Bedeutung in Verbindung mit § 950 BGB zu, weil allein nach der Lebensanschauung, nicht aber nach rechtsgeschäftlichen Vereinbarungen zu entscheiden sei, wer die neue Sache herstelle. Hersteller sei, wer das Produktions- oder Absatzrisiko trage. Dies aber sei trotz der Verarbeitungsklausel stets der verarbeitende Vorbehaltskäufer bzw. Sicherungsgeber. Vorbehaltslieferant bzw. Sicherungsnehmer, also der gesicherte Waren- oder Geldkreditgeber, könnten sich vor dem Verlust ihrer Sachsicherheit – des Rohstoffes – lediglich rechtsgeschäftlich durch eine antizipierte Sicherungsübereignung schützen.

Das heißt: Gesicherter Kreditgeber und Kreditnehmer müssen sich bereits vor dem Verarbeitungsprozeß darüber einigen, daß das Eigentum nach Herstellung der neuen Sache auf den Kreditgeber übergeht, und vorab ein Besitzmittlungsverhältnis gemäß § 930 BGB vereinbaren (sogenannte antizipierte Übereignung). Ein solcher Erwerb setzt voraus, daß der Verarbeiter nach Maßgabe von § 950 BGB eine logische Sekunde lang originär Eigentümer geworden ist – nur wenn er, der Kreditnehmer, das Eigentum erworben hat, kann er es übertragen. Er überträgt es dann kraft der antizipierten Übereignung rechtsgeschäftlich dem Sicherungsnehmer; dieser erwirbt es also von ihm (dem Verarbeiter) derivativ. Diese dritte Meinung hat im Schrifttum eine Reihe namhafter Vertreter gefunden.

2. Theorienstreit und die hier behandelten Musterklauseln aus der Bank- sowie der Lieferantenpraxis

a) Zuordnung der besprochenen Verarbeitungsklauseln

Die in der dritten Stunde beispielhaft vorgestellte Musterklausel (Nr. 8) der Großbank (dazu oben 1 a) beruht in ihren Formulierungen auf der soeben vorgetragenen Auffassung des BGH zur Rechtsnatur der Verarbeitungsklausel. Hilfsweise – falls die Bank etwa auf Grund einer anderen rechtlichen Würdigung auf diese Weise doch nicht Eigentümer der neuen Sache geworden sein sollte – wird aber ein Eigentumserwerb nach Maßgabe der soeben als dritte Theorie dargelegten Meinung vereinbart.

Hingegen ist die heute – in der vierten Stunde – ebenfalls als Beispiel herangezogene Lieferanten-Musterklausel Nr. 4 (oben I 1) in ihrer Formulierung wohl maßgeblich durch die soeben als erste Theorie vorgetragene Meinung beeinflußt worden. Besonderheiten dieser Klausel werden – unter Berücksichtigung der Eigenheiten jener aus der Bankpraxis – im folgenden weiterhin vertieft. Zunächst soll jedoch dem Auffangnetz in der Bankenklausel Beachtung geschenkt werden.

b) Insbesondere: Zur Zweispurigkeit unserer Bank-Verarbeitungsklausel

In unserem Mustervertrag für Vorbehaltslieferanten ist die Verarbeitungsklausel (Nr. 4) einspurig gefaßt; eine nachgeschaltete rechtsgeschäftliche Übereignung fehlt. Dagegen ist die vorerwähnte Verarbeitungsklausel (Nr. 8) in unserem Mustervertrag einer Großbank – wie in der Formularpraxis der Banken nicht selten – zweispurig aufgebaut. Primär soll der Bank, und zwar in Übereinstimmung mit der höchstrichterlichen Rechtsprechung, das Eigentum an der neuen Sache gemäß § 950 BGB in Verbindung mit der Verarbeitungsklausel verschafft werden. Die Bank faßt jedoch ins Auge, daß ihre Klausel an dem zwingenden § 950 BGB, der nach einer doch recht beachtlichen Doktrin nicht einmal eine Verarbeitungsklausel duldet, scheitern und deswegen bedeutungslos sein könnte. In diesem Fall soll das Eigentum mit Hilfe der antizipierten Übereignung auf die Bank übergehen. Dadurch wird die hier als dritte Theorie besprochene Meinung, die wohl im Schrifttum vorherrscht, vorsichtshalber mit berücksichtigt.

Die Zweispurigkeit der Bankenklausel ist rechtlich unbedenklich. Speziell als Auffangnetz im Blick auf den Theorienstreit ist sie allerdings überflüssig, solange der Bundesgerichtshof an seiner bisherigen Praxis festhält. Die Verarbeitungsklausel muß sich nur im Streitfall, den der Bundesgerichtshof in letzter Instanz entscheidet, bewähren. Eine Änderung der höchstrichterlichen Einstellung zu diesem Fragenkreis ist indessen wohl kaum zu befürchten.

Freilich ist einzuräumen, daß Ausnahmefälle denkbar sind, in denen die Verarbeitungsklausel versagen kann, etwa deswegen, weil eine objektive Beurteilung von Verarbeitungsvorgang und Klauselinhalt nicht eindeutig genug einem anderen (als dem Verarbeiter selbst) die Herstellereigenschaft zuzubilligen vermag. Dieser Zweifel ginge zu Lasten des Kreditgebers, der die Verarbeitungsklausel formularmäßig vereinbart hat. Ein zweites Beispiel: Im konkreten Fall ist der Streitwert nicht hoch genug, um den Bundesgerichtshof anrufen zu können, und das Instanzgericht, das über die Sache endgültig zu entscheiden hat, vertritt – wie die vorbesprochene dritte Meinung (oben 1 b) – die Ansicht, eine Verarbeitungsklausel könne im Rahmen des § 950 BGB keine Wirkungen entfalten.

Deswegen kann vorsichtigen Geld-, aber auch Warenkreditgebern durchaus geraten werden, die Verarbeitungsklausel zweispurig abzufassen und sich solchermaßen, sollte sie versagen, durch eine antizipierte Übereignung das Eigentum an der neuen Sache zu verschaffen[5].

3. Verarbeitungsklausel in der Lesart des Bundesgerichtshofes und Eigentumserwerb des Lieferanten bzw. der Bank

Nach Auffassung des Bundesgerichtshofes erwirbt der kraft Verarbeitungsklausel Gesicherte das Eigentum am Fertigfabrikat originär auf der Grundlage des § 950 BGB in Verbindung mit der Verarbeitungsklausel. Im Zusammenhang mit der Verarbeitungsklausel eines Lieferanten gehen nun aber im Schrifttum die Meinungen darüber auseinander, ob der Vorbehaltslieferant das Eigentum an der neuen Sache als Vorbehalts- oder Sicherungseigentümer

5 Dazu *Serick*, IV, § 44 III 8 a, S. 161 ff.

erhält. Nach der Auffassung, die ich in Band VI meiner Monographie erneut vorgetragen und verteidigt habe, verliert der Lieferant sein Vorbehaltseigentum am Rohstoff in dem Zeitpunkt, in dem die neue Sache hergestellt ist, und erwirbt dank der Verarbeitungsklausel als Surrogat statt dessen Sicherungseigentum an der neuen Sache[6].

Bei der verlängerten Sicherungsübereignung erlangt dagegen der Sicherungsnehmer unstreitig Sicherungseigentum, wenn kraft Verarbeitungsklausel an die Stelle des ihm zur Sicherung übereigneten Rohstoffes das Fertigfabrikat tritt.

4. Eingeschränkte und uneingeschränkte Verarbeitungsklausel

Die in unserem Mustervertrag für Vorbehaltslieferanten vorgeschlagene Verarbeitungsklausel (oben I 1) verlängert das Eigentum des Lieferanten in die neu hergestellte Sache – die erheblich höherwertig sein muß als der Rohstoff (§ 950 BGB) – nur in der Weise, daß der Vorbehaltslieferant „Miteigentum an der neuen Sache im Verhältnis seines Rechnungswertes am" (klarer: zum) „Wert der neuen Sache zur Zeit der Verarbeitung" erwirbt. War beispielsweise der unverarbeitete Rohstoff 1 000 DM wert, beträgt der Wert des aus ihm hergestellten Fertigfabrikates aber 4 000 DM, so erhält der Vorbehaltslieferant Miteigentum nach Bruchteilen am Fertigfabrikat zu 1/4 (die Fertigware gehört also zu 1/4 dem Vorbehaltslieferanten, zu 3/4 dem verarbeitenden Vorbehaltskäufer).

Eine solche eingeschränkte Verarbeitungsklausel ist zulässig – sie beugt der Gefahr einer Übersicherung des Lieferanten vor, die bei einem uneingeschränkten Eigentumserwerb eintreten könnte. Die Klausel muß nur erkennen lassen, zu welchem Bruchteil der durch sie Begünstigte Miteigentümer der neuen Sache werden soll[7].

Der Bundesgerichtshof führt zu einer derartigen Klausel aus: Der Lieferant erhalte hier im Austausch gegen das Eigentum an dem

6 Einzelheiten: *Serick*, VI, § 77 I 2 a, S. 423 ff.; zustimmend etwa: *Kilger*, Konkursordnung (15. Aufl. 1987), § 43 Anm. 3b, aa; *Henckel*, Aktuelle Probleme der Warenlieferanten beim Kundenkonkurs, RWS-Skript 125 (2. Aufl. 1984), S. 6 f. Anderer Ansicht *Jauernig*, Zwangsvollstreckungs- und Konkursrecht (17. Aufl. 1985), § 45 I 1 a, S. 186 f.; siehe aber auch *Jauernig* a. a. O. (18. Aufl. 1987), § 45 I 1 a, S. 188 f. (letzter Satz vor b). Zum Meinungsstand vgl. *Kuhn/Uhlenbruck*, Konkursordnung (10. Aufl. 1986), § 43 Randnr. 36, S. 753 f. Zur Verarbeitungsklausel vgl. ferner unten: Vortrag Meiji Universität, III 1, S. 139 ff.; IV 1 a, S. 146 f.

7 Einzelheiten: *Serick*, IV, § 45 II 2, S. 194 f.

rechtlich nicht mehr als selbständige Sache existierenden Rohstoff genau jenen Anteil am Fertigfabrikat, den er durch die Lieferung des Rohstoffes wertmäßig beigetragen habe[8]. Die Probleme, die mehrere Verarbeitungsklauseln mehrerer Lieferanten, von denen jeder einen Rohstoff zum Fertigfabrikat beigesteuert hat, dann auslösen, wenn die jeweiligen Klauseln unterschiedliche Erwerbsbeschränkungen enthalten, sind vielfältig und können hier nur angedeutet werden[9].

Ganz im Gegensatz zu der eingeschränkten Verarbeitungsklausel im Mustervertrag der Lieferanten sieht die in der dritten Stunde vorgestellte Verarbeitungsklausel Nr. 8 der Großbank lediglich vor, daß die Bank nach der Verarbeitung des in ihrem Sicherungseigentum stehenden Rohstoffes die neue Sache in vollem Umfang als Sicherheit erwirbt. Es handelt sich dabei um eine sogenannte uneingeschränkte Verarbeitungsklausel. Ihre grundsätzliche Zulässigkeit ist zu bejahen[10]; der Gesicherte muß aber durch anderweitige Bestimmungen, etwa über Freigabeklauseln, sicherstellen, daß eine sittenwidrige Übersicherung nicht eintreten kann.

III. ERWEITERUNGSFORMEN DES EIGENTUMSVORBEHALTES UND DER SICHERUNGSÜBEREIGNUNG – GEMEINSAMKEITEN UND ART DER ERLEDIGUNG DES JEWEILIGEN SICHERUNGSZWECKS

1. Sicherungsabrede als Herzstück der Erweiterungsformen

Erweiterungsformen, die sich bei Waren- und Geldkredit – rechtstechnisch oft weitgehend übereinstimmend ausgestaltet – finden, wollen erreichen, daß das Sicherungsgut nicht nur für jene Forderung haftet, anläßlich derer die Sicherung kraft Vorbehalts- oder Sicherungseigentum unmittelbar erforderlich wurde. Das Sicherungsgut – hier: die Vorbehaltssache bzw. die zur Sicherung übereignete Ware – wird vielmehr darüber hinaus auch für eine Reihe weiterer Forderungen als Sicherheit vorgesehen. Es soll dem Kredit-

8 Vgl. *BGH*, 19.10.1966, BGHZ 46 S. 117, 120.

9 Einzelheiten: *Serick*, IV, §§ 45, 46, S. 190 ff.

10 Dies gilt auch – jedenfalls im kaufmännischen Verkehr – bei einer formularmäßigen Vereinbarung, vgl. dazu *BGH*, 8.10.1986, BGHZ 98 S. 303, 304 (Klausel Nr. 7 sub 3 und 5) i. V. mit S. 307.

geber so lange verbleiben, bis ein bestimmt umschriebener Kreis von zu sichernden Forderungen getilgt ist[11].

Das Bindeglied zwischen den kraft Erweiterungsklausel gesicherten Forderungen beim Waren- bzw. Geldkredit und dem Sicherungsgut, das diese Sicherung herbeiführen soll, ist stets eine Sicherungsabrede[12]. Sie ist das Herzstück der Erweiterungsformen. Beim erweiterten Eigentumsvorbehalt nimmt die Sicherungsabrede die zu sichernde Forderung und das für sie vorgesehene Sicherungsgut aus dem gesetzlich geregelten Schuldverhältnis „Kaufvertrag" heraus und bringt beide Elemente in ein rechtsgeschäftliches Sicherungsverhältnis ein, das neben den Vorbehaltskauf tritt und dessen Umfang durch den Sicherungszweck festgelegt wird. Bei der erweiterten Sicherungsübertragung erfüllt die Sicherungsabrede eine ganz entsprechende Funktion: Sie verbindet zusätzlich die ebenfalls zu sichernde Forderung, die regelmäßig in einem anderen Darlehen wurzelt, mit Hilfe eines neuen Rechtsverhältnisses zur Erreichung des Sicherungszweckes rechtsgeschäftlich mit dem Sicherungsgut, also dem Gegenstand, der zur Sicherung der ersten Darlehensforderung bestimmt worden ist.

Der Sicherungszweck wird von den Parteien der Sicherungsabrede in einer – vor allem beim Geldkredit – sogenannten Zweckbestimmungserklärung im einzelnen festgelegt, so etwa die Einzelheiten über Dauer und Umfang der Erweiterung.

Die Sicherungsabrede als solche ist die causa dafür, daß der Gesicherte sein Recht am Sicherungsgut – das Vorbehalts- oder Sicherungseigentum – behalten darf[13]: beim erweiterten Eigentumsvorbehalt für den Zeitraum, der der Tilgung der gesicherten Forderung vertragsgemäß nachfolgen soll, bei der erweiterten Sicherungsübereignung für die Zeit, in der der Sicherungsnehmer das Sicherungsgut für den vereinbarten Zweck beanspruchen kann[14].

11 Zu den Erweiterungsformen oben: Dritte Vorlesung, IV 1, 2, S. 44 f.; vgl. dort auch die Hinweise in Fußnote 20; unten: Vortrag Kyoto Universität, II 3, S. 122 ff.; Vortrag Meiji Universität, III 2, S. 142 ff.; IV 1 b, S. 147 f. Grundsätzliches zu den Erweiterungsformen: *Serick*, V, §§ 56 bis 60, S. 5 ff.

12 Dazu oben: Erste Vorlesung, II 3 a, S. 9.

13 Die causa bei der Sicherungsübereignung ist also nicht etwa der Darlehensvertrag, dazu: *Serick*, VI, § 75 I 1, S. 166 Fußnote 5; *Serick*, Anmerkung zu *BGH*, 25.2.1987, EWiR 1987 S. 569, 570; *Jauernig*, Bürgerliches Gesetzbuch (4. Aufl. 1987), § 930 Anm. 5 D a, b.

14 Einzelheiten zur Sicherungsabrede bei den Erweiterungsformen: *Serick*, V, § 56 I 2 c, S. 13 f.

2. Erledigung des Sicherungszwecks bei bedingten Sicherungsgeschäften

Beim erweiterten Eigentumsvorbehalt dient ebenso wie bei der erweiterten Sicherungsübereignung als Sicherungsgut eine bewegliche Sache. Sie ist zumeist schon vorhanden und verbleibt bis zur Erledigung des Sicherungszweckes im Eigentum des jeweiligen Kreditgebers. Beim Vorbehaltskauf hat sich der Lieferant das Eigentum bis zur Erledigung des Sicherungszweckes vorbehalten und überträgt es dem Käufer nur unter aufschiebender Bedingung; es handelt sich um Vorbehaltseigentum. Beim Geldkredit ist es das Sicherungseigentum, das der Sicherungsgeber dem Sicherungsnehmer gemäß § 930 in Verbindung mit § 929 BGB – in der Regel allerdings ohne rechtsgeschäftliche Beifügung einer Bedingung – zu treuen Händen übertragen hat.

Hat sich der Sicherungszweck erledigt, das heißt, sind keine in der Erweiterungsklausel als sicherungsfähig vorgesehenen Forderungen mehr vorhanden, so tritt bei Vorbehaltseigentum die aufschiebende Bedingung, unter der der Lieferant übereignet hatte, ein; der Käufer erwirbt ohne weiteres das Eigentum. Bei fiduziarischen Sicherungsgeschäften ist der Sicherungsnehmer regelmäßig verpflichtet, das Sicherungsgut zurückzuübertragen.

Ausnahmsweise – in der Bankpraxis völlig unüblich[15] – wird das Sicherungsgut dem Sicherungsnehmer unter der auflösenden Bedingung vollständiger Tilgung aller zu sichernden Forderungen übertragen. Dann gilt in entsprechender Weise wie beim erweiterten Eigentumsvorbehalt: Mit Eintritt der Bedingung – hier mit Erledigung des jeweils in der Sicherungsabrede festgelegten Sicherungszwecks – erhält der Sicherungsgeber ohne weiteres das Volleigentum zurück, also ohne daß es einer besonderen rechtsgeschäftlichen Rückübertragung bedürfte[16].

Der Eigentumserwerb nach Eintritt der aufschiebenden Bedingung beim Vorbehaltskauf bzw. der auflösenden Bedingung bei der Sicherungsübereignung enthält keine besonderen Probleme. Erörterungsbedürftig ist dagegen die Rechtslage bei der Sicherungsübereignung, wenn das Sicherungsgut ohne Beifügung einer Bedingung übertragen worden war und der Sicherungszweck sich erledigt hat.

15 Vgl. *BGH*, 2.2.1984, ZIP 1984 S. 420, 422.

16 Einzelheiten: *Serick*, V, § 56 I 2 a, S. 8 f. Dazu auch oben: Zweite Vorlesung, II 4, S. 29 f.

Dies soll an Hand der in der dritten Vorlesungsveranstaltung angesprochenen Erweiterungsklausel einer Großbank (ASB Nr. 1) erfolgen.

3. Insbesondere zum Rückgewähranspruch bei erledigtem Sicherungszweck im Rahmen einer unbedingt vorgenommenen Sicherungsübereignung

a) Künftige Forderungen als Gegenstand der Sicherung durch die Erweiterungsklausel

Wird von den soeben entwickelten Grundsätzen auf die erwähnte und in der dritten Vorlesungsstunde vorgestellte Musterklausel einer Großbank (ASB Nr. 1)[17] für eine erweiterte Sicherungsübereignung übergegangen, so bestätigt sich zunächst, daß die Bank auch dort von einer unbedingten Sicherungsübereignung ausgeht.

Sicherungszweck ist dort die Sicherung nicht nur aller gegenwärtigen, sondern auch aller künftigen Forderungen, die aus der Geschäftsverbindung der Bank mit dem Kreditnehmer entstehen. Auch künftige Forderungen können auf Grund einer Erweiterungsklausel gesichert werden. Die künftige Forderung spielt in der deutschen Kreditsicherungspraxis eine ganz wichtige Rolle. Sie kann ein Mittel zur Sicherung werden, wie bei der Verlängerung; dann ist sie selbst das künftige Sicherungsgut, das eine anderweitige Forderung zu sichern hat. Sie kann aber auch kraft Erweiterung gesichert werden; dann wird sie zum Gegenstand der Sicherung durch das in der Sicherungsabrede vorgesehene und in der Regel schon vorhandene Sicherungsgut.

Strukturzüge der künftigen Forderung sind anläßlich der über eine Vorausabtretung verlängerten Sicherungsübereignung bereits kurz skizziert worden. Dort wurde untersucht, ob und wie die künftige Forderung zur Sicherung weiterübertragen werden kann[18]. Bei der Erweiterung geht es um das Problem, wie und mit welchen Einschränkungen ein Vorbehaltslieferant bzw. ein Sicherungsnehmer eine Sicherheit, die er jetzt schon hat, auch im Blick auf eine künftige Forderung gegen den Schuldner weiterhin als Sicherheit

---

17 Dazu oben: Dritte Vorlesung, I 2 d, S. 33.

18 Vgl. oben: Dritte Vorlesung, II 2 (Rechtsgrundlagen), 3 (Vorausabtretung), 4 (Bestimmbarkeit), S. 36 ff.

einsetzen kann. Dieses Problem kann allerdings nur angedeutet werden[19]; es vertieft zu behandeln, verbietet die zur Verfügung stehende Zeit.

b) Sicherungsrechtliche Treuhand und Rückgewähranspruch

Wird infolgedessen im Blick auf unseren Mustervertrag einer Großbank lediglich von einer auf gegenwärtige Forderungen beschränkten erweiterten Sicherungsübereignung ausgegangen, und wird unterstellt, daß sich der Sicherungszweck erledigt hat, so ist zugunsten des Sicherungsgebers ein sogenannter Rückgewähranspruch entstanden. Diesen Anspruch hat die Großbank in Nr. 11 ihrer Allgemeinen Sicherungsübereignungs-Bedingungen wie folgt geregelt: „Nach Abdeckung ihrer durch die Übereignung gesicherten Ansprüche hat die Bank das dann noch vorhandene Sicherungsgut auf den Sicherungsgeber zurückzuübertragen[20]." In ihrem Muster „Raumsicherungsvertrag für Warenlager mit wechselndem Bestand und für Anlagevermögen" ist dann dieser Anspruch lediglich am Schluß kraft Verweisung als Vertragsbestandteil ausgewiesen[21]. Zu Recht. Denn der soeben besprochene sicherungsrechtliche Rückgewähranspruch[22] besteht bei jeder Art der Sicherungsübereignung – z. B. bei der einfachen und der verlängerten Sicherungsübereignung, bei der Sicherungsübereignung eines Kraftfahrzeuges usw. Ist der Rückgewähranspruch vertraglich nicht geregelt, so kann ihn der Sicherungsgeber gleichwohl geltend machen, weil er jeder siche-

19 Vgl. dazu *Serick*, V, § 58, S. 111 ff. Dort wird im Blick auf künftige Forderungen als Sicherungsobjekte (dazu oben: Dritte Vorlesung, IV 1, S. 45 Fußnote 20) etwa behandelt: die Zulässigkeit einer derartigen Erweiterung; institutionelle Schranken, die gegebenenfalls eingreifen: der Bestimmbarkeitsgrundsatz bei Erweiterungen auf alle künftigen Forderungen aus einer Geschäftsverbindung, Bedingungsrecht und Wesen des Kaufvertrages; Korrekturen zulässiger Erweiterungen durch die allgemeine Schranke mißbräuchlicher Ausnutzung der Vertragsfreiheit.

20 Vgl. Deutsche Bank Aktiengesellschaft. Allgemeine Sicherungsübereignungs-Bedingungen (ASB) (Nr. 20-350 1 83; unveröffentlicht), Nr. 11.

21 Vgl. Deutsche Bank Aktiengesellschaft, Muster Raumsicherungsvertrag für Warenlager mit wechselndem Bestand und für Anlagevevermögen (Nr. 11-011.11 78; unveröffentlicht), im Anschluß an Nr. 11: „Im übrigen gelten die ASB ..., die dem Sicherungsgeber bekannt und diesem Vertrag als Bestandteil beigefügt sind."

22 Er enthält als besonders wichtige Modalität den erwähnten Rückübertragungsanspruch, daneben aber auch, und zwar bei Verwertung des Sicherungsgutes, den Anspruch des Sicherungsgebers auf Auskehrung eines möglichen Mehrerlöses. Zum rechtlichen Inhalt des Rückgewähranspruches vgl. *Serick*, III, § 38 II 7, S. 477 f.

rungsrechtlichen Treuhand institutionell innewohnt[23]. Er entsteht stets, nachdem sich der Sicherungszweck erledigt hat, und ist ein Wesensmerkmal der Sicherungstreuhand[24].

IV. SPEZIALFRAGEN BEIM ERWEITERTEN EIGENTUMSVORBEHALT UND VORSCHAU AUF DIE VORTRAGSVERANSTALTUNGEN

1. Terminologie: Erweiterter Eigentumsvorbehalt oder Kontokorrentvorbehalt?

Die in dieser Stunde vorgestellte Erweiterungsklausel Nr. 5 im Mustervertrag für Vorbehaltslieferanten (oben I 1) verhaftet – ebenso wie die in der dritten Vorlesungsstunde als Beispiel wörtlich zitierte Erweiterungsklausel einer Großbank (ASB Nr. 1)[25] – die Sicherheit zunächst nicht nur für entstandene, sondern auch für künftige Forderungen des Gläubigers. In der Folge unterscheidet sie sich aber von der Erweiterungsklausel der Bank insoweit, als sie nicht nur den Fall regelt, in dem keine laufende Rechnung im Sinne des § 355 HGB vorliegt, sondern auch jenen, in dem Vorbehaltslieferant und Käufer über ein Kontokorrent im Sinne von § 355 HGB abrechnen und die gesicherte Kaufpreisforderung in diese laufende Rechnung einstellen. Der Mustervertrag für Lieferanten spricht beide Möglichkeiten unter der Überschrift „Kontokorrent-Eigentumsvorbehalt“ oder (gleichbedeutend) „Saldovorbehalt“ an. Diese Terminologie entspricht im Ergebnis höchstrichterlicher Rechtsprechung. Demgegenüber setzt sich im Schrifttum immer mehr die Meinung durch, daß die beiden Begriffe „einfach erweiterter Eigentumsvorbehalt“ und „Kontokorrentvorbehalt“ wegen der höchst unterschiedlichen Rechtsfolgen, die ein echtes Kontokorrent im Rahmen einer Erweiterung auslöst, getrennt werden sollten.

---

23 Aus neuer Rechtsprechung vgl. *BGH*, 25.2.1987, BGHZ 100 S. 95, 105: „Wäre der PKW im Zeitpunkt der Tilgung des Darlehens noch nicht versteigert gewesen, dann wäre die Klägerin (über die Vereinbarung einer auflösend bedingten Sicherungsübereignung ist nichts vorgetragen ...) aufgrund der Sicherungsabrede wenigstens schuldrechtlich zur Rückübereignung des Wagens an Frau Ö. als Sicherungsgeberin verpflichtet gewesen.“ Zur Problematik bei Fehlen einer Vereinbarung: *Serick*, III, § 37 I 2, 3, S. 391 ff.

24 Dazu insbesondere unten: Vortrag International Business Institute, II 3 a, S. 99; ferner Vortrag Kyoto Universität, I 4, S. 117.

25 Zum Wortlaut vgl. oben: Dritte Vorlesung, I 2 d, S. 33.

Von einem (einfach) erweiterten Eigentumsvorbehalt bzw. einer einfach erweiterten Sicherungsübereignung spreche auch ich deswegen dann, wenn ein Kontokorrent fehlt. Liegt es dagegen vor, so heißt die Erweiterung beim Warenkredit in diesem Rahmen Saldovorbehalt oder Kontokorrentvorbehalt, beim Geldkredit: Kontokorrentklausel[26]. Die zur Verfügung stehende Zeit zwingt dazu, die Erörterungen im folgenden auf die einfache Erweiterung beim Eigentumsvorbehalt zu beschränken.

2. Eintritt des Erweiterungsfalles und Bundesgerichtshof

Aus der Fülle der Probleme, die der (einfach) erweiterte Eigentumsvorbehalt mit sich bringt – also der Eigentumsvorbehalt, bei dem die Erweiterung nicht zur Sicherung einer jeweiligen Saldoforderung innerhalb eines Kontokorrentes im Sinne des § 355 HGB dient –, wird die Frage behandelt, in welcher Weise der Vorbehaltslieferant gesichert ist, wenn der Erweiterungsfall eingetreten ist, das heißt: die Kaufpreisforderung getilgt ist und die Vorbehaltssache eine andere offene Forderung des Lieferanten, etwa aus Dienst- oder Werkleistungen, die er dem Käufer erbracht hat, sichert.

Das Problem hat folgenden Zuschnitt: Hat der Lieferant nach Eintritt des Erweiterungsfalles immer noch die Stellung als Vorbehaltseigentümer, oder hat sie sich in die eines Treuhandeigentümers umgewandelt? Die Antwort hierauf schließt zugleich die Überlegungen zur Sicherungstreuhand und zu den Grenzen des dort geltenden sogenannten Umwandlungsprinzips ab.

Der Bundesgerichtshof vertritt die Meinung, nach Eintritt des Erweiterungsfalles erfülle der erweiterte Eigentumsvorbehalt die Aufgabe, die im allgemeinen einer Sicherungsübereignung zukomme, „denn er dient der dinglichen Sicherung von Forderungen, die nicht den Sicherungsgegenstand betreffen". Das Gericht sieht von hier aus die Rechtslage wie folgt: „Der Eigentumsvorbehalt, das gilt auch für den erweiterten Vorbehalt, gibt aber dem Vorbehaltsverkäufer eine gesicherte dingliche Rechtsposition: Er ist Eigentümer der Sache geblieben. Allerdings darf er die Sache, die der Käufer bereits voll bezahlt hat, nicht aussondern, denn die Sache

26 Dazu *Serick*, IV, § 40 I 2 b, S. 11. (Zu den besonderen Rechtsfolgen bei Vorliegen eines Kontokorrentes etwa *Serick*, V, § 59 IV 1, S. 214 ff.) Zu der anderweitigen höchstrichterlichen Terminologie vgl. *BGH*, 10.2.1971, BB 1971 S. 285.

dient nur seiner Sicherung. Er hat aber eine dem Sicherungseigentümer vergleichbare Stellung erlangt und darf sich deshalb wegen der gesicherten Forderung aus der Sache befriedigen. Ihm steht also ein Recht auf abgesonderte Befriedigung zur Seite“[27]

3. Wirtschaftliche und rechtliche Einordnung des Vorbehaltseigentums nach Eintritt des Erweiterungsfalles – dogmatische Deutung

a) Pfandrechtsartige Berechtigung des Lieferanten an eigener Sache

Nach Eintritt des Erweiterungsfalles kommt – hier ist dem Bundesgerichtshof zuzustimmen – dem Vorbehaltseigentum, wirtschaftlich gesehen, die Funktion von Sicherungseigentum zu, ohne daß sich rechtlich an der bisherigen Zuordnung als Vorbehaltseigentum irgend etwas geändert hätte. Diese funktionelle Verlagerung des Vorbehaltseigentums hin zum Sicherungseigentum bewirkt freilich, daß nicht mehr – wie vor Eintritt des Erweiterungsfalles – das Eigentum, sondern mit Rücksicht auf den neuen Sicherungszweck jetzt regelmäßig die pfandrechtsartige Berechtigung des Lieferanten, und zwar an eigener Sache, die Grundlage für die Normenanwendung bildet. Nur ausnahmsweise schlägt die Eigentümerstellung des Lieferanten durch, vor allem im Hinblick darauf, daß er auch nach Eintritt des Erweiterungsfalles immer noch aus dem ursprünglichen Vorbehaltskauf zur Übereignung der Vorbehaltssache verpflichtet ist. Diese Verpflichtung wird relevant, wenn sich nach Eintritt des Erweiterungsfalles der Sicherungszweck erledigt hat.

Ist der Vorbehaltslieferant dagegen im Rahmen des Erweiterungsfalles zur Verwertung berechtigt, so entfällt die Erfüllungsfunktion; übrig bleibt nur noch die Sicherungsfunktion, der die Aufgabe zukommt, den Sicherungszweck zu verwirklichen[28].

---

27 Vgl. *BGH*, 10.2.1971, BB 1971 S. 285 i. V. mit 286, bestätigt in *BGH*, 9.7.1986, ZIP 1986 S. 1059, 1062. Dazu ferner unten: Vortrag Meiji Universität, III 2, S. 143.

28 Im einzelnen *Serick*, V, § 57 III 3, S. 76 f.; 4 a, S. 78. Bezüglich des Entfallens der Erfüllungsfunktion daher zu weit: *BGH*, 9.7.1986, ZIP 1986 S. 1059, 1062. Zur Kritik an der Auffassung des Bundesgerichtshofes, insbesondere seinem Hinweis auf den vermeintlichen Präzedenzfall – „Senatsurt. v. 10.2.1971 aaO, unter 2a“ = WM 1971 S. 348 (hierbei handelt es sich um eine Zweitfundstelle des oben Fußnote 27 zitierten Abdrucks derselben Entscheidung in BB 1971 S. 285) – siehe unten: Vortrag Meiji Universität, III 2, S. 144 Fußnote 28.

b) Dogmatische Deutung – „Elastizität" des Vorbehaltseigentums

Diese Ausführungen fördern ein Phänomen zutage, das sich nicht mit dem allgemein anerkannten Umwandlungsprinzip[29] bei fiduziarischem Sicherungsgut in Einklang bringen läßt, da die Vorbehaltsware niemals treuhänderisch gebundenes Eigentum des Vorbehaltslieferanten war. Auch das Durchlässigkeitsgebot, das beim rechtsgeschäftlichen Austausch von Vorbehaltseigentum gegen eine fiduziarische Sicherheit maßgebend wird[30], verhilft nicht zu einer Lösung: Die ursprüngliche Sicherheit hat sich nicht in eine Ersatzsicherheit mit neuer rechtlicher Qualifikation umgesetzt. Vielmehr ist davon auszugehen, daß auch dem Vorbehaltseigentum eine dem gewöhnlichen Eigentum unbekannte Elastizität innewohnt, die es ausnahmsweise auf die Stufe einer pfandrechtsartigen, jedoch nicht fiduziarisch gebundenen Berechtigung herabzudrücken vermag. Die Erklärung für dieses Phänomen liegt in der Tatsache, daß dem Vorbehaltseigentum von vornherein nur die Funktion zukommt, die Kaufpreisforderung (und gegebenenfalls den Rückforderungsanspruch des Verkäufers) zu sichern, nicht aber jene, die Eigentümerstellung des Lieferanten zu zementieren. Es zeigt sich, daß das Vorbehaltseigentum seiner Funktion nach ebenfalls nur Eigentum auf Zeit ist, und zwar zu Sicherungszwecken, wenn auch ohne treuhänderische Bindung. Nach der Auswechslung der Kaufpreisforderung ist zwar der Sicherungszweck erhalten geblieben; er hat aber seine spezielle Zielrichtung – die Sicherung des ursprünglichen Warenkredits – verloren und nunmehr die allgemeine Form einer gewöhnlichen Geldsicherung erlangt[31].

Wie ersichtlich ist dem Vorbehaltseigentum eine Schwankungsbreite innerhalb der Rechtsstellung ein und derselben Person, des Vorbehaltslieferanten, immanent[32]. Dies steht ganz im Gegensatz zu den fiduziarischen Sicherungsgeschäften mit ihrer Schwankungsbreite, etwa beim Sicherungseigentum zwischen Sicherungseigentümer und -geber, wobei das hier wirkende Umwandlungsprinzip, was seine grundsätzliche Verwendungsmöglichkeit in unserer

29 Dazu oben: Erste Vorlesung, IV 4 b, S. 16 f.

30 Einzelheiten dazu unten: Vortrag Meiji Universität, III 1, S. 139 ff. (auch zur Entstehung des Begriffes „Durchlässigkeitsgebot"), i. V. mit IV 1 a, S. 146 f.

31 Vgl. *Serick*, Festschrift Arbeitskreis, S. 271, 282. Weitere Einzelheiten unten: Vortrag Meiji Universität, III 2, S. 143, i. V. mit IV 1 b, S. 147 ff.

32 Zur Schwankungsbreite des Vorbehaltseigentums: *Serick*, V, § 57 III 4 b, S. 80 f.

Rechtsordnung anlangt, sich bereits gewohnheitsrechtlich durchgesetzt hat[33].

4. Vorschau auf den Vortragszyklus

Die Vorlesungen sind abgeschlossen: Sie geben einen Überblick über die deutschen Mobiliarsicherheiten und umreißen Kernpunkte, die meine Monographie über Eigentumsvorbehalt und Sicherungsübertragung kennzeichnen. Ein solcher Aufriß bedarf naturgemäß der einen oder anderen weiterführenden Erläuterung. Ein sich anschließender Vortragszyklus, der mit einem Abschiedsvortrag am Institute of Comparative Law der Nihon Universität endet, hat zum Ziel, bislang nur skizzenhaft angesprochene Grundprobleme zu vertiefen. In Japan und in Deutschland ist vorgesehen, Vorlesungen und Vorträge zusammen zu veröffentlichen. Auf diese Weise kann den Hörern nur einzelner Stunden später ein einheitliches Ganzes – in gewissem Sinne eine autorisierte Summe aller sechs Bände meiner Monographie – dargeboten werden.

33 Zum Umwandlungsprinzip und zur Schwankungsbreite bei der fiduziarischen Sicherheit oben: Erste Vorlesung, IV 4 b, S. 16 f. Vgl. aus der Rechtsprechung zur Wirkung des Umwandlungsprinzips im Sicherungsgeber-Konkurs bei einer sicherungshalber abgetretenen Forderung: *BGH*, 28.9.1982, WM 1982 S. 1313.

Vorträge
an japanischen Universitäten und für Praktiker
in Tokio

Sicherungsübertragung in Deutschland – Rechtskonstruktion, Problematik der Offenkundigkeit und Funktion der Sicherungstreuhand*

I. AUSGANGSPUNKTE IM BÜRGERLICHEN GESETZBUCH: DAS VERTRAGSPFANDRECHT AN BEWEGLICHEN SACHEN (FAHRNISPFANDRECHT) SOWIE AN RECHTEN EINERSEITS UND ANDERERSEITS DIE ÜBERTRAGUNG DES VOLLRECHTES

1. Das Offenkundigkeitsprinzip bei beweglichen Sachen

Die Sicherung von Darlehen mit Hilfe beweglicher Sachen ist im deutschen Bürgerlichen Gesetzbuch unzulänglich geregelt. Der Gesetzgeber hat hierfür nur das rechtsgeschäftliche Fahrnispfand (Vertragspfandrecht) zur Verfügung gestellt; mit ihm befassen sich im Dritten Buch des BGB – unter der Generalüberschrift „Sachenrecht" – die §§ 1204 bis 1258. Dieses Pfandrecht belastet eine bewegliche Sache zur Sicherung einer Forderung derart, daß der Gläubiger berechtigt ist, Befriedigung aus der Sache zu suchen (§ 1204 Abs. 1 BGB). Die Bestellung des Pfandrechts erfordert nach dem Leitbild der gesetzlichen Regelung, daß der Eigentümer die Sache dem Gläubiger übergibt und beide darüber einig sind, daß dem Gläubiger das Pfandrecht zustehen soll (§ 1205 Abs. 1 Satz 1 BGB).

Das Erfordernis der Übergabe geht auf den Offenkundigkeitsgrundsatz zurück. Die Übergabe ist das Publizitätsmittel. In diesem Punkte stimmt die Regelung für die Übereignung einer beweglichen Sache im Ausgangspunkt, nämlich in § 929 BGB, mit jener für das Pfandrecht in § 1205 BGB überein. Im Falle eines rechtsgeschäftlichen Erwerbs des Eigentums oder Pfandrechts an einer beweglichen Sache muß hier die Veränderung der Rechtslage durch Übergabe der Sache äußerlich erkennbar gemacht werden.

---

* Vortrag an der Kinki Universität, Osaka, am 27.10.1987.

a) Durchbrechungen des Offenkundigkeitsprinzips bei der Übereignung

Die §§ 930, 931 BGB weichen allerdings beim Eigentumserwerb vom Erfordernis der Offenkundigkeit ab. § 930 BGB bestimmt: „Ist der Eigentümer im Besitze der Sache, so kann die Übergabe dadurch ersetzt werden, daß zwischen ihm und dem Erwerber ein Rechtsverhältnis vereinbart wird, vermöge dessen der Erwerber den mittelbaren Besitz erlangt." Man spricht dann von einem Eigentumserwerb durch Besitzkonstitut (Besitzmittlungsverhältnis). § 868 BGB definiert – hier verkürzt – den mittelbaren Besitz als ein Rechtsverhältnis, vermöge dessen ein unmittelbarer Besitzer einem anderen gegenüber auf Zeit zum Besitze berechtigt oder verpflichtet ist. Das trifft beispielsweise auf einen Leihvertrag oder einen Verwahrungsvertrag zu. Ein Besitzmittlungsverhältnis – etwa der Leihvertrag – bewirkt, daß auch derjenige (im Beispiel: der Verleiher), der dem anderen (hier: dem Entleiher) den unmittelbaren Besitz eingeräumt und deswegen den unmittelbaren Besitz verloren hat, gleichwohl Besitzer ist. Dieser Besitz, in unserem Beispiel: des Verleihers, wird durch eine Legaldefinition als „mittelbarer Besitz" ausgewiesen.

Die Durchbrechung des Offenkundigkeitsgrundsatzes wird bei der Übereignung durch Besitzkonstitut besonders deutlich: Der frühere Eigentümer war unmittelbarer Besitzer; er behält dann auch nach der Übereignung mittels Besitzkonstituts weiterhin den unmittelbaren Besitz. Der neue Eigentümer ist zwar mittelbarer Besitzer, aber seine Eigentümerstellung ist nicht durch einen Besitzwechsel nach außen sichtbar gemacht worden.

Die Übereignung nach § 931 BGB – durch Abtretung des Herausgabeanspruches – weicht ebenfalls vom Offenkundigkeitsgrundsatz ab: Der Gesetzgeber bestimmt hier, daß dann, wenn ein Dritter im Besitze der Sache ist, die Übergabe dadurch ersetzt werden kann, daß der Eigentümer dem Erwerber den Anspruch auf Herausgabe der Sache abtritt. Eine Anzeige an den Dritten, der im Besitze der Sache ist, erfordert das Gesetz nicht. Unterbleibt sie, so wird das Offenkundigkeitsprinzip zulässigerweise durchbrochen – dem Dritten bleibt die Übertragung des Eigentums an den Erwerber verborgen.

b) Strikte Anwendung des Offenkundigkeitsprinzips beim vertraglichen Fahrnispfand

Ganz im Gegensatz zum Vorstehenden läßt der Gesetzgeber bei der Regelung des vertraglichen Fahrnispfandes keine Durchbrechung des Offenkundigkeitsprinzips zu: Ein Vertragspfandrecht an einer beweglichen Sache kann weder durch Besitzkonstitut bestellt noch durch Abtretung des Herausgabeanspruchs aus einem Besitzmittlungsverhältnis ohne Anzeige an den Besitzmittler – das heißt: an den unmittelbaren Besitzer – begründet werden. § 1205 Abs. 2 BGB bestimmt im zuletzt genannten Fall: „Die Übergabe einer im mittelbaren Besitze des Eigentümers befindlichen Sache kann dadurch ersetzt werden, daß der Eigentümer den mittelbaren Besitz auf den Pfandgläubiger überträgt und die Verpfändung dem Besitzer anzeigt." Die Anzeige an den unmittelbaren Besitzer gewährleistet hier an Stelle der Übergabe die Publizität der Verpfändung.

2. Offenkundigkeitsprinzip – Verpfändung und Abtretung von Forderungen

Das Bürgerliche Gesetzbuch regelt in den §§ 1273 ff. das vertragliche Pfandrecht an Rechten. Für die deutsche Kreditsicherungspraxis hat aus dem Kreis der verpfändbaren Rechte die Forderung die größte Bedeutung. Deswegen soll im folgenden jedenfalls die Verpfändung einer Forderung unter dem Gesichtspunkt der Offenkundigkeit dieses Sicherungsgeschäftes mit ihrer Abtretung konfrontiert werden.

Die Bestellung des Pfandrechtes an einem Recht erfolgt nach den für die Übertragung des Rechts geltenden Vorschriften (§ 1274 BGB), wobei für das Pfandrecht an Forderungen Sonderregeln zu beachten sind (§ 1279 BGB). Die für unseren Fragenkreis wichtigste Regel enthält § 1280 BGB; diese Norm bestimmt, daß die Verpfändung einer Forderung, zu deren Übertragung der Abtretungsvertrag genügt, nur dann wirksam ist, wenn der Gläubiger sie dem Schuldner anzeigt. Für die Abtretung einer Forderung, die hier ihrer Verpfändung gegenübergestellt wird, gilt dagegen: § 398 BGB sieht vor, daß eine Forderung von dem Gläubiger (er heißt im Rahmen der Abtretung: der Zedent) durch Vertrag mit einem anderen (hier: mit dem Zessionar) auf diesen übertragen werden kann. Dieser

Vertrag, der kraft Legaldefinition als „Abtretung" bezeichnet wird, bewirkt, daß mit seinem Abschluß der neue Gläubiger an die Stelle des bisherigen Gläubigers tritt.

Zur Übertragung der Forderung genügt die schlichte Abtretung, sie ist ohne Offenlegung an den Schuldner wirksam. Ganz im Gegensatz dazu will § 1280 BGB die Offenkundigkeit der Verpfändung gewährleisten – sie ist ohne die hierfür erforderliche Anzeige unwirksam.

3. Fazit

Werden die gesetzlichen Voraussetzungen für die rechtswirksame Verpfändung einer beweglichen Sache oder einer Forderung verglichen mit der Übereignung bzw. der Forderungsabtretung, so ergibt sich: Der Gesetzgeber wollte bei der Verpfändung einer Sache oder Forderung die Publizität der Vollrechtsbelastung strikt gewährleisten. Die Publizitätsmittel sind bei der Verpfändung einer beweglichen Sache die Sachübergabe bzw. die Offenlegung der Verpfändung durch Anzeige, falls der Verpfänder nicht unmittelbarer, sondern lediglich mittelbarer Besitzer ist. Die Anzeige soll dem unmittelbaren Besitzer die Belastung des Vollrechts offenkundig machen. Im Falle der Forderungsverpfändung erfüllt die Anzeige – die nur wirksam ist, wenn sie der Gläubiger der Forderung vornimmt – eine entsprechende Funktion. Die Beachtung der jeweiligen Publizitätsmittel wird dadurch erzwungen, daß ohne Übergabe oder vorgesehene Anzeige die – heimliche – Verpfändung unwirksam ist.

Dagegen kann die Übertragung des Vollrechts im Zusammenhang mit der Übereignung einer beweglichen Sache ohne Übergabe bzw. Anzeige wirksam vorgenommen werden, wenn sie nicht nach § 929 BGB, sondern gemäß § 930 BGB durch Besitzkonstitut oder gemäß § 931 BGB durch Abtretung des Herausgabeanspruchs erfolgt. Auch für die Abtretung einer Forderung hat das Gesetz in § 398 BGB im Blick auf die Wirksamkeit der Übertragung keinerlei Kenntlichmachung nach außen vorgesehen.

Die Bestandsaufnahme macht es zunächst einmal erforderlich, den Gründen nachzugehen, die dafür maßgebend waren, daß sich die Praxis heute bei einer Kreditsicherung mit Hilfe beweglicher Sachen oder Forderungen nicht der gesetzlich geregelten Verpfändung bedient. Die Antwort hierauf gibt den Schlüssel zum Verständnis der Sicherungsübertragung.

II. UNBRAUCHBARKEIT DER GESETZLICH GEREGELTEN VERPFÄNDUNG – INSBESONDERE ZUM ERFORDERNIS DER OFFENKUNDIGKEIT

1. Allgemeines

Das gesetzlich geregelte Pfandrecht an beweglichen Sachen und Forderungen hat sich sehr bald nach Inkrafttreten des BGB für die Wirtschaft als weitgehend unbrauchbar erwiesen. Vor allem sind der Zwang, die Verpfändung offenkundig zu machen, und die dafür vorgesehenen Publizitätsmittel in der Regel unvereinbar mit den Interessen des Sicherungsgebers, der den Kredit benötigt und ihn auch zu sichern gewillt ist; sie erweisen sich aber nicht selten auch für den Darlehensgeber als unpraktikabel und wirtschaftsfremd.

Bei beweglichen Sachen, die der Darlehensnehmer zur Sicherung eines Kredites anzubieten hätte, tritt diese Problematik besonders klar zutage. Der Darlehensnehmer konnte und kann im Geschäftsleben damals wie heute in der Regel auf ihren unmittelbaren Besitz schlechterdings nicht verzichten. Er muß etwa das Sicherungsgut veräußern, um das Geld für die Rückzahlung des Darlehens aufzubringen, mit den Maschinen und Geschäftseinrichtungen weiterarbeiten oder aus den Rohstoffen in seinem Betrieb Fertigfabrikate herstellen und sie dann veräußern. Auch für die Geldkreditgeber brächte der unmittelbare Besitz des Sicherungsgutes – etwa als Sicherheit angebotene Warenlager oder Maschinen – lästige Verwaltungs- und nur mit hohen Kosten zu bewältigende Verwahrungspflichten mit sich, die die Kreditvergabe unangemessen verteuern würden[1].

Abhilfe schaffen konnten – an dieser Stelle gedrängt gesagt – nur Kreditsicherungsmittel, die folgende Eigenschaften aufweisen: kein unmittelbarer Besitz des Gläubigers, dafür Nutzungsmöglichkeiten des Schuldners; keine Anzeige im Falle einer Forderungsbelastung; keine formalisierten, der Publizität dienenden Begründungstatbestände bei Sachsicherheiten; insbesondere die Berechtigung des Sicherungsgebers zur alleinigen Verfügung über eine umsatzbestimmte Sachsicherheit im ordentlichen Geschäftsverkehr oder zu ihrer Verarbeitung im Unternehmen; Verwertungsmöglichkeiten, die den wirtschaftlichen Erfordernissen entsprechen und elastisch

1 Vgl. dazu *Serick*, II, § 17 II 1, S. 5; ferner oben: Erste Vorlesung, II 1, S. 6 f.

den jeweiligen Umständen angepaßt werden können, nicht aber von vornherein durch zwingende Vorschriften in starre Bahnen gelenkt sind[2].

2. Wirtschaftliche Erfordernisse bei Kreditsicherung mit Hilfe beweglicher Sachen

Der Schwerpunkt einer Kreditsicherung mit Hilfe beweglicher Sachen liegt in dem lebensnotwendigen Interesse des Sicherungsgebers, das Sicherungsgut in seinem Geschäft auch weiterhin nutzen zu können; das aber ist nur möglich, wenn ihm der unmittelbare Besitz belassen wird. Dagegen tritt das Interesse an einer Geheimhaltung seines Kreditbedarfes, an einer Kreditaufnahme, verbunden mit einer Sicherung durch bewegliche Sachen in Gestalt nicht erkennbarer Sicherheiten – Gründe, die zu Unrecht immer wieder gleichrangig gegen die Brauchbarkeit des Pfandrechts ins Feld geführt werden –, weit zurück. Jeder, der heute in Deutschland geschäftlich tätig wird, kennt das bedenklich dünne Eigenkapital der Unternehmen[3] und das Ausmaß der Fremdfinanzierung, und weiß, daß diese die Hingabe von Sicherheiten erfordert. Niemand vertraut gerade darauf, daß die Sachen, die sich im Unternehmen befinden, im Eigentum des Unternehmers stehen; auch ein Interesse des Unternehmers dahingehend, durch den Sachbesitz nach außen als solvent zu erscheinen, ist nicht mehr anzuerkennen. Das Geheimhaltungsinteresse des Kreditnehmers (und Sicherungsgebers) ist infolgedessen nicht mehr geeignet, die Unbrauchbarkeit des gesetzlich geregelten Pfandrechts an beweglichen Sachen zu erklären[4].

Es geht daher nicht an, selbst heute noch ins Feld zu führen, beim vertraglichen Pfandrecht an beweglichen Sachen würde das Geheimhaltungsinteresse des Sicherungsgebers gleichbedeutend mit seinem Nutzungsinteresse die Wirtschaftspraxis dazu drängen, das

2 Vgl. *Serick*, I, § 2 I 2, S. 10.

3 Dazu unten: Vortrag International Business Institute, I 1, S. 85 f.

4 Zu Recht erörtert *Baur*, Lehrbuch des Sachenrechts (14. Aufl. 1987), § 56 I 1 a, b, S. 558 ff., im Rahmen einer Analyse des „Wirklichkeitstatbestandes" von nichtpfandrechtlichen Sicherungsrechten an beweglichen Sachen (a. a. O. unter a) in erster Linie das „Nutzungsinteresse" des Kreditnehmers (und zugleich Sicherungsgebers). Er stellt dann freilich (a. a. O. unter b) anläßlich der Verpfändung beweglicher Sachen und der Entwicklung zur Sicherungsübereignung hin in zweiter Linie – hier sogar gleichrangig mit dem Nutzungsinteresse – auf das „Geheimhaltungsinteresse" des Kreditnehmers ab; dazu auch unten – anläßlich der Forderungsverpfändung – 3 a Fußnote 8.

Offenkundigkeitsprinzip zu verlassen und anderen, nicht erkennbaren Sicherheiten den Vorzug zu geben[5]. Vielmehr ist ausschließlich auf das Nutzungsinteresse des Verpfänders abzustellen, das mit dem Pfandrecht unvereinbar ist[6]. Die mangelnde Offenkundigkeit bei dem gefundenen Ausweg der „heimlichen" Sicherungsübereignung – durch Besitzkonstitut an Stelle der offenkundigen Verpfändung – geht in dem an die heutigen Gegebenheiten angepaßten Wirtschaftsgeschehen lediglich darauf zurück, daß das Vertragspfandrecht eine Bestellung durch Besitzkonstitut nicht zuläßt, das Besitzkonstitut allein aber in vollem Umfang das unverzichtbare Nutzungsinteresse des Verpfänders zu berücksichtigen vermag.

3. Nicht Anzeigepflicht und Geheimhaltungsinteresse, sondern fehlende wirtschaftliche Praktikabilität als Haupteinwand gegen Forderungsverpfändung

Dienen Forderungen als Sicherheiten, so verschiebt sich die Problematik um die Offenkundigkeit. Unmittelbarer Besitz und insoweit ein Nutzungsinteresse des Kreditnehmers haben keinerlei Bedeutung. Aus dem Nutzungsinteresse läßt sich nicht mehr – wie bei beweglichen Sachen – darlegen, daß die Verpfändung deswegen ein ungeeignetes Kreditsicherungsmittel sei, weil sie die Offenkundigkeit zwingend mit dem Sachbesitz des Pfandgläubigers koppele. Die Anzeigepflicht des Gläubigers, der seine Forderung zur Sicherung eines Kredits verpfändet (§ 1280 BGB), berührt hier primär sein – des Gläubigers, der zugleich Verpfänder ist – Geheimhaltungsinteresse[7].

---

5 Zur Bedeutung der Offenkundigkeit („erkennbare Sicherheiten") in den Vorstellungen der Kommission für Insolvenzrecht bei den Reformvorschlägen vgl. Erster Bericht, S. 298. Die Besitzlosigkeit oder fehlende Publizität „mancher Kreditsicherheiten" waren geradezu „Dreh- und Angelpunkt" der Kommissionsvorschläge, vgl. *Balz,* Aufgaben und Struktur des künftigen einheitlichen Insolvenzverfahrens, ZIP 1988 S. 273, 291, i.V. mit *K. Schmidt,* Das Insolvenzrecht und seine Reform zwischen Prozeßrecht und Unternehmensrecht, KTS 1988 S. 1, 17, Text und Fußnote 94: Die Frage der künftigen Behandlung der Mobiliarsicherheiten „gehört zu den Haupt-Streitpunkten der Reform".

6 Vgl. hier auch *Adams,* Ökonomische Analyse der Sicherungsrechte – Ein Beitrag zur Reform der Mobiliarsicherheiten (1980), S. 177 ff. Er wendet sich aus ökonomischer Sicht gegen die These, daß die Offenkundigkeit durch den Sachbesitz eines Kreditnehmers als Auskunftsquelle über seine Kreditwürdigkeit Bedeutung habe.

7 Der Klarheit halber sei festgehalten: Anzuzeigen hat der Gläubiger der Forderung; er darf nicht mit dem Pfandgläubiger, der durch die Verpfändung gesichert werden soll, verwechselt werden.

a) *Schrifttum und Rechtsprechung zum Gewicht der Anzeigepflicht bei Forderungsverpfändung*

Aus diesem Grunde wird im Schrifttum – auch in Band II meiner Monographie über Eigentumsvorbehalt und Sicherungsübertragung, dies freilich vor mehr als zwanzig Jahren – dann, wenn es gilt, das Pro und Kontra der gesetzlichen Regelung bei der Forderungsverpfändung abzuwägen, der Zwang zur Offenkundigkeit durch Anzeige des Verpfänders seinem Geheimhaltungsinteresse als Gläubiger gegenübergestellt und von hier aus erklärt, warum heute die Forderungsverpfändung völlig außer Gebrauch sei: Sie sei nur wirksam, wenn der Gläubiger der Forderung die Verpfändung dem Schuldner anzeige (§ 1280 BGB). Diese Anzeige entspreche bei der Verpfändung beweglicher Sachen der Übergabe der Sache an den Pfandgläubiger; dort solle die Anzeige, hier die Übergabe gewährleisten, daß die dingliche Belastung offenkundig werde. Die Parteien könnten bei der Verpfändung der Forderung die Anzeige nicht abbedingen; vor der Anzeige sei kein Pfandrecht entstanden, dem Verpfändungsvertrag fehle die dingliche Wirkung. Für den Kreditnehmer sei die Anzeigepflicht besonders mißlich: Sie zwinge ihn, seinem eigenen Schuldner, den keinerlei Schweigepflicht treffe, zu offenbaren, daß er die Forderung zur Sicherung eines Kredites benötige. Der Schuldner werde aus dieser Tatsache oft falsche oder doch unliebsame Schlüsse hinsichtlich der finanziellen Lage seines Gläubigers ziehen. Die Anzeigepflicht habe daher die gesetzlich geregelte Forderungsverpfändung für die Wirtschaft weitgehend entwertet[8].

Auch der Bundesgerichtshof vertritt die Meinung, das Verdecktbleiben der Abtretung sei der entscheidende Vorteil der Sicherungsabtretung gegenüber dem Pfandrecht: Die Sicherungszession werde regelmäßig vorgenommen, um die „mit der Pfandrechtsbestellung verbundene Anzeige (§ 1280 BGB), also die Publizität, zu vermeiden"[9].

8 Vgl. *Serick*, II, § 17 V 1, S. 34 f. In gleichem Sinne *Baur* (oben Fußnote 4), § 56 I 1 b, S. 559 f.: Besonders peinlich sei, daß die Verpfändung von Forderungen den Drittschuldnern mitgeteilt werden müsse; das Geheimhaltungsinteresse des Schuldners als Sicherungsgeber tendiere zu einer Lösung, die ihn nach wie vor als „solvent" erscheinen lasse.

9 So *BGH*, 23.9.1981, NJW 1982 S. 275, 276.

b) Offenes Factoring als Argument gegen die entscheidende Bedeutung des Geheimhaltungsinteresses

Meine Bemerkungen, die bereits anläßlich der unzulänglichen gesetzlichen Regelung einer Verpfändung von beweglichen Sachen gemacht wurden, gelten indessen auch hier: Der Zwang zur Offenkundigkeit, bedingt durch die Anzeigepflicht, ist heute nicht mehr der maßgebende Grund, der zur Ablehnung der Forderungsverpfändung führen muß. Das belegen in neuerer Zeit die Ausgestaltungen beim Factoring-Geschäft, das als offenes, halboffenes oder stilles Verfahren möglich ist. Nachdem die Factor-Bank bei Geschäftsbeginn kraft Globalzession[10] schon existente Forderungen ihres Kunden gegen dessen Schuldner (die sogenannten Drittschuldner) erworben bzw. künftige Forderungen abgetreten erhalten hat, teilen im offenen Verfahren die Bank oder der Kunde oder beide gemeinsam den Drittschuldnern den Factoring-Vertrag des Zedenten mit der Factor-Bank nebst der Abtretung der Forderungen mit und fordern die Drittschuldner auf, ausstehende Forderungen unmittelbar an die Bank zu zahlen.

Beim halboffenen Verfahren wird dem Drittschuldner ebenfalls die Zusammenarbeit mit der Factor-Bank bekanntgemacht, allerdings ohne daß die Abtretung ausdrücklich offengelegt wird. Die Firma übersendet den Drittschuldnern ihre Rechnungen mit dem Aufdruck, daß Zahlungen ausschließlich auf das von der Factor-Bank geführte Konto zu leisten seien. Factor-Bank und Firma gehen davon aus, daß jedenfalls eine Reihe von Drittschuldnern aus dem Vermerk die richtige Folgerung zieht, nämlich daß die Factor-Bank Gläubiger der Forderung geworden ist. Das verdeckte oder auch stille Factoring endlich erfolgt derart, daß Verkauf und Abtretung der Forderung dem Drittschuldner in keiner Weise angezeigt werden[11].

Obwohl die Anzeige auch beim Factoring dem Drittschuldner offenbart, daß sein (erster) Gläubiger (der Kunde der Factor-Bank)

10 Allgemein zur Globalzession sowie speziell bei Factoring-Geschäften unten: Vortrag International Business Institute, I 2 a, S. 86 f.; 3, S. 89 ff.; II 1 ff., S. 91 ff.; zur Globalzession als Kreditsicherungsmittel beim gewöhnlichen Geldkredit unten: Vortrag Kyoto Universität, III 1, 2, 3, S. 124 ff.

11 Zu den drei Verfahrensarten im Factoring-Geschäft vgl. *Serick*, IV, § 52 II 4 a, S. 556 f.; zum halboffenen Verfahren neuerdings etwa *Hanseatisches Oberlandesgericht Bremen*, 23.10.1986, WM 1987 S. 48 f. Zu Bedeutung und Umfang des Factoring-Geschäfts in Japan: *Noguchi*, Factoring in Japan, FLF 1988 S. 73 f.

den Außenstand benötigt, also eine ausreichende Kreditbasis gegenüber dem Drittschuldner nicht vorliegt, und sich der erste Gläubiger deswegen – statt die Forderung zu verpfänden oder zur Sicherung abzutreten – am Factoring-Verfahren beteiligt, haben sich das offene und halboffene Verfahren durchgesetzt und das verdeckte Verfahren in den Hintergrund gedrängt. Das Geheimhaltungsinteresse des ersten Gläubigers stand dieser Entwicklung nicht im Wege.

c) Fehlende wirtschaftliche Praktikabilität der Verpfändung künftiger Forderungen als Haupteinwand

Bei der Forderungsverpfändung fehlt dem Verpfänder mangels Sachbesitzes jenes Nutzungsinteresse, das bei der Verpfändung beweglicher Sachen eine Abkehr von den gesetzlichen Bestimmungen zum Fahrnispfand geradezu unausweichbar machte. Das Geheimhaltungsinteresse des Gläubigers steht ebenfalls nicht um jeden Preis einer Verpfändung der Forderung entgegen. Deswegen stellt sich die Frage, aus welchen Gründen dann die Forderungsverpfändung für die moderne Wirtschaft unbrauchbar geworden ist. Die Antwort lautet: Sollen künftige Forderungen zur Sicherung von Krediten herangezogen werden, so mangelt der Forderungsverpfändung jegliche wirtschaftliche Praktikabilität. Die Frage ist bislang in der deutschen Wissenschaft nicht erörtert worden; die soeben vertretene Meinung soll hier zum ersten Mal zur Diskussion gestellt werden.

4. Künftige Forderungen und deren Verpfändung

In der deutschen Kreditsicherungspraxis haben die künftigen Forderungen eine ungewöhnliche Bedeutung erlangt. Die soeben besprochene gesetzliche Pfandrechtsregelung hat jedoch lediglich schon bestehende Forderungen zum Gegenstand; nur mit ihrer Abtretung und nur mit ihrer Verpfändung beschäftigt sich das Bürgerliche Gesetzbuch. Das Problem der Verpfändung einer künftigen Forderung ist deswegen vor folgendem größerem Hintergrund zu sehen:

Kennzeichnend für die künftige Forderung ist im Hinblick auf eine Verfügung – das heißt hier: die Abtretung oder Verpfändung der Forderung –, daß der Gegenstand der Verfügung – die Forderung, über die verfügt, die also etwa abgetreten wird – im Zeitpunkt der Verfügung noch nicht begründet ist. Ob diese Forderung entsteht, ist ungewiß. Im Falle der Forderungsverpfändung, der hier zunächst im Vordergrund steht, bedeutet dies: Der Rechtsgrund, in dem die Forderung wurzelt, besteht im Augenblick der Verpfändung noch nicht. Entsteht er dann in Zukunft – der Darlehensnehmer verkauft beispielsweise Ware und hat diese Kaufpreisforderung früher schon als künftige Forderung verpfändet –, so entsteht mit dem Rechtsgrund „abgeschlossener Kauf" zugleich die für die Verpfändung vorgesehene Forderung[12].

Eine Verpfändung dieser künftigen Forderung konnte jedoch vor ihrer Entstehung nicht rechtswirksam im voraus vorgenommen werden. Zwar kann der Verpfändungsvertrag als solcher vorab für die Zukunft abgeschlossen werden; hierzu ist nur eine Einigung über ihn erforderlich. Er ist aber bis zur Verpfändungsanzeige an den Schuldner unwirksam (§ 1280 BGB).

Wenn in unserem Parallelfall der Abtretung einmal ausnahmsweise eine Anzeige an den Schuldner erforderlich ist, spricht man von einem halbfertigen Verfügungsgeschäft, solange noch ein Teil des Verfügungstatbestandes – die Anzeige – fehlt[13]. Das gilt ebenso bei einer künftigen Forderung und deren Verpfändung, die notwendigerweise ein halbfertiges und deshalb noch unwirksames Verfügungsgeschäft ist. Denn die Verpfändungsanzeige, die zwingend allein der Gläubiger (also der Verpfänder) vorzunehmen hat, kann bei einer künftigen Forderung nicht vorgenommen werden, weil ungewiß ist, wer der Schuldner dieser Forderung sein und wie deren Zuschnitt aussehen wird, das heißt: der Rechtsgrund, in dem sie wurzelt, ihre Höhe usw. Eine Anzeige wäre daher erst nach Entstehung der Forderung möglich. Ob der Gläubiger sie dann noch vornimmt und damit das noch fehlende Teilstück der Verpfändung ergänzt, ist ungewiß; damit bleibt auch offen, ob die im voraus vorgenommene (antizipierte) Verpfändung jemals wirksam werden

12 Dazu – und zwar am Beispiel der Sicherungsabtretung einer künftigen Forderung – *Serick*, IV, § 47 I 2 a, S. 260. Vgl. hier ferner oben: Dritte Vorlesung, II 2, 3, S. 36 ff.

13 Ein Beispiel ist die Unwirksamkeit einer Abtretung von steuerlichen Erstattungsansprüchen, wenn keine Anzeige an die Finanzbehörde vorliegt, dazu: *Serick*, V, § 65 I 2, S. 472, i. V. mit Fußnote 7; *Serick*, VI, § 76 IV 2 a, S. 385 Fußnote 88. Neuerdings: *BFH*, 27.10.1987, BFHE 151 S. 115, 116 = BB 1988 S. 332.

wird. Das alles steht im Gegensatz zu der im Gesetz allein geregelten Verpfändung einer schon existenten Forderung: Sie wird sofort wirksam, weil die verpfändete Forderung schon besteht, der Schuldner bekannt ist und die Anzeige deshalb sofort vorgenommen werden kann.

Für die Verpfändung einer künftigen Forderung bedeuten diese Überlegungen: Sie scheitert an der fehlenden Anzeigemöglichkeit. Ein Ausweg muß hier infolgedessen nicht deshalb gesucht werden, weil die Verpfändung dieser künftigen Forderung das Geheimhaltungsinteresse des Verpfänders verletzt. Vielmehr muß ein Ausweg erschlossen werden, der es ermöglicht, die künftige Forderung von Anfang an auf den Fall ihres Entstehens hin so zur Kreditsicherung heranzuziehen, als ob sie, wirtschaftlich gesehen, schon im Zeitpunkt der Kreditvergabe wirksam dem Kreditgeber hätte verpfändet werden können.

III. SICHERUNGSÜBERTRAGUNG ALS AUSWEG – RECHTSKONSTRUKTION UND FUNKTION DER SICHERUNGSTREUHAND

1. Gewöhnliche Vollrechtsübertragung – antizipierte Übereignung und Vorausabtretung

Sollen bewegliche Sachen als Sicherungsgut dienen, auf deren unmittelbaren Besitz der Sicherungsgeber nicht verzichten und die er deswegen nicht verpfänden kann, so bietet sich die Vollrechtsübertragung, und zwar eine Übereignung durch Besitzkonstitut, an (§ 930 BGB). Das Besitzkonstitut ermöglicht es, das Nutzungsinteresse des Sicherungsgebers voll zu berücksichtigen, also genau das, was das Vertragspfandrecht verwehrt. Der Schritt führt von der offenkundigen Verpfändung zur heimlichen Übereignung. Sie ist für Sachen, die der Eigentümer bereits besitzt, in § 930 BGB geregelt; sie ist sogar, bei noch fehlendem Besitz des Übereignenden, als antizipierte Übereignung – auf den Zeitpunkt, in dem der Übereignende den Besitz erhält – durch vorweggenommene (antizipierte) Einigung über den Eigentumsübergang und antizipiertes Besitzkonstitut in Deutschland anerkannt.

Ist dieser Schritt aber auch bei der Erfassung von künftigen Forderungen, hier: bei einer Vollrechtsübertragung als fertigem

Verfügungsgeschäft, möglich, noch bevor der Gegenstand der Übertragung, die Forderung, existent geworden ist? Die Frage ist zu bejahen. Die Vorausabtretung, die das Gesetz nicht ausdrücklich regelt, ist heute gewohnheitsrechtlich anerkannt. Die rechtliche Konstruktion verwendet dabei die in § 398 BGB geregelte Abtretung einer existenten Forderung für eine zukünftige entsprechend. Dann gilt in Analogie zu § 398 BGB: „Eine künftige Forderung kann von dem künftigen Gläubiger durch Vertrag mit einem anderen auf diesen übertragen werden (Vorausabtretung). Mit dem Abschlusse des Vertrages tritt der neue künftige Gläubiger an die Stelle des bisherigen künftigen Gläubigers." Eine Anzeige an den künftigen Schuldner ist dabei ebensowenig erforderlich wie im Falle der Abtretung einer existenten Forderung an den dann schon vorhandenen Schuldner.

Bei der Vorausabtretung ist, wie ersichtlich, der Verfügungstatbestand mit Abtretung der künftigen Forderung in vollem Umfang beendet; anders als bei der Verpfändung einer künftigen Forderung liegt keinesfalls ein bloß halbfertiges Verfügungsgeschäft vor. Denn dieses Mal fehlt nicht das Teilstück der Anzeige an den Schuldner – die Anzeige ist nicht Voraussetzung für die rechtswirksame Abtretung.

Rechtskonstruktiv ist allerdings bei der Vorausabtretung noch zu beachten: Die durch die Verfügung gewollte Rechtsänderung kann erst eintreten, wenn die Forderung entsteht. Aber der Übergang dieser entstandenen Forderung ist dann nichts anderes als die Wirkung der schon rechtsbeständigen Abtretungsvereinbarung[14].

Das Problem bei der Abtretung einer künftigen Forderung zum bloßen Zweck der Sicherung liegt – in gleicher Weise wie bei der Übereignung einer beweglichen Sache sicherungshalber – nun jedoch darin, daß das volle Recht dem Vorauszessionar bzw. dem Eigentumserwerber nach außen uneingeschränkt übertragen wird. Der Erwerber erhält bei der Vorausabtretung nach der Entstehung der Forderung materiell mehr Rechtsmacht, als er im Blick auf den verfolgten Sicherungszweck benötigt. Die Vorausabtretung sollte – nicht anders als die Übereignung – statt der Verpfändung, von der gewollten Wirkung her gesehen, nach innen ein heimliches, weil mit Hilfe der Rechtsordnung nicht erreichbares Pfandrecht entstehen

14 Dazu auch oben: Dritte Vorlesung, II 4, S. 39 f.

lassen. Dementgegen verschafft sie dem Erwerber nach außen, Dritten gegenüber, die Stellung eines Vollrechtsinhabers. Das – entstandene – Vollrecht müßte infolgedessen im Konkurs des Berechtigten in dessen Konkursmasse fallen; dessen Gläubiger könnten es pfänden, ohne daß der frühere Berechtigte hiergegen erfolgversprechende Rechtsbehelfe hätte usw.

Die rechtlich mögliche, uneingeschränkte Vollrechtsübertragung bedurfte aus diesem Grunde nach außen wirkender, auf die Erreichung des mit der Abtretung verfolgten Sicherungszweckes ausgerichteter Einschränkungen, denen dingliche Kraft zukommt. Dies war die Geburtsstunde der Sicherungsübertragung. Durch sie wird dem Erwerber nicht, wie etwa dem Käufer einer Forderung oder einer beweglichen Sache, die Forderung oder das Eigentum uneingeschränkt, sondern – im Ergebnis – lediglich beschränkt auf die Erledigung des Sicherungszweckes übertragen. Der Erwerber wird nicht schlicht Gläubiger, sondern Sicherungsgläubiger, nicht schlicht Eigentümer, sondern Sicherungseigentümer.

2. Insbesondere: Sicherungsübertragung – Rechtskonstruktion und Funktion

Die gesetzlich nicht geregelte, aber gewohnheitsrechtlich geltende Sicherungsübertragung ermöglicht es dem Sicherungsgeber, mit Hilfe der Rechtsfigur der fiduziarischen Treuhand von der gewöhnlichen Vollrechtsübertragung auf eine solche zu treuen Händen auszuweichen[15].

a) Rechtskonstruktion auf der Grundlage der Sicherungstreuhand

Das dabei maßgebende Verpflichtungsgeschäft, die schuldrechtliche causa der Sicherungsübertragung, ist die Sicherungsabrede, die im Bürgerlichen Gesetzbuch als Vertragstyp nicht geregelt worden ist[16]. Ihre Geltung beruht auf dem Grundsatz der Vertragsfreiheit. Die Sicherungsabrede enthält zunächst einmal die schuldrechtliche Verpflichtung des Sicherungsgebers, das Sicherungsgut dem Siche-

15 Dazu auch unten: Vortrag International Business Institute, II 1 b, S. 92 f. i. V. mit 3, S. 98 ff.

16 Zur schuldrechtlichen Sicherungsabrede vgl.: *Serick*, II, § 18, S. 44 ff.; ferner oben: Erste Vorlesung, II 3 a, S. 9; Vierte Vorlesung, III 1, S. 54 f.

rungsnehmer zu übertragen. Wichtigster Bestandteil der Sicherungsabrede ist aber der Sicherungszweck. Er legt fest, in welcher Weise und in welchem Umfang das dem Sicherungsnehmer zu vollem Recht – bei beweglichen Sachen als Eigentümer, bei Forderungen als Gläubiger – übertragene Sicherungsgut für die zu sichernde Kreditforderung haftet. Die Sicherungsabrede ist eine schuldrechtliche Treuhandabrede; aus ihr ergibt sich, daß der Sicherungsnehmer nach der Übertragung vom Sicherungsgeber mehr Rechtsmacht erhält, als er nach dem Sicherungszweck benötigt. Dem Sicherungsnehmer wird an Stelle einer pfandrechtsartigen Berechtigung am Vollrecht das Vollrecht selbst anvertraut. Anders ausgedrückt: Der Sicherungsgeber verpflichtet sich in der treuhänderischen Sicherungsabrede als Treugeber, dem Sicherungsnehmer als Treunehmer das Sicherungsgut in Gestalt von Treugut, das heißt zwar nach außen zu vollem Recht, aber mit einer schuldrechtlichen Zweckbindung im Innenverhältnis, zu übertragen[17].

Die treuhänderische Sicherungsabrede allein vermag freilich nicht, dem übertragenen Vollrecht Treuhandcharakter zu verleihen, derart, daß beim Erwerber aus dem Volleigentum treuhänderisches Sicherungseigentum, aus der Gläubigerstellung eine solche zu treuen Händen wird. Die Sicherungsübertragung wird vielmehr erst dann zum echten Treuhandgeschäft, wenn bei der Übertragung, dem dinglichen Vollzugsgeschäft der Sicherungsabrede, die Erfordernisse vorliegen, die unsere Rechtsordnung für das Vorliegen einer echten Sicherungstreuhand als unverzichtbar erachtet. Soll der übertragene Vermögenswert durch die Treuabrede diese Treuguteigenschaft erhalten, so ist vor allem erforderlich, daß das Treugut unmittelbar aus dem Vermögen des Treugebers in das des Treuhänders gelangt[18]. An diesem Erfordernis ist wegen der ungewöhnlichen Funktionen, die der Sicherungstreuhand in Krisenfällen zu-

17 Dazu *Serick*, II, § 18 I 2, S. 47 f.; ferner oben: Erste Vorlesung, IV 2, S. 14.

18 Dazu *Serick*, II, § 19 II 2, S. 81 ff.; *Serick*, IV, § 43 III 2, S. 89 ff., 93 f. Neuerdings ebenso *Kilger*, Konkursordnung (15. Aufl. 1987), § 43 Anm. 9. Aus dem Schrifttum, das das Erfordernis der Unmittelbarkeit ablehnt, vgl. insbesondere *Coing*, Die Treuhand kraft privaten Rechtsgeschäfts (1973), S. 179 f. Die höchstrichterliche Rechtsprechung hält dagegen, wenn auch mit Abschwächungen, an der Unmittelbarkeit als Entstehungsvoraussetzung fest, vgl. dazu: *BGH*, 7.4.1959, WM 1959 S. 686, 687 f.; *BGH*, 25.11.1964, WM 1965 S. 173, 174; *BGH*, 16.12.1970, WM 1971 S. 220, 221. Aus neuerer instanzgerichtlicher Rechtsprechung: *OLG Köln*, 9.1.1984, ZIP 1984 S. 473, 475. Zur Rechtsprechung des Reichsgerichtes und des Bundesgerichtshofes vgl. *Coing* a. a. O., S. 44 ff.

kommen, trotz gegenteiliger Meinungen im Schrifttum festzuhalten[19].

b) Funktionen der Sicherungstreuhand, insbesondere zum Umwandlungsprinzip

Die Funktionen der Sicherungsübertragung – der Sicherungsübereignung oder -abtretung – sind bei genauerer Analyse nichts anderes als Funktionen der Sicherungstreuhand. Der Mechanismus dieser Funktionen soll abschließend wenigstens in groben Zügen am Beispiel des Sicherungseigentums skizziert werden.

Unverrückbarer Grundgedanke ist zunächst einmal, daß auch der Sicherungseigentümer als voller Eigentümer am Rechtsverkehr teilnimmt. In bestimmten Krisen berücksichtigt die Rechtsordnung jedoch, daß es sich beim Sicherungseigentum nicht um volles, uneingeschränktes Eigentum, sondern um ein heimliches Pfandrecht handelt, daß also der Sicherungsnehmer nach außen mehr Rechtsmacht, und zwar zu treuen Händen, erhalten hat, als er nach innen benötigt. Solche Krisenfälle sind insbesondere im Konkurs und in der Zwangsvollstreckung anzutreffen. Vor allem hier funktioniert das Sicherungseigentum durch die ihm immanenten Mechanismen; sie gehen auf die quasidinglichen Wirkungen[20] der Sicherungstreuhand zurück, die am auffallendsten im sogenannten Umwandlungsprinzip[21], das durch die Insolvenz ausgelöst wird, in Erscheinung treten.

19 Hierzu auch *BGH,* 7.4.1959, WM 1959 S. 686, 687. Neueres Schrifttum zum Gesamtkomplex vgl. oben Fußnote 18 sowie die Nachweise bei *Serick*, IV, § 43 III 2, S. 89 Fußnoten 33 und 34; *Serick*, VI, § 75 I 1, S. 166 f. Fußnote 8.

20 Dazu oben: Erste Vorlesung, IV 4 a, S. 15 f. Zu den quasidinglichen Wirkungen der Sicherungsabrede vgl. *Serick*, II, § 19 IV 1 ff., S. 95 ff.

21 Zum Umwandlungsprinzip vgl. *Serick*, VI, § 73 I 1 a, S. 50 f. Ferner oben: Erste Vorlesung, IV 4 b, S. 16 f.; unten: Vortrag International Business Institute, II 3 b, S. 99 ff. Es handelt sich dabei um Wirkungen, die bei der Sicherungsabrede, also der obligatorischen Treuabrede, anzusiedeln sind: Der Treugeber (Sicherungsgeber) erlangt an dem Treugut, das er zu vollem Recht übertragen hat, in bestimmten Fällen eine dingliche Rechtsmacht, die es erlaubt, der obligatorischen Treuabrede verstärkte, quasidingliche Kraft beizulegen. Die Verstärkung der Rechtsposition des Treugebers hat ihr Gegenstück in der Abschwächung der Stellung des Treunehmers. Die rechtliche Besonderheit etwa des Sicherungseigentums (Treuhandeigentums) liegt, so gesehen, darin, daß ihm die Rechtsordnung eine Schwankungsbreite zwischen Eigentum und pfandrechtsartiger Berechtigung zuerkennt, wobei die Eigentümerstellung im Einzelfall sowohl dem Treuhänder (zum Beispiel bei einer bloß im Innenverhältnis zum Treugeber vertragswidrigen Veräußerung des Sicherungsgutes) als auch dem Treugeber (etwa im Konkurs des Treuhänders) eingeräumt werden darf.

Das Eingreifen des Umwandlungsprinzips im Konkurs zeigt, daß in diesem Falle ohne weiteres und mit Wirkung nach außen eine Neuzuordnung der Rechtsmacht erfolgt; sie ist ausgerichtet auf die Rechtsmacht, die Sicherungsgeber und -nehmer im Falle einer Verpfändung zugekommen wäre.

c) Sicherungseigentum im Konkursverfahren über das Vermögen des Sicherungsgebers als Beispiel

Die Funktionen der Sicherungstreuhand sollen am Beispiel eines Konkursverfahrens über das Vermögen eines Sicherungsgebers, der Sicherungsgut übereignet hat, anschaulich gemacht werden[22]: Das Umwandlungsprinzip bewirkt dann, daß der Sicherungseigentümer mit Verfahrenseröffnung ohne weiteres sein Eigentum verliert und der Gemeinschuldner – der Sicherungsgeber – die Eigentümerstellung zurückerhält. Das Vollrecht Eigentum gehört infolgedessen in die Konkursmasse. Dem Sicherungsnehmer wird an Stelle seines verlorengegangenen Eigentums eine pfandrechtsartige Berechtigung an der Sache zugeteilt, die ihn zur Absonderung, also zur vorzugsweisen Befriedigung aus der Sache wegen seiner gesicherten Forderung, befugt. Die Neuzuordnung der Rechtsmacht wird deutlich: Als Eigentümer wäre er berechtigt gewesen, sein Eigentum aus der Konkursmasse als massefremden Gegenstand auszusondern; jetzt, nach Eingreifen des Umwandlungsprinzips, gehört es zur Masse, ist aber dinglich belastet mit der pfandrechtsartigen Berechtigung des früheren Eigentümers[23].

Der Ring hat sich geschlossen. Hätte der Gemeinschuldner dem Kreditgeber die Sache nicht zur Sicherung übereignet, sondern verpfändet, so wäre sie von vornherein Eigentum des späteren Gemeinschuldners geblieben und hätte mit Verfahrenseröffnung als dessen Eigentum zur Masse gehört. Der Pfandgläubiger hätte aber kraft seines vertraglichen Pfandrechts ein Recht zur abgesonderten Befriedigung erlangt. Was der Gesetzgeber mit dem Vertragspfand-

22 Zu den ganz parallel verlaufenden Rechtsfolgen bei einer sicherungshalber übertragenen Forderung vgl. unten: Vortrag International Business Institute, II 3 b, S. 99 ff.

23 Allgemein zu den Wirkungen des Umwandlungsprinzips im Konkurs- und Vergleichsverfahren über das Vermögen des Sicherungsgebers vgl. *Serick*, VI, § 73 I 1 a, S. 51; speziell im Zusammenhang mit Sicherungseigentum im Sicherungsgeber-Konkurs vgl. *Serick*, III, § 35 I, S. 266 ff.; siehe ferner oben: Zweite Vorlesung, I 4 c, S. 25.

recht erreichen wollte, hat sich die Wirtschaft mit dem Sicherungseigentum gewohnheitsrechtlich geschaffen. Hier und dort steht dem Gesicherten im Konkursverfahren über das Vermögen des Sicherungsgebers lediglich ein Absonderungsrecht am Sicherungsgegenstand zu.

Fiduziarische Sicherungsabtretungen, Factoring-Globalzessionen und Einziehung von Treuhandforderungen in der deutschen Praxis*

I. RECHTSTATSACHEN – BEDEUTUNG UND ERSCHEINUNGSFORMEN DER FIDUZIARISCHEN SICHERUNGSABTRETUNG UND DER FACTORING-GLOBALZESSION

1. Eigenkapitalknappheit deutscher Unternehmen und Bedarf an Fremdkapital

Die deutsche Wirtschaft leidet unter einer unzureichenden Eigenkapitalausstattung der Unternehmen. Ursachen sind vor allem die Zerstörungen des zweiten Weltkrieges und die Währungsreform. Die Eigenkapitalausstattung hat erst vor einigen Jahren wenigstens eine Tendenz zur Stabilisierung der viel zu dünnen Kapitaldecke erkennen lassen. 1983 ist die Eigenkapitalquote deutscher Unternehmen – das heißt: das Eigenkapital in Prozent der Bilanzsumme der Unternehmen – erstmals seit 1967 wieder leicht gestiegen. Die Eigenkapitalquote betrug im Jahre 1983 durchschnittlich 18,5 Prozent, 1982 im Schnitt 18,4 Prozent. Von 1967 bis 1982 ist rechnerisch eine Eigenkapitallücke in Höhe von 224 Milliarden DM entstanden; von 1982 bis 1983 hat sich diese Lücke wieder um rund 2 Milliarden DM verkleinert[1].

Eine derart strukturierte Wirtschaft ist zu ihrem Funktionieren auf Fremdkapital angewiesen; die benötigten Kredite müssen selbst-

---

* Vortrag im Japanese Institute of International Business Law, Inc., Tokio, am 15.10.1987, für japanische Juristen aus der Praxis.

1 Vgl. dazu *Serick*, VI, § 81 III 4 a, c, S. 776, 780 f. = *Serick*, Auseinandersetzung, S. 20, 24 f. Neuerdings: Entwicklung der Eigenkapitalquote der deutschen Unternehmen von 1970 bis 1986, ZIP 1987 S. A 174 f. (mit geringfügigen Abweichungen für 1983, wohl wegen verstärkter Berücksichtigung kleinerer Unternehmen). Vgl. hier aber auch *Brink*, Besprechung zu Serick, VI, in WM 1988 S. 106, 107, der bei einem Vergleich etwa der Eigenkapitalquote im Jahre 1960 mit jener im Jahre 1983 zu Recht darauf hinweist, daß dabei auch der weitgehende Strukturwandel der deutschen Wirtschaft in Richtung auf eine Dienstleistungsgesellschaft berücksichtigt werden müsse.

verständlich für den Fall der Insolvenz des Kreditnehmers gesichert werden[2]. Gerade in den letzten beiden, statistisch ausgewerteten Jahren 1985 und 1986 wurden bislang nicht gekannte Insolvenzrekorde erreicht. Die Statistik wies im Jahre 1985 insgesamt 18 876 Insolvenzen aus, davon belief sich die Gesamtzahl an Unternehmensinsolvenzen auf 13 625; das Jahr 1986 brachte immer noch 18 842 Insolvenzen, davon 13 500 Unternehmensinsolvenzen[3].

In der deutschen Kreditsicherungspraxis nun hat der Bedarf an Fremdkapital die hier zu besprechende Sicherungsabtretung von Forderungen zu einem weit verbreiteten und unverzichtbaren Sicherungsmittel werden lassen; ein bezeichnendes Symptom für die Eigenkapitalknappheit ist die wachsende Verbreitung der Factoring-Globalzession im Rahmen echten und – jedenfalls bei Einführung des Factoring-Geschäftes in Deutschland – unechten Factorings.

2. Fiduziarische Sicherungsabtretungen im Bereich des Geld- und Warenkredits

Bei den kraft fiduziarischer Sicherungsabtretung (Sicherungszession) zu sichernden Krediten handelt es sich einerseits um Geldkredite der Banken und andererseits um Warenkredite von Lieferanten; Sicherungsmittel sind sowohl existente als auch künftige Forderungen des Schuldners gegen Dritte.

a) Geldkredit

Die Banken als wichtigste Geldkreditgeber wickeln die vertraglichen Sicherungsabtretungen in der Regel mit Hilfe vorgedruckter Formulare ab, die Sicherungsgeber und Bank, also Sicherungszedent und Sicherungszessionar, unterschreiben. Dabei wird unterschieden zwischen Einzelabtretung, Global- und Mantelzession sowie der Anschlußabtretung bei der verlängerten Sicherungsübereignung.

2 Aufschlußreiche Rechtstatsachen hierzu in *Drukarczyk/Duttle/Rieger*, Mobiliarsicherheiten – Arten, Verbreitung und Wirksamkeit (1985).

3 Vgl. dazu für das Jahr 1985: *Serick*, VI, § 72 II 2 c, S. 36. Für das Jahr 1986: Insolvenzstatistik Bundesrepublik Deutschland 1986, ZIP 1987 S. 269 f. Anfang 1988 lagen auch die Zahlen für das Jahr 1987 vor, dazu: Insolvenzstatistik Bundesrepublik Deutschland 1987, ZIP 1988 S. 271. Zum Vergleich: *Mikami,* Das System des Insolvenzverfahrens in Japan, ZZP 101 (1988) S. 34, 41 (Insolvenzstatistiken 1981 bis 1985 einschließlich).

Die wichtigsten Sicherungsabtretungen sind die Globalzession und die über eine Vorausabtretung verlängerte Sicherungsübereignung. Bei der Globalzession tritt der Bankkunde, um den ihm gewährten Kredit zu sichern, seiner Bank eine Vielzahl von Forderungen „global" ab. Das heißt, er überträgt seine sämtlichen gegenwärtigen und künftigen Forderungen aus Warenlieferungen oder Leistungen gegen Dritte, die seine Schuldner geworden sind (in der Formularpraxis oft: „Drittschuldner"), auf die Bank. Die Globalzession kann auch eingeschränkt auf einen bestimmten Schuldnerkreis (etwa mit Anfangsbuchstaben A bis M oder in Städten wie „Berlin", in einzelnen Bundesländern usw.) erfolgen[4].

Die Anschlußabtretung (Anschlußzession) hat dagegen einen ganz anderen Zuschnitt. Sie ergänzt die Sicherungsübereignung eines Warenlagers mit wechselndem Bestand, das der Kreditnehmer sicherungshalber der Bank übertragen hat. Die Bank erlaubt dem Kunden, die in diesem Lager befindlichen Waren im ordentlichen Geschäftsverkehr zu verkaufen und aus dem Lager zu entfernen. Als Ersatz für die dann fehlenden Sachsicherheiten läßt sie sich im voraus die Kaufpreisforderungen aus dem Verkauf abtreten. Während die Globalzession schon bestehende und künftige Forderungen erfaßt, werden bei der Anschlußzession stets lediglich die künftigen Forderungen aus dem Verkauf von Waren aus dem Sicherungslager übertragen.

Weniger gebräuchlich als die Globalzession und die Anschlußabtretung ist die Mantelzession. Hier verpflichtet sich der Darlehensnehmer (und Sicherungsgeber), dem Kreditgeber künftige Forderungen nach ihrem Entstehen – also nicht im voraus – abzutreten, wobei dann etwa Rechnungsdurchschriften usw. zu übermitteln sind. Da die Abtretung erst mit Vornahme der vereinbarten Handlung wirksam wird, werden bei der Mantelabtretung immer nur schon bestehende Forderungen übertragen[5].

Die Einzelabtretung zur Sicherung ist zwar die Grundform aller dieser Sicherungsabtretungen; sie tritt aber in der Praxis an wirtschaftlicher Bedeutung weit hinter die drei vorgestellten Arten zurück. So kann einzeln zum Beispiel eine schon bestehende Forde-

4 Zur Globalzession: *Serick*, IV, § 41 I 3, S. 26 ff.; unten: Vortrag Kyoto Universität, III 1 ff., S. 124 ff. Zu der kraft Vorausabtretung verlängerten Sicherungsübereignung oben: Dritte Vorlesung, I 1, S. 31; 2 c, S. 33; II 2, S. 36 ff.

5 Zu diesen drei verschiedenen Arten der Sicherungszession: *Serick*, II, § 24 I 4, S. 273 f.

rung aus einem Grundstücksverkauf oder – als künftige Forderung – ein zwar möglicher, aber noch nicht entstandener Steuererstattungsanspruch sicherungshalber abgetreten werden.

b) Warenkredit

Beim Warenkredit begegnen uns Sicherungszessionen im Zusammenhang mit dem über eine Vorausabtretung verlängerten Eigentumsvorbehalt typischerweise in folgender Konstellation: Der Käufer erwirbt zum Weiterverkauf bestimmte Ware, ohne seinem Lieferanten dafür sofort den Kaufpreis zahlen zu müssen; der Verkäufer sichert sich im Blick auf seine offene Kaufpreisforderung durch einen Eigentumsvorbehalt. Er erlaubt aber dem Käufer, die Ware vor der vollständigen Zahlung weiterzuverkaufen, und läßt sich für die auf diese Weise eingebüßte Vorbehaltsware im voraus die Forderung aus dem Weiterverkauf sicherungshalber abtreten. Die Ersatzsicherheit „Kaufpreisforderung" tritt an die Stelle seiner früheren Sicherheit „Vorbehaltsware".

Es ist unschwer zu erkennen, daß Grundgedanke und Technik des über eine Vorausabtretung verlängerten Eigentumsvorbehalts beim Warenkredit und der über eine Vorausabtretung verlängerten Sicherungsübereignung beim Geldkredit einander entsprechen. Hier wie dort werden Sicherheiten mit Hilfe der Vorausabtretung derart ausgetauscht, daß der bislang auf Grund einer Sachsicherheit – einer zur Sicherung übereigneten oder einer im Vorbehaltseigentum stehenden Ware – gesicherte Geld- oder Warenkreditgeber als Ersatz eine Sicherheitsforderung erhält[6].

c) Gewichtung der Abtretung als Kreditsicherungsmittel

Beim Warenkredit ist der über eine Vorausabtretung verlängerte Eigentumsvorbehalt gang und gäbe. Er wird beim Kauf umsatzbestimmter Ware in der Regel formularmäßig vereinbart; hier handelt es sich um ganz alltägliche Geschäfte. Dagegen ist das Parallelinstitut der Anschlußzession beim Geldkredit nur dort anzutreffen, wo vorgängig ein Warenlager zur Sicherung übereignet wurde, dessen Bestand sich durch ständige Zu- und Abgänge ändert. Diese Gege-

6 Vgl. hierzu ferner oben: Dritte Vorlesung, II 1, 2, S. 35 ff.

benheiten aber sind bei der Sicherung eines Geldkredits keinesfalls alltäglich. Deswegen ist beim Geldkredit nicht die über eine Vorausabtretung verlängerte Sicherungsübereignung, sondern die Globalzession die vorherrschende Form der Sicherung durch Abtretung geworden: Daß der Kreditnehmer seinerseits Forderungen aus seinem Geschäftsbetrieb erwirbt, er also einen wirtschaftlich gesunden Warenumsatz hat bzw. regelmäßig Dienst- oder Werkleistungen erbringt, die jeweils Geldforderungen gegen seine Kunden entstehen lassen, ist ja im Grunde die Voraussetzung für eine Kreditvergabe und erklärt zugleich, daß die Banken sich über eine Abtretung der vorhandenen und künftigen Forderungen ihres Kreditnehmers „global" sichern.

3. Sonderfall der Globalzession bei Factoring-Geschäften

Globalzessionen sind auch beim Factoring-Geschäft[7] anzutreffen. Dabei handelt es sich um eine verhältnismäßig junge Finanzierungsart, die vor etwa 30 Jahren von den USA übernommen wurde und in Deutschland von Jahr zu Jahr an Bedeutung gewinnt. Die Umsätze der Factoring-Institute haben 1986 insgesamt 10,6 Milliarden DM betragen; im Vorjahr (1985) beliefen sie sich auf 8,8 Milliarden DM. Das Factoring-Geschäft wird vorwiegend als echtes und – heute nur noch in bescheidenem Umfang – als unechtes Factoring betrieben[8]. Beide Formen bedienen sich der Globalzession, freilich in einer Ausgestaltung, die sich – jedenfalls beim echten Factoring – mit der Globalzession als Unterfall der Sicherungsabtretung nicht vergleichen läßt.

a) Echtes Factoring

Beim echten Factoring-Geschäft kauft nämlich das Factoring-Institut (im folgenden: Factor oder Factor-Bank) die Forderungen seines Kunden (im folgenden: Firma). Es handelt sich hier um einen echten Forderungskauf, wie er in §§ 433 ff. BGB geregelt worden ist. Der Factor läßt sich in der Regel schon bei Abschluß des

---

7 Dazu auch oben: Vortrag Kinki Universität, II 3 b, S. 75 f.

8 Vgl. zu den Zahlen: *Wassermann*, Factoring in Deutschland 1986, FLF 1987 S. 143; zu 1985: *Serick*, VI, § 76 II 13, S. 334 Fußnote 50. Zur heutigen Bedeutung des unechten Factoring vgl. *Rabstein*, Rechtsgrundlagen des Inlands-Factoring, FLF 1988 S. 56.

Factoring-Geschäftes alle gegenwärtigen und künftigen Außenstände der Firma auf Grund einer Globalzession abtreten. Er zahlt der Firma den – für existente oder später existent gewordene Ansprüche – vereinbarten Kaufpreis und wird endgültig Gläubiger der ihm von der Firma abgetretenen Forderungen. Die Firma darf ihrerseits den dafür bezahlten Kaufpreis endgültig behalten.

b) Unechtes Factoring

Beim unechten Factoring läßt sich der Factor kraft der Globalzession diese Außenstände ebenfalls abtreten. Auch hier wird in den Factoring-Formularverträgen oft von einem Kauf gesprochen. Dies jedoch zu Unrecht: Die Forderungen werden nicht zur Erfüllung eines Kaufvertrages abgetreten. Vielmehr schließt die Firma mit dem Factor ein Kreditgeschäft ab; der abgetretenen Forderung kommt dabei Rückzahlungs- und Sicherungsfunktion zu. Es fehlen alle Kennzeichen eines Kaufes als Umsatzgeschäft: Die Firma darf den hier lediglich vorschüßlich gutgeschriebenen „Kaufpreis" nicht endgültig behalten. Die Forderung des Factors gegen die Firma auf Rückzahlung ist entweder aus der dem Factor abgetretenen Forderung oder – bei Zahlungsunfähigkeit des Drittschuldners – durch die Firma als Kreditnehmerin selbst zu tilgen; im letztgenannten Fall darf der Factor die abgetretene Forderung nicht als eigene behalten, sondern muß sie der Firma zurückübertragen.

Nach der in meiner Monographie vertretenen Auffassung liegt der Globalzession beim unechten Factoring-Geschäft kein Kauf, sondern ein Kreditgeschäft zugrunde, dessen Rückzahlungsmodalitäten es zwar verbieten, von einem gewöhnlichen Darlehen auszugehen, aber gleichwohl erlauben, von einem atypischen Darlehen zu sprechen[9].

c) Bedeutung im Zusammenhang mit Globalzessionen

Die Unterscheidung, die beim echten Factoring von einer Globalzession auf der schuldrechtlichen Grundlage eines Forderungskaufes, beim unechten dagegen von einer solchen anläßlich eines Kreditgeschäftes ausgeht, ist im deutschen Schrifttum heftig umstrit-

9 Vgl. dazu zusammengefaßt: *Serick*, IV, § 52 VI Nr. 5 ff., S. 598 ff.

ten[10]. Die Rechtsprechung des Bundesgerichtshofes hat sich jedoch meine Überlegungen ausdrücklich zu eigen gemacht[11].

Die eingangs angeführte Bemerkung, beim echten Factoring liege eine Globalzession ohne Sicherungsfunktion, und zwar als Erfüllungsgeschäft eines Kaufes, vor, dagegen handele es sich beim unechten Factoring um eine Sicherungsabtretung, erfordert es, die rechtlichen Grundlagen der Globalzession näher zu erörtern. Sie sind im Falle der sicherungshalber erfolgten fiduziarischen Globalzession zugleich exemplarisch für die Rechtsgrundlagen der Sicherungsabtretung (Sicherungstreuhand) im geltenden deutschen Recht.

II. GLOBALZESSIONEN ALS SICHERUNGSTREUHAND, ALS NICHTFIDUZIARISCHE KREDITSICHERUNG ODER ALS ERFÜLLUNGSGESCHÄFT EINES FORDERUNGSKAUFES – KONSEQUENZEN BEI KOLLISION UND INSOLVENZ

Bei den Untersuchungen zur Sicherungsabtretung nimmt die fiduziarische Globalzession als Sicherungsmöglichkeit der Banken eine herausragende Stellung ein. Im folgenden soll diese Art – ein Unterfall der Sicherungstreuhand im Zusammenhang mit gewöhnlichen Darlehen – einmal von jener Globalzession abgegrenzt werden, die keinerlei Sicherungsfunktion hat, des weiteren von einer solchen, die zwar Forderungen sichert, ohne jedoch fiduziarischen Charakter zu haben. Die beiden letztgenannten Erscheinungsformen sind vor allem bei Factoring-Geschäften anzutreffen und sollen auch in diesem Rahmen vorab vorgestellt werden. Welche große praktische Bedeutung der jeweiligen Qualifikation zukommt, belegt außerhalb der Insolvenz eindringlich die Kollision einer Globalzession mit einem über eine Vorausabtretung verlängerten Eigentumsvorbehalt, innerhalb der Insolvenz die Aussonderungs- bzw. Absonderungsbefugnis eines Gläubigers, der seine Forderung kraft Globalzession erworben hat.

10 Zum Factoring-Geschäft – eigene Stellungnahme und jeweils Auseinandersetzung mit Gegenmeinungen sowie Nachweise aus der Rechtsprechung – : *Serick*, IV, § 52, S. 527 ff. (grundsätzliche Fragen zum echten und unechten Factoring a. a. O. II 2, 3, S. 537 ff., sowie solche zur Kollisionsproblematik a. a. O. III, IV, V, S. 559 ff.); *Serick*, V, § 70, S. 778 ff. (Fortschreibung aus konkursrechtlicher Sicht). Zum Stand 1986: *Serick*, VI, § 76 II 13, S. 334 f. Fußnoten 51, 52. Aus höchstrichterlicher Rechtsprechung danach: *BGH*, 15.4.1987, BGHZ 100 S. 353 ff.

11 Vgl. zum echten Factoring: *BGH*, 19.9.1977, BGHZ 69 S. 254, 257 f.; auch: *BGH*, 7.6.1978, BGHZ 72 S. 15, 22. Zum unechten Factoring vgl. *BGH*, 14.10.1981, BGHZ 82 S. 50, 61 f., 65.

1. Globalzessionen im Rahmen von Factoring-Verträgen

a) Echtes Factoring: Globalzession als bloßes Erfüllungsgeschäft eines Forderungskaufes

Eine Globalzession, die beim echten Factoring das Erfüllungsgeschäft eines Forderungskaufes (oben I 3 a) darstellt und bei der die Firma dem Factor existente Forderungen abtritt, bereitet als Zession keinerlei Schwierigkeiten. Es werden in Einzelabtretungen dem Factor so viele schon vorhandene Forderungen übertragen, wie im Abtretungsvertrag vorgesehen worden sind. Rechtsgrundlage der jeweiligen Abtretung sind die §§ 398 ff. BGB. Dabei ist zu betonen, daß das deutsche Recht zur wirksamen Abtretung lediglich einen formlosen Vertrag zwischen dem Gläubiger (Zedent) und dem anderen, der neuer Gläubiger (Zessionar) werden soll, verlangt; mit dem Abschluß des Vertrages tritt der neue Gläubiger an die Stelle des bisherigen. Eine Anzeige an den Schuldner der Forderung über den Forderungsübergang ist nicht erforderlich.

Problematisch ist die Globalzession dagegen auch beim echten Factoring, soweit sie künftige Forderungen erfaßt. Denn die eben genannten Normen regeln diese Art der Abtretung nicht. Deswegen ist zu Beginn dieses Jahrhunderts, also nach Inkrafttreten des Bürgerlichen Gesetzbuches, die Zulässigkeit der Vorausabtretung von namhaften Gelehrten bestritten worden. Heute gilt sie jedoch kraft ungeschriebenen Rechtes, also auf Grund von Gewohnheitsrecht[12].

b) Unechtes Factoring: Globalzession sicherungshalber ohne Treuhandcharakter

Beim unechten Factoring, das ein mit einer Globalzession sicherungshalber verbundenes Kreditgeschäft ist, setzt die Problematik um die Rechtsgrundlagen dagegen schon bei der Abtretung der existenten Forderungen an. Es handelt sich dieses Mal um eine Abtretung, die zur Sicherung vorgenommen wird und deshalb auf den ersten Blick als eine fiduziarische Sicherungsabtretung wie etwa bei einem gewöhnlichen Darlehen oder bei der Vorausabtretung im Zusammenhang mit einem verlängerten Eigentumsvorbehalt ange-

12 Dazu *Serick*, IV, § 47 I 5 a, S. 270 ff., 272; ferner oben: Dritte Vorlesung, II 2, S. 36 f.

sprochen werden könnte; fiduziarische Sicherungsabtretungen sind aber, und hier läge dann das Problem, im Bürgerlichen Gesetzbuch nicht geregelt[13].

Der Ausgangspunkt – Globalzession bei unechtem Factoring als fiduziarische Sicherungsabtretung – ist freilich höchst fragwürdig. Nach der in meiner Monographie vertretenen Auffassung weist das Kreditgeschäft beim unechten Factoring zwar die Besonderheit auf, daß die Firma (dazu oben I 3 a, b) durch Abtretung ihrer Forderung den Anspruch des Factors aus einem atypischen Darlehensgeschäft sichert. Im Gegensatz zum gewöhnlichen (typischen), durch eine Sicherungsabtretung gesicherten Darlehen soll der Darlehensgeber aber hier nicht erst sekundär, bei Ausfall des Darlehensnehmers, sondern primär auf die Sicherheit zugreifen. Der Factor gewinnt einen zusätzlichen Schuldner in der Person des Drittschuldners, gegen den er in erster Linie vorgehen muß; erst bei dessen Ausfall kann er sich an den Darlehensschuldner halten. Der Sicherungscharakter wird deutlich in dem Fall, in dem die Firma zahlungsunfähig, der Drittschuldner jedoch solvent ist.

Unter diesen Vorzeichen ist meine Aussage zu verstehen, daß beim unechten Factoring die Abtretung zwar sicherungshalber erfolge, aber keinesfalls nur wegen ihrer Sicherungsfunktion schon als fiduziarische Sicherungsabtretung qualifiziert werden dürfe[14]. Vielmehr ergebe eine genaue Analyse, daß gerade bei diesem Kreditgeschäft in Gestalt eines atypischen Darlehens eine Abtretung sicherungshalber vorliege, der kein Treuhandcharakter zukomme. Auf diese Beurteilung wird unten (3) noch einzugehen sein.

Hier kann jedoch bereits festgehalten werden, daß – falls man die Abtretung nicht als fiduziarisch qualifiziert – auch die Globalzession beim unechten Factoring, soweit sie existente Forderungen erfaßt, eine gewöhnliche Abtretung darstellt, die als solche, anders als eine fiduziarische Abtretung, unmittelbar den §§ 398 ff. BGB untersteht. Im Blick auf die Vorausabtretung künftiger Forderungen und deren Rechtsgrundlagen gilt dann das gleiche wie bei einer Globalzession im Rahmen echten Factorings (oben a) – hier wie dort ist die Forderungsübertragung gewohnheitsrechtlich zulässig.

---

13 Dazu auch oben: Vortrag Kinki Universität, III 1 (am Ende), 2, S. 80 ff.

14 Dazu *Serick*, IV, § 52 II 2 d, S. 547 ff. (zum unechten Factoring-Geschäft als atypischem Darlehen), i. V. mit II 2 e, S. 549 ff. (zur bloßen Sicherungsfunktion der Abtretung insbesondere am Ende von e).

c) Zur Alternative: Globalzession bei unechtem Factoring als Unterfall der Sicherungstreuhand

Wenn man, abweichend von meiner Meinung, die Globalzession beim unechten Factoring ebenfalls als Sicherungstreuhand qualifiziert, so gilt: Die Firma überträgt dann dem Factor die Forderungen zwar als Vollrecht, aber nur zu treuen Händen. Er soll sie nicht, wie ein Forderungskäufer – auch jener im Rahmen des echten Factoring-Geschäftes –, endgültig behalten dürfen, sondern hat mit ihnen nur nach Maßgabe des Sicherungszweckes zu verfahren. Rechtliches Können und Dürfen fallen jetzt auseinander – der Factor erhält von der Firma nach außen, Dritten gegenüber, mehr Rechtsmacht, als er nach dem Zweck des unechten Factoring-Geschäftes benötigt, darf sie aber nur, wie in der Treuabrede festgelegt, ausüben.

Die Sicherungstreuhand, die in der deutschen Kreditsicherungspraxis bei Mobiliarsicherheiten die Stelle des gesetzlich völlig unzulänglich geregelten Pfandrechts an beweglichen Sachen und an Forderungen eingenommen hat, ist zwar nach Inkrafttreten des Bürgerlichen Gesetzbuches als Gesetzesumgehung bekämpft worden: Auf diese Weise werde das Pfandrecht, bei dem nach dem Willen des Gesetzgebers die Belastung des Vollrechtes offenkundig zu machen sei, umgangen und durch ein heimliches Pfandrecht ersetzt. Denn bei der Sicherungsübertragung würden Formen gewählt, die keine Publizität erfordern – bei der Sicherungsabtretung genüge zur Übertragung die schlichte Abtretung, die ohne Anzeige, also ohne Offenlegung gegenüber dem Drittschuldner, wirksam sei[15].

Einwände dieser Art hätten sich aber inzwischen erledigt: Die fiduziarische Sicherungsübertragung von Forderungen und die Sicherungsübereignung gelten heute in unserem Zivilrecht gewohnheitsrechtlich[16]. Das trifft nicht nur für die Sicherungsabtretung schon existenter, sondern auch für die Sicherungsabtretung künftiger Forderungen zu. Damit hätte selbst nach der Gegenmeinung die als fiduziarische Sicherungsabtretung qualifizierte Globalzession des unechten Factorings, gleichermaßen wie die fiduziarische Globalzession, deren sich die Banken zur Sicherung eines gewöhnlichen Darlehens bedienen, ihren festen Ort im Bürgerlichen Recht erhalten.

---

15 Zu diesem Fragenkreis oben: Vortrag Kinki Universität, I 2, S. 69 f., sowie unten: Vortrag Kyoto Universität, I 1, S. 110.

16 Vgl. *Serick*, I, § 1 I 2, S. 2; oben: Erste Vorlesung, I 3, S. 5 f.

2. Kollisionsproblematik bei mehrfachen Abtretungen im Blick auf Factoring-Globalzessionen

a) *Mehrfache Abtretung einer künftigen Forderung – Prioritätsprinzip*

Tritt die Firma ein und dieselbe künftige Forderung vor deren Entstehung sicherungshalber zweimal ab, etwa zuerst einer Bank oder einem Factor kraft Globalzession und später einem Verkäufer, der ihr Ware nur unter Vereinbarung eines über eine Vorausabtretung verlängerten Eigentumsvorbehaltes liefern will, so entscheidet nach herrschender Meinung grundsätzlich die Priorität der Abtretung, ob bei Entstehung der Forderung der Globalzessionar oder der Vorbehaltslieferant ihr Gläubiger wird. Der Prioritätsgrundsatz, der auch in meiner Monographie als maßgebend angesehen wird[17], ist zwar im Schrifttum umstritten; der Bundesgerichtshof bedient sich seiner aber in fester Spruchpraxis[18].

Das Prioritätsprinzip überzeugt, wenn man sich die Struktur der künftigen Forderung und die Vorgänge bei ihrer Abtretung vergegenwärtigt: Das Charakteristische der Vorausabtretung liegt darin, daß der Gegenstand der Abtretung – die künftige Forderung, über die verfügt wird – im Zeitpunkt der Abtretung noch nicht begründet ist. Ob diese Forderung entsteht, ist ungewiß; der Rechtsgrund, in dem sie wurzelt, besteht ebenfalls noch nicht. Entsteht dann der Rechtsgrund in Zukunft, so entsteht mit ihm zugleich die abgetretene Forderung[19].

Der Verfügungstatbestand ist bei im voraus abgetretenen Forderungen zwar mit der Vornahme der Vorausverfügung beendet; die mit der Verfügung gewollte Rechtsänderung kann jedoch erst eintreten, wenn die Forderung entsteht[20]. Wie ersichtlich fallen nunmehr Abschluß des Abtretungsvertrages (Abschlußtatbestand) und Übergang der Forderung bei ihrem Entstehen (Wirksamkeitsvoraus-

---

17 Dazu und zum folgenden *Serick*, IV, § 49 I 1, 2, S. 382 ff.

18 Vgl. etwa *BGH*, 26.5.1970, BB 1970 S. 821. Zu späterer höchstrichterlicher Rechtsprechung vgl. *Serick*, V, § 70 I 2, S. 782 Fußnote 19. Dazu auch die Hinweise bei *Serick*, VI, § 76 IV 3, S. 391 Fußnote 99. Aus instanzgerichtlicher Rechtsprechung etwa *OLG Köln*, 18.2.1987, ZIP 1987 S. 907, 908.

19 Dazu *Serick*, IV, § 47 I 2 a, S. 260.

20 Dazu schon oben: Dritte Vorlesung, II 4, S. 39 f., dort freilich im Zusammenhang mit dem Erfordernis der Bestimmbarkeit einer im voraus abgetretenen Forderung.

setzung) auseinander: Der Erwerb der existent gewordenen Forderung ist dabei nichts anderes als die Wirkung der Abtretungsvereinbarung[21]. Die Verfügung, die der Zedent im Rahmen der Abtretung, genauer: des Verfügungstatbestandes über die künftige Forderung vor ihrer Entstehung, vorgenommen hat, ist bindend. Der Verlust seiner Verfügungsmacht bewirkt, daß er (der Zedent) vor ihrer Entstehung nicht wirksam noch einmal zugunsten eines zweiten Vorauszessionars verfügen kann[22].

Der Prioritätsgrundsatz spricht daher die Forderung im Falle einer mehrfachen Vorausabtretung bei ihrer Entstehung demjenigen als Gläubiger zu, der der erste Vorauszessionar ist[23].

b) Durchbrechung des Prioritätsprinzips bei einer Kollision zwischen der vorrangigen kreditsichernden Globalzession und einem kraft Vorausabtretung verlängerten Eigentumsvorbehalt

Der Grundsatz der Priorität muß sich jedoch im Falle einer Kollision zwischen einer Globalzession, die – so die Regel in der Kreditsicherungspraxis – eine fiduziarische Sicherungsabtretung ist, und einem später vereinbarten, über eine Vorausabtretung verlängerten Eigentumsvorbehalt Durchbrechungen gefallen lassen[24]. Nach fester höchstrichterlicher Rechtsprechung „ist eine Globalabtretung zukünftiger Kundenforderungen an eine kreditgebende Bank sittenwidrig, wenn und soweit sie auch Forderungen umfassen soll, die der Zedent seinen Lieferanten aufgrund verlängerten Eigentumsvorbehalts künftig abtreten muß und abtritt[25]“.

Der Vorwurf der Sittenwidrigkeit beruht dann darauf, daß die Bank ihren Kunden durch die vorrangige Globalzession dazu zwingt, ständig Vertragsbrüche zu begehen, weil er ohne verlängerten Eigentumsvorbehalt, das heißt: ohne Vereinbarung einer Vorausabtretung, später keine – zur Aufrechterhaltung seines Geschäftsbetriebs

---

21 Vgl.: *Serick*, IV, § 47 II 2 b, S. 277; *Serick*, VI, § 76 II 6 a, S. 307.

22 Vgl. dazu *Serick*, IV, § 49 I 2, S. 387 ff., insbesondere a. a. O. 2 b, c, S. 390 ff.

23 Vgl. hierzu – auch zur Bindungswirkung – *BGH*, 19.9.1983, BGHZ 88 S. 205, 206.

24 Vgl. dazu *Serick*, IV, § 49, S. 382 ff.; zum eigenen Lösungsvorschlag a. a. O. § 50, S. 428 ff. Hinweise auf neuere höchstrichterliche Rechtsprechung: *Serick*, V, § 71 I 2, S. 866 Fußnote 14; *Serick*, VI, § 76 IV 3, S. 390 Fußnote 96.

25 Vgl. *BGH*, 15.4.1987, BGHZ 100 S. 353, 358; ferner etwa *BGH*, 8.10.1986, BGHZ 98 S. 303, 314 f.

benötigte – Ware mehr von seinen Lieferanten erhält; er muß zu deren Konditionen abschließen, obwohl er weiß, daß die jeweils zweite Sicherungsvorausabtretung ins Leere geht[26].

Die Vertragsbruchtheorie, die zur Durchbrechung des Prioritätsgrundsatzes führt, ist im Zusammenhang mit einer Kollision zwischen der fiduziarischen Globalzession und einem kraft Vorausabtretung verlängerten Eigentumsvorbehalt entwickelt worden. Sie kommt aber auch – so die Ausführungen in meiner Monographie – in vollem Umfang zum Zuge, wenn die Globalzession im Rahmen eines unechten Factoring-Geschäftes vorgenommen wird, weil in diesem Falle die Globalzession ein Kreditgeschäft sichert und der Kollisionsfall hierbei ebenso wie bei der fiduziarischen Sicherungsabtretung zu behandeln ist[27]. Der Bundesgerichtshof hat sich dieser Argumentation angeschlossen: Auch er stellt beim unechten Factoring lediglich auf das Kreditgeschäft ab[28], nicht aber darauf, ob der Globalzession dabei zusätzlich noch der Charakter einer Treuhandabtretung zukommt oder nicht.

Dagegen kommt der Prioritätsgrundsatz uneingeschränkt wieder im Zusammenhang mit einer Factoring-Globalzession zum Zuge, die kein Kreditgeschäft sichert, sondern als gewöhnliche Vollabtretung einen Kaufvertrag erfüllt. Dann liegt echtes Factoring vor, das heißt ein mit einer Globalzession verbundener Forderungskauf. Echtes Factoring zwingt den Factor-Kunden keineswegs, ständig vertragsbrüchig zu werden: Der Vorbehaltslieferant wäre nämlich damit einverstanden, die Forderung aus dem Weiterverkauf nicht zu erhalten, falls der Zweitabnehmer sofort bar zahlt und sie damit tilgt. Echtes Factoring entspricht daher, wirtschaftlich gewertet, der Vornahme eines Barzweitgeschäftes[29]. Der Bundesgerichtshof stimmt auch hier meinen Ausführungen zu[30].

---

26 Zur Vertragsbruchtheorie vgl. *Serick*, VI, § 76 IV 3, S. 390 f. (mit weiterführenden Nachweisen auf Schrifttum sowie Rechtsprechung zur Kollisionsproblematik und zur Vertragsbruchtheorie in den Fußnoten 96 bis 98 einschließlich). Neuerdings: *BGH,* 13.10.1987, NJW 1988 S. 263, 264 f. (obiter dictum).

27 Einzelheiten: *Serick*, IV, § 52 IV 5, S. 578 ff.

28 Vgl. dazu *BGH*, 14.10.1981, BGHZ 82 S. 50 (Leitsatz 2), 64 f.; entscheidend war, daß es sich beim unechten Factoring um ein Kreditgeschäft handelt, vgl. a. a. O. S. 61 f. Vgl. ferner hier *BGH*, 15.4.1987, BGHZ 100 S. 353, 358 (unter b).

29 Einzelheiten: *Serick*, IV, § 52 IV 3, 4, S. 570 ff.

30 Vgl. *BGH*, 19.9.1977, BGHZ 69 S. 254, 258: „Serick hat auch darin recht ... Ein Vertragsbruch gegenüber dem Vorbehaltsverkäufer könnte dem Vorbehaltskäufer bei Weiterveräußerung ... gegen Barzahlung ebensowenig angelastet werden, wie beim echten Factoring..."

Am Beispiel der Vertragsbruchtheorie wird deutlich, daß die Sicherungsabtretung – hier: in Gestalt einer Sicherungsvorausabtretung – gegenüber der gewöhnlichen Vollabtretung eigenständigen Regeln untersteht. Das gilt gleichermaßen für die Abtretung zur Sicherung, der, wie im Regelfall, fiduziarischer Charakter zukommt, und für jene, der ausnahmsweise – wie etwa beim unechten Factoring – dieses Kennzeichen fehlt.

Abschließend soll nun noch die Wirkung der Sicherungsabrede auf das Erfüllungsgeschäft – wenigstens skizzenhaft – angedeutet werden, und zwar unter dem Gesichtspunkt der Wirkungen, die die Sicherheitstreuhand generell kennzeichnen. Die folgenden Bemerkungen zur Sicherungsabtretung treffen also auf fiduziarisch übertragene Forderungen zu, ebenso aber auf Treuhandeigentum in Gestalt von Sicherungseigentum.

3. Sicherungsabtretung als Treuhandgeschäft – insbesondere: Abgrenzung zur Globalzession beim unechten Factoring

Der Sicherungszessionar wird im Rahmen einer Sicherungstreuhand stets fiduzarischer Inhaber des Vollrechtes. Eine Factor-Bank, die im Rahmen von unechtem Factoring kraft Globalzession eine Forderung erwirbt, hat ebenfalls das Vollrecht inne. Oben (1 b) wurde ihr jedoch die fiduziarische Rechtsstellung aberkannt; diese Abgrenzung bedarf einiger Worte der Begründung. Sie sind vor folgendem Hintergrund zu lesen: Wie eben gezeigt, ist es bei der Kollisionsproblematik für die Frage, ob die Vertragsbruchtheorie zur Anwendung kommt, unerheblich, ob die Globalzession einen fiduziarischen Charakter hat oder nicht; wichtig ist allein, ob sie ein Kreditgeschäft sichern soll. Ist diese Frage zu bejahen, so werden kreditsichernde fiduziarische Globalzessionen bei gewöhnlichen Darlehen und kreditsichernde nichtfiduziarische Globalzessionen anläßlich unechter Factoring-Geschäfte gleich behandelt. Ganz anders ist die Rechtslage dagegen in der nun zu erörternden Insolvenz. Hier lösen fiduziarische Abtretungen völlig andere Rechtsfolgen aus als Abtretungen ohne Treuhandcharakter. Deswegen kann nicht mehr – wie bei der Behandlung der Kollisionsproblematik – offen bleiben, ob die Globalzession beim unechten Factoring fiduziarisch erfolgt oder nicht.

a) *Rückgewähranspruch des Sicherungsgebers: Wesensmerkmal der fiduziarischen Abtretung – Fehlen bei der Globalzession des unechten Factoring-Geschäftes*

Ein Wesenszug der fiduziarischen Sicherungsabtretung liegt darin, daß der Sicherungsgeber bei Abschluß der Sicherungsabrede ohne weiteres einen Rückgewähranspruch bezüglich der zu treuen Händen weggegebenen Sicherheit erhält. Dieser Anspruch hat primär ihre Rückübertragung nach Wegfall des Sicherungszweckes, z. B. durch Tilgung der gesicherten Forderung, zum Inhalt; er umfaßt – sekundär – die Auskehrung des Mehrerlöses, falls der Sicherungsnehmer, weil die gesicherte Forderung notleidend geworden ist, das fiduziarisch übertragene Sicherungsgut verwerten durfte und hierbei ein Mehrerlös entstanden ist[31]. Ein Rückgewähranspruch dieses Zuschnittes ist jeder sicherungsrechtlichen Treuhand immanent[32]; er ist ihr unverzichtbares Kennzeichen.

Ein derartiger Rückgewähranspruch fehlt indessen bei der Globalzession des unechten Factoring-Geschäftes. Die der Factor-Bank zur Sicherung übertragene Forderung ist bei ihrer Fälligkeit ohne Rücksicht darauf, ob die gesicherte Darlehensforderung selbst fällig und notleidend geworden ist, verwertungsreif[33]. Der Darlehensnehmer ist auch – dazu oben 1 b – keinesfalls, wie bei einer fiduziarischen Sicherungszession, verpflichtet, primär um die Rückzahlung des Darlehens besorgt zu sein.

b) *Funktionen der fiduziarischen Sicherungsabtretung und einer nichtfiduziarischen Globalzession bei unechtem Factoring*

Liegt eine fiduziarische Sicherungsabtretung vor, so gilt: Die Sicherungsabtretung ist wie jede Verfügung ein abstraktes Rechtsgeschäft; sie erlangt aber ihr eigentliches Gepräge erst durch die schuldrechtliche Sicherungsabrede, die sogenannte Treuabrede. Erst aus dieser ergibt sich, daß dem Sicherungsnehmer nach außen mehr Rechtsmacht übertragen worden ist, als er, gebunden durch obligatorische Vereinbarungen, ausüben darf – rechtliches Können und

31 Vgl. dazu *Serick*, IV, § 52 II 2 e, S. 549.

32 Dazu insbesondere oben: Vierte Vorlesung, III 3 b, S. 58 f.; ferner unten: Vortrag Kyoto Universität, I 4, S. 117; Vortrag Meiji Universität, I 1, S. 132.

33 Hierzu: *Serick*, IV, § 52 II 2 e, S. 550 f.

Dürfen fallen auseinander. Liegen die weiteren Erfordernisse für das Entstehen einer Sicherungstreuhand vor – nach der in meiner Monographie vertretenen Meinung etwa muß das Sicherungsgut unmittelbar aus dem Vermögen des Treugebers in das des Treuhänders gelangt sein[34] –, so erhält der übertragene Vermögenswert Treuguteigenschaft.

Unter diesen Vorzeichen konkretisieren die Funktionen der fiduziarischen Sicherungszession lediglich die Funktionen der Sicherungstreuhand in einer ihrer möglichen Erscheinungsformen[35]. Die Rechtsstellungen von Sicherungszessionar und -zedent gleichen infolgedessen im Kern denen des Sicherungseigentümers und des Sicherungsgebers. Der hier und dort maßgebende allgemeine Mechanismus läßt sich im Blick auf die Sicherungszession dahin kennzeichnen: Der Sicherungsgläubiger nimmt als voller Gläubiger mit der ihm sicherungshalber abgetretenen Forderung am Rechtsverkehr teil. In bestimmten Krisen wie Konkurs oder Zwangsvollstreckung berücksichtigt die Rechtsordnung jedoch, daß er, wirtschaftlich gewertet, nicht das Vollrecht, sondern ein heimliches Pfandrecht innehat. Die dann ausgelösten Mechanismen gehen auf die quasidinglichen Wirkungen der Sicherungstreuhand zurück, die am auffallendsten im Umwandlungsprinzip, das Konkurs- oder Vergleichseröffnung auf den Plan rufen, in Erscheinung treten.

Im Konkursverfahren über das Vermögen des Sicherungszedenten bewirkt das Umwandlungsprinzip: Der Zessionar verliert unmittelbar mit Verfahrenseröffnung seine Gläubigerstellung an der Sicherheitsforderung, und der Gemeinschuldner erhält sie zurück. Die Forderung gehört jetzt zur Konkursmasse. Dem Sicherungszessionar wird statt dessen als Ausgleich eine pfandrechtsartige Berechtigung an der Forderung zugeteilt. Sie befugt ihn zur Absonderung, also zur vorzugsweisen Befriedigung aus der jetzt dem Gemeinschuldner gehörenden Forderung[36].

---

34 So *Serick*, II, § 19 II 2, S. 81 ff. Vgl. ferner zu Einzelheiten nebst Nachweisen oben: Vortrag Kinki Universität, III 2 a, S. 81 f.

35 Dazu oben: Vortrag Kinki Universität, III 2 b, S. 82 f.

36 Zum Umwandlungsprinzip vgl. *Serick*, VI, § 73 I 1 a, S. 50 f. Weitere Einzelheiten nebst Nachweisen oben: Erste Vorlesung, IV 4 b, S. 16 f.; Vortrag Kinki Universität, III 2 b, S. 82 f. (hier insbesondere: Fußnote 21), c, S. 83 f.; die a. a. O. unter c besprochenen Konsequenzen beim Sicherungseigentum im Sicherungsgeber-Konkurs entsprechen, wie ersichtlich, völlig jenen, die soeben bei der sicherungshalber abgetretenen Forderung im Konkursverfahren über das Vermögen des Sicherungszedenten skizziert wurden. Zum Sicherungsnehmer-Konkurs oben: Zweite Vorlesung, I 4 c, S. 25 Fußnote 5; ferner unten: Vortrag Meiji Universität, I 1, S. 132.

Das Umwandlungsprinzip ist ein Wesensmerkmal der fiduziarischen Treuhand. Liegt daher – so die von mir vertretene Meinung bei der Globalzession im Rahmen unechten Factorings – eine Abtretung vor, die zur Sicherung erfolgt, ohne zugleich treuhänderisch zu sein, so kann weder in der Insolvenz des Sicherungszedenten noch in der des Drittschuldners das Umwandlungsprinzip eingreifen. Der Zessionar kann mit dem Hinweis auf dieses Prinzip beispielsweise nicht auf die Stellung eines bloß Absonderungsberechtigten an der ihm abgetretenen Forderung verwiesen werden[37].

III. EINZIEHUNGSERMÄCHTIGUNG BEI FIDUZIARISCHEN SICHERUNGSABTRETUNGEN

1. Allgemeines

Kraft fiduziarischer Sicherungsabtretung überträgt der Zedent dem Zessionar die Forderung in stiller Form, das heißt, ohne die Abtretung nach außen offenkundig in Erscheinung treten zu lassen. Der Zessionar erteilt seinerseits dem Sicherungszedenten typischerweise eine Einziehungsermächtigung, die diesen befugt, die Forderung im eigenen Namen geltend zu machen. Die Einziehungsermächtigung ist im Bürgerlichen Gesetzbuch nicht ausdrücklich geregelt; sie wird jedoch höchstrichterlich in fester Rechtsprechung anerkannt und als Fall der „Einwilligung zur Verfügung über ein fremdes, dem Einwilligenden gehöriges Recht (§ 185 BGB)" behandelt[38]. Auch das Schrifttum billigt sie jedenfalls bei fiduziarischen Sicherungsabtretungen ganz überwiegend. Bei der Suche nach einer Rechtsgrundlage kreisen die Überlegungen hier ebenfalls oft um § 185 BGB; dessen ratio, sein Sinn und Zweck in Einzelregelungen werden als einschlägig erachtet.

Und nun ein Beispiel aus der Praxis. Im Musterformular einer deutschen Großbank für einen Globalzessionsvertrag wird bestimmt:

37 Einzelheiten: *Serick*, V, § 70 VIII 2, S. 847.

38 Dazu *Serick*, II, § 25 II 1, S. 314 mit zahlreichen Rechtsprechungs- und Schrifttumsnachweisen; vgl. ferner oben: Dritte Vorlesung, III 1 b, 2, S. 41 ff. Das Zitat im Text stammt aus *BGH*, Großer Senat für Zivilsachen, Beschluß 10.12.1951, BGHZ 4 S. 153, 164. Aus neuerer Rechtsprechung zur Einziehungsermächtigung etwa *BGH*, 8.10.1986, BGHZ 98 S. 303, 317.

„Dem Sicherungsgeber ist es ... bis zum Widerruf durch die Bank gestattet, die an die Bank abgetretenen Forderungen im Rahmen eines ordnungsmäßigen Geschäftsbetriebes einzuziehen[39]."

Die Einziehungsermächtigung ist mit der dem Ermächtigten nach der Sicherungszession nicht mehr zustehenden Forderung auch bei Fehlen einer entsprechenden ausdrücklichen Abrede grundsätzlich – als dem Willen des Sicherungszessionars entsprechend – institutionell verknüpft[40]: Die Formulare der Banken, die Sicherungsabtretungen regeln, enthalten freilich fast immer maßgebende Klauseln.

Dogmatisch erklärt sich das Vorliegen der Einziehungsermächtigung nicht etwa daraus, daß dem Zedenten nach der Abtretung eine Ermächtigung zur Einziehung der abgetretenen Forderung als Forderungsausschnitt verbliebe. Vielmehr wird und bleibt der Zessionar Gläubiger in vollem Umfang. Erst aus diesem Vollrecht erteilt er dem Zedenten die Einziehungsermächtigung. Soll der Zedent sie erkennbar nicht erhalten, so braucht sie der Zessionar nicht zu widerrufen, da sie mangels ausdrücklicher oder stillschweigender Erteilung nie existiert hat[41].

Der Ermächtigende (der Sicherungszessionar) behält auch nach der Erteilung der Ermächtigung sein Einziehungsrecht; das Einziehungsrecht steht also jetzt sowohl dem Zedenten als auch dem Zessionar zu, wenngleich aus unterschiedlichen rechtlichen Wurzeln.

2. Erlöschen der Einziehungsermächtigung

a) Vertragliche Regelung und Erlöschen durch Widerruf

Die Kreditwirtschaft regelt die Frage, unter welchen Voraussetzungen die Einziehungsermächtigung widerrufen werden darf, zumeist formularmäßig. So sieht beispielsweise das soeben vorgestellte Muster „Globalzessionsvertrag" einer deutschen Großbank vor: „Macht die Bank von ihrem Anzeigerecht nach Nr. 10 ABAF Gebrauch, so erlischt die Einziehungsbefugnis des Sicherungs-

39 Vgl. Deutsche Bank Aktiengesellschaft, Muster Globalzessionsvertrag (Nr. 11-011 11 78; unveröffentlicht), Nr. 5 Abs. 2.

40 Dazu *Serick*, V, § 62 I 2, S. 326; § 70 II 3 b, S. 795; ferner oben: Dritte Vorlesung, III 3, S. 44.

41 Vgl. *Serick*, VI, § 76 II 2, S. 297, Text in Fußnote 9.

gebers[42]." Unter dem Kürzel „ABAF" verbergen sich „Allgemeine Bedingungen für die Abtretung von Forderungen". Sie ergänzen kraft einer Klausel am Schluß des Musters „Globalzessionsvertrag" die Bestimmungen zur Globalzession derart, daß sie – dem Schuldner bekannt und dem Globalzessionsvertrag als Bestandteil beigefügt – im übrigen gelten. Nr. 10 dieser ABAF nun hält fest: „Die Bank ist nach billigem Ermessen berechtigt, die Drittschuldner von der Abtretung zu unterrichten. Der Sicherungsgeber ist verpflichtet, der Bank Blanko-Benachrichtigungsschreiben zur Unterrichtung der Drittschuldner über die Abtretung zu übergeben[43]".

Fehlen in der Sicherungsabrede Vereinbarungen über einen Widerruf, so ist davon auszugehen, daß die Einziehungsermächtigung widerruflich, aber nicht frei widerruflich ist. Sinn und Zweck der Einziehungsermächtigung, auf deren Grundlage der Sicherungsnehmer seinem Geschäftspartner nach außen hin die Gläubigerstellung beläßt und ihm im Rahmen des ordentlichen Geschäftsverkehrs eine beschränkte Verfügungsmacht über die Forderung überträgt, bringen es mit sich, daß die Einziehungsermächtigung nur bei Gefährdung des mit der Zession verfolgten Sicherungszweckes widerrufen werden darf[44].

b) Automatisches Erlöschen

Es gibt ferner Konstellationen, in denen eine einmal erteilte Einziehungsermächtigung automatisch erlischt. Hierfür ein Beispiel: Droht ein Konkursverfahren über das Vermögen des Sicherungsgebers (Zedenten), so erlischt eine ihm erteilte Einziehungsermächtigung ohne weiteres mit Beginn der sogenannten kritischen Zeit, also schon mit Zahlungseinstellung oder dem Antrag auf Eröffnung des Verfahrens. Gesetzliche Regelungen fehlen allerdings. Gleichwohl gebietet es die Interessenlage, diesen Erlöschensgrund anzuerkennen. Dürfte der Zedent bis zur Konkurseröffnung weiterhin die Sicherheitsforderung einziehen, so würde der Sicherungszweck aufs schwerste gefährdet, denn der Sicherungsnehmer würde durch die

42 Vgl. Deutsche Bank Aktiengesellschaft, Muster Globalzessionsvertrag (Nr. 11-011 11 78; unveröffentlicht), Nr. 5 Abs. 3 i. V. mit den allgemeinen Schlußbestimmungen nach Nr. 5 auf S. 3.

43 Vgl. Deutsche Bank Aktiengesellschaft, Allgemeine Bedingungen für die Abtretung von Forderungen (ABAF) (Nr. 20 308 1 83; unveröffentlicht), Nr. 10.

44 Vgl. *Serick*, V, § 64 I 2, S. 453 f.

Einziehung seine Sicherheit in der kritischen Zeit ohne adäquaten Ausgleich verlieren. Er wäre dann im späteren Konkurs des Sicherungsgebers ungesichert[45].

3. Ergänzung der römischrechtlichen fiducia bei der Sicherungsabtretung durch die germanischrechtliche Treuhand bei der Einziehungsermächtigung

Erlauben Sie mir bitte am Schluß noch ein paar ganz kurze theoretische Bemerkungen, die vor dem Hintergrund der auf die Praxis ausgerichteten Ausführungen um Verständnis für deutsche Mentalität und deutsches Rechtsdenken werben wollen.

Die besprochene fiduziarische Sicherungsabtretung ist in allen Spielarten – Globalzession, Verlängerung durch Vorausabtretung usw. – mit unserem geschriebenen Recht heute fest durch ungeschriebenes Recht, das Gewohnheitsrecht geworden ist, verbunden. Es handelte sich dabei um einen langsamen und behutsam abgelaufenen Ein- und Anpassungsvorgang, an dem Gerichte, Wirtschaftspraxis und Wissenschaft jahrzehntelang beteiligt waren. Bei diesem Prozeß hat die Sorge, die Einheit unserer geschriebenen Rechtsordnung zu wahren, ebenso Pate gestanden wie der Wunsch, die Weisheit jahrtausendealter Traditionen zu Rate zu ziehen.

So gesehen wurzelt die Ihnen als geltendes Recht vorgestellte Sicherungsübertragung mit Treuhandcharakter in dem römischrechtlichen Institut der fiducia cum creditore; die mit der stillen Sicherungsabtretung institutionell verbundene Einziehungsermächtigung ist dagegen im germanischrechtlichen Treuhanddenken zuhause[46].

Der Unterschied wird an der hier besprochenen Stellung des Sicherungszessionars als Gläubiger der Forderung deutlich. Dessen Position entspricht der römischrechtlichen Vorstellung eines Sicherungstreuhänders: Der Treugeber (Sicherungszedent) überträgt dem Treunehmer (Sicherungszessionar) die Forderung als Treugut zu vollem Recht mit schuldrechtlicher Zweckbindung. Der Rechtsgrund, die treuhänderische Sicherungsabrede, rechtfertigt trotz

45 Vgl. dazu: *Serick*, V, § 64 II 1 a, S. 456 f.; *Serick*, III, § 35 III 1 a, S. 308. Aus höchstrichterlicher Rechtsprechung: *BGH*, 28.9.1982, WM 1982 S. 1313.

46 Dazu oben: Erste Vorlesung, IV 1, 2, 3, S. 13 ff. (insbesondere zur römischrechtlichen Sicherungstreuhand); Dritte Vorlesung, III 2, S. 42 f. (zur Treuhand kraft Ermächtigung germanischrechtlichen Ursprungs).

Erwerbs des Vollrechts nur ein zeitlich beschränktes, nicht ein endgültiges Behaltendürfen des Treuguts. Beim Sicherungszessionar fallen rechtliches Können (auf Grund der erhaltenen Rechtsmacht) und rechtliches Dürfen (nach Maßgabe der schuldrechtlichen Treuabrede, der Sicherungsabrede) auseinander. Der Überschuß an Rechtsmacht wird aber in bestimmten Fällen, so vor allem in der Insolvenz, ohne weiteres auf das in der Treuabrede vorgesehene Maß reduziert. Was nach außen als Überschuß an Rechtsmacht dem Treunehmer zustand, wird ihm genommen und dem Treugeber zugesprochen. Dies alles geht auf Grundzüge und -gedanken der römischrechtlichen Sicherungstreuhand zurück[47].

Die rechtsgeschäftliche Einziehungsermächtigung, die diese römischrechtliche Sicherungstreuhand bei stillen Zessionen institutionell ergänzt – also selbst dann jedenfalls im Grundsatz vorliegt, wenn sie nicht ausdrücklich erteilt worden sein sollte –, ist germanischrechtlichen Ursprungs. Bei der Sicherungszession bleibt der Sicherungszessionar Gläubiger der Forderung; die dem Sicherungszedenten zukommende Einziehungsermächtigung befugt diesen aber, die Forderung als Nichtgläubiger nach außen so geltend zu machen – also einzuziehen –, als sei er der Gläubiger. Abstrakt formuliert: Bei der Einziehungsermächtigung, die germanischrechtlichem Rechtsdenken entstammt, verbleibt das Vollrecht dem Treugeber, hier dem Sicherungszessionar, der Sicherungszedent darf aber als Treuhänder im eigenen Namen darüber verfügen.

Im Rahmen der Einziehungsermächtigung wird der Sicherungszessionar also seinerseits zum Treugeber, der den Sicherungszedenten ermächtigt, als sein Treuhänder im eigenen Namen über die Forderung zu verfügen. Der Treuhänder erhält hier allerdings nur so viel Rechtsmacht zugeteilt, wie für die Durchführung des Treuzwecks erforderlich ist. Im Gegensatz zur römischrechtlichen Sicherungstreuhand erlangt er bei der Rechtsfigur der germanischrechtlichen Ermächtigung keinen Überschuß an Rechtsmacht; seine genau umschriebene Berechtigung ist grundsätzlich auch nach außen wirksam[48]. Infolgedessen kann er nur im Rahmen seiner beschränkten Rechtsmacht über das betroffene Rechtsobjekt – hier: über eine Forderung – verfügen. Der Maßstab, der dabei angelegt werden muß, ergibt sich aus der Antwort auf die Frage, ob die Verfügung

47 Zu den Grundlagen vgl. *Serick*, II, § 19 I 1, 2, S. 71 ff., 75 ff.
48 Vgl. *Serick*, II, § 19 I 1, S. 74.

für die Durchführung des Treuzwecks erforderlich ist. Deckt der Treuzweck die Verfügung nicht, so ist sie unwirksam, es sei denn, daß spezielle Regeln – über den Vertrauensschutz – korrigierend eingreifen[49].

Ein Beispiel: Die Einziehungsermächtigung befugt den Sicherungszedenten, die Valuta für die Forderung von dem Schuldner entgegenzunehmen und dadurch die Forderung zum Erlöschen zu bringen. Sie befugt den Sicherungszedenten dagegen nach herrschender Meinung nicht dazu, die Valuta derart entgegenzunehmen, daß sie ihm ein Dritter, etwa eine Bank, im Rahmen einer Darlehensgewährung gutschreibt und er diesem Dritten dafür die Forderung sicherungshalber abtritt. Das gilt selbst dann, wenn dem zur Einziehung Ermächtigten erlaubt worden sein sollte, den Einziehungserlös zu behalten. Denn die Entgegennahme des Entgelts im Wege der Darlehensgutschrift bringt die Forderung – anders als bei ihrer Tilgung durch die Zahlung – nicht zum Untergang. Vielmehr würde die Bank – an Stelle des früheren Sicherungszessionars – neuer Gläubiger. Der Sicherungszedent überschreitet deswegen den Rahmen der Einziehungsermächtigung – eine Forderungsabtretung sicherungshalber wird durch die Ermächtigung nicht mehr gedeckt. Sie ist unzulässig[50] mit der Folge, daß die Bank die Forderung nicht erwerben kann.

---

49 Grundsätzlich zum Schuldnerschutz bei Einziehungsermächtigungen vgl. *Serick*, II, § 25 III 1, S. 323 ff. (materielle Schuldnerschutzbestimmungen, insbesondere §§ 404, 406, 407, 409, 410 BGB); a.a.O. 2, S. 326 (verfahrensrechtlicher Schutz im Zusammenhang mit Rechtskraft und Rechtshängigkeit sowie der Kostenpflicht). Zum möglichen Eingreifen von § 407 BGB oben: Dritte Vorlesung, III 1 b, S. 42.

50 Vgl. zu dem Beispiel: *Serick*, II, § 25 I 3, S. 312. Zu Ausnahmen beim echten Factoring-Geschäft, bei dem das Factoring-Institut die erworbene Forderung nicht sicherungshalber, sondern auf der Grundlage eines Kaufes erwirbt, vgl. *Serick*, IV, § 52 V 2 b, S. 586 ff.; vgl. auch oben I 3 a, S. 89 f. Meinen Überlegungen folgend: *BGH*, 7.6.1978, BGHZ 72 S. 15: „Die dem Vorbehaltskäufer in Allgemeinen Geschäftsbedingungen erteilte Ermächtigung, den Kaufpreis für die unter verlängertem Eigentumsvorbehalt gelieferte und weiterveräußerte Ware einzuziehen, berechtigt ihn auch, die Forderungen aus dem Weiterverkauf – nochmals – im Rahmen echter Factoring-Geschäfte an einen Factor zu verkaufen und abzutreten" (Leitsatz); a. a. O. S. 21 f.: „cc) Wird mithin der Vorbehaltsverkäufer durch die Leistung der Factoring-Bank beim echten Factoring wirtschaftlich so gestellt, wie wenn der Zweitkäufer selbst oder für diesen ein Dritter den Gegenwert der Forderung aus dem Weiterverkauf an den einzugsberechtigten Vorbehaltskäufer zahlt – wobei das Risiko der Ablieferung des Geldes an den Vorbehaltsverkäufer in allen drei Fällen gleich groß ist – so wird ein sachgerecht denkender Vorbehaltsverkäufer bei solcher Fallgestaltung gegen eine Factoring-Zession nichts einzuwenden haben und sie deshalb dem Vorbehaltsverkäufer gestatten (vgl. Serick, Eigentumsvorbehalt und Sicherungsübertragung, Bd. IV, § 52 V 2 b S. 586 ff, 589, 590)."

4. Tradition und Reform

Es ist gut, sich der am Schluß des Vortrags geschilderten großen Zusammenhänge bewußt zu werden. Sie zeigen, daß die fiduziarische Sicherungszession in Harmonie mit dem geschriebenen Recht gewachsen und solchermaßen Gewohnheitsrecht geworden ist. Sie belegen, daß hier kein willkürlicher Wildwuchs vorliegt, der grobschlächtig – so wie dies die Kommission für Insolvenzrecht zur Zeit in Deutschland versucht – beseitigt werden müßte[51]. Der gedrängte Überblick erklärt zugleich, warum das deutsche Recht der Mobiliarsicherheiten einen Glanz erhalten hat, der weit über die Grenzen der deutschen Rechtsordnung hinaus als ein Leuchtfeuer angesprochen wird und auch angesprochen werden darf.

51 Dazu: *Serick*, VI, § 82 V 3, S. 894 ff. = *Serick*, Auseinandersetzung, S. 138 ff. Zu meiner Beurteilung der Reformvorschläge vgl. ferner unten: Vortrag Meiji Universität, II 3, S. 136; Vortrag Comparative Law Institute, III 1 b, 2, S. 164 f.

Mobiliarsicherheiten – made in Germany; insbesondere zur Rolle umsatzbestimmter Sachsicherheiten und der Sicherheitsforderungen*

I. SCHLÜSSELFUNKTION DER UNTERSCHEIDUNG ZWISCHEN STATISCHEN UND DYNAMISCHEN (UMSATZBESTIMMTEN) WAREN BEI EINFACHEM EIGENTUMSVORBEHALT UND EINFACHER SICHERUNGSÜBEREIGNUNG

1. Unzureichende gesetzliche und umfassende gewohnheitsrechtliche Regelung des Eigentumsvorbehaltes und der Sicherungsübertragung

Unter Mobiliarsicherheiten werden Sicherungsrechte an beweglichen Sachen, an Forderungen und an Rechten verstanden. Der Begriff umfaßt Vorbehaltseigentum, das Anwartschaftsrecht aus Vorbehaltskauf, Sicherungseigentum sowie sonstige, durch Sicherungsübertragung erworbene fiduziarische Rechte[1]. Eigentumsvorbehalt und Sicherungsübertragung haben sich nach Inkrafttreten des Bürgerlichen Gesetzbuches im Jahre 1900 bis heute mit erstaunlichem Eigenleben außerhalb des geschriebenen Rechtes entwickelt. Der Gesetzgeber hat zwar in § 455 BGB die Grundform des Eigentumsvorbehaltes geregelt; aus dieser Grundform ist jedoch vor allem durch die Verlängerungs- und Erweiterungsformen des Eigentumsvorbehaltes sowie durch das Anwartschaftsrecht aus Vorbehaltskauf ein vielschichtiges juristisches Kunstwerk geworden.

Die Sicherungsübertragung – das heißt die Sicherungsübereignung beweglicher Sachen, die Sicherungsabtretung und die Sicherungsübertragung von Rechten – ist im Bürgerlichen Gesetzbuch nur andeutungsweise, und zwar in § 223 Abs. 2 BGB, anläßlich von Verjährungsbestimmungen erwähnt. Es fehlen also Normen, die

---

* Vortrag an der Kyoto Universität am 26.10.1987.

1 Vgl. *Serick*, VI, § 72 I 2, S. 3; *Serick*, V, § 57 I, S. 46. Ferner oben: Erste Vorlesung, I 1 a, S. 3; unten: Vortrag Meiji Universität, I 2, S. 132.

sich mit den Grundfragen, den Erfordernissen und Ausgestaltungen der Sicherungsübertragung befassen. Das Gesetz schweigt insbesondere darüber, ob eine Sicherungsübereignung, das heißt: Übertragung nicht des Volleigentums, sondern lediglich eines Eigentums zu treuen Händen, durch Einigung über den Eigentumsübergang und Vereinbarung eines Besitzmittlungsverhältnisses (Besitzkonstituts) nach § 930 BGB zulässig ist – der Sicherungsgeber bleibt dabei auch nach der Übereignung unmittelbarer Besitzer. Dieses Problem hatte eine Diskussion über die Meinung entfacht, in der „heimlichen" Sicherungsübereignung durch Besitzkonstitut (§ 930 BGB) liege eine Gesetzesumgehung, weil das Bürgerliche Gesetzbuch für die Sicherung einer Forderung mit Hilfe einer beweglichen Sache die Regeln über das Faustpfand zur Verfügung gestellt habe; hier gelte aber zwingend der Offenkundigkeitsgrundsatz. Ein heimliches Pfandrecht mit Hilfe eines Besitzkonstituts, das an die Stelle der Sachübergabe trete, habe der Gesetzgeber strikt unterbinden wollen. Diese Diskussion ist inzwischen obsolet geworden[2].

Die Sicherungsübertragung gilt heute kraft ungeschriebenen Rechtes; ihre Rechtsquelle ist also Gewohnheitsrecht. Dessen Voraussetzungen liegen vor: Die Gemeinschaft – das Volk, die Gerichte und die Wissenschaft – hat die Sicherungsübertragung ausgestaltet; die so gebildeten Rechtsregeln werden gleichmäßig angewendet und mit Rechtsgeltungswillen ausgeübt.

Gewohnheitsrecht ist auch die Rechtsquelle für eine Vielzahl von Regeln, die den einfachen Eigentumsvorbehalt fortgebildet haben, weil seine Regelung im Bürgerlichen Gesetzbuch den Bedürfnissen des Geschäftsverkehrs in keiner Weise gerecht zu werden vermochte[3].

Ein Verkäufer, der die Ware schon übergeben, den Kaufpreis aber noch nicht erhalten hat, kann sich – so § 455 BGB i. V. mit § 433 BGB – sichern, indem er den Eigentumsübergang von der vollständigen Bezahlung des Kaufpreises abhängig macht. Diese gesetzliche Konzeption will dem Interesse des Lieferanten an der Sicherung seiner offenen Kaufpreisforderung im Rahmen eines

2 Dazu auch oben: Vortrag International Business Institute, II 1 c, S. 94.

3 Vgl. *Serick*, I, § 1 I 1, 2, S. 1 ff. Zum Gewohnheitsrecht als Rechtsquelle der Sicherungsübertragung vgl. auch oben: Erste Vorlesung, I 3, S. 5 f. Zu Sicherungseigentum und Gewohnheitsrecht vgl. etwa *BGH*, Beschluß vom 28.9.1971, NJW 1971 S. 2235, 2236 (Strafsache).

unbedingt abgeschlossenen Kaufvertrages dadurch Rechnung tragen, daß er die Übereignung nur aufschiebend bedingt vorzunehmen braucht. Er bleibt dann so lange Eigentümer, bis die letzte Rate bezahlt ist. Das Interesse des Käufers an der Nutzung der gekauften Sache berücksichtigt § 433 BGB: Der Verkäufer ist verpflichtet, dem Käufer die Sache zu übergeben und ihm derart den unmittelbaren Besitz zu verschaffen.

Auf den ersten Blick scheint jedenfalls beim Vorbehaltskauf eine sachgerechte und wohlabgewogene gesetzliche Regelung vorzuliegen. Gleichwohl wurde einleitend vermerkt, das gesetzliche Modell sei völlig unzulänglich. Diese These bedarf einer überzeugenden Begründung – sie muß in der Lage sein, den ersten Anschein zu beseitigen.

2. Kauf einer zum Verbleib bzw. zum Umsatz bestimmten Vorbehaltsware

Der Gesetzgeber hat beim Vorbehaltskauf übersehen, daß das Interesse des Lieferanten an der Sicherung seiner offenen Kaufpreisforderung eine Ware zum Gegenstand hat, die der Käufer mit zwei diametral entgegengesetzten Zweckbestimmungen erwerben kann. § 455 BGB berücksichtigt nur den Zweck, daß der Käufer die unter Eigentumsvorbehalt stehende Ware (Vorbehaltssache) zum Verbleib bei sich erwirbt, weil er sie für sich selbst oder für sein Unternehmen anschafft – im privaten Bereich etwa, um mit dem gekauften Kraftfahrzeug selbst zu fahren, im gewerblichen etwa, um mit der Maschine in seinem Unternehmen arbeiten zu können. Im Geschäftsleben gehört die solchermaßen angeschaffte Ware zum Anlagevermögen des Käufers.

Das Bürgerliche Gesetzbuch hat dagegen in keiner Weise den Fall geregelt, daß die Vorbehaltsware nicht zum Verbleib beim Käufer, sondern von vornherein umsatzbestimmt erworben wird. Dieser Fall betrifft nicht mehr die Privat- oder die Geschäftssphäre des Käufers, sondern ausschließlich seinen Geschäftsverkehr: Der Käufer benötigt jetzt die Ware, weil er sie in seinem Unternehmen verarbeiten und das Fertig- oder Halbfabrikat weiterveräußern oder weil er die Ware ohne vorgängige Verarbeitung weiterveräußern will. Die Ware wird jetzt nicht von privaten oder gewerblichen Endverbrauchern, sondern von Zwischenhändlern in einer Handelskette angeschafft, die letztlich auf den Endverbraucher abzielt. Der Kaufvertrag in dieser Kette bezweckt den Erwerb einer Vorbehaltsware, die unverändert oder verarbeitet weiterverkauft werden soll und deswegen nicht in das Anlage-, sondern in das Umlaufvermögen des Erstkäufers gehört. Dieser will nicht Erstkäufer bleiben, sondern Zweitverkäufer werden.

Das rechtliche Schicksal einer vom Käufer zum Verbleib angeschafften Vorbehaltsware ist statisch, jenes der umsatzbestimmten Waren dagegen dynamisch[4]. Der Gesetzgeber hat sich, wie gesagt, nur der statischen, nicht aber der dynamischen Vorbehaltsware angenommen. Bei der letzteren liegen aber in wesentlichen Punkten schon beim einfachen Eigentumsvorbehalt völlig andere Interessen vor als bei der statischen Vorbehaltsware. Gäbe es nur einen Kauf von zum Verbleib bestimmten Sachen, so wäre, jedenfalls im Grundsatz, § 455 BGB ausreichend und hinnehmbar; die Geschäftswelt kann indessen mit dieser Bestimmung in keiner Weise auskommen, weil bei Kreditkäufen den umsatzbestimmten Vorbehaltssachen große Bedeutung zukommt und für diese Warenart eine sach- und interessegerechte Regelung schlicht fehlt. Das soll zunächst – und zwar auf der Ebene des einfachen Eigentumsvorbehaltes – weiterhin vertieft werden.

3. Einfacher Eigentumsvorbehalt mit den Schwerpunkten: Eigentumserwerb des Käufers bei statischer Ware oder Veräußerungsermächtigung bzw. Verarbeitungsgestattung und bloß hilfsweiser Eigentumserwerb bei umsatzbestimmter Ware

a) Vorbehaltskauf und statische Vorbehaltsware

§ 455 BGB ergänzt die in § 433 BGB festgelegten Grundpflichten des Verkäufers und des Käufers, die zum Wesen und Leitbild des Kaufvertrages gehören. Gemäß § 433 BGB ist der Verkäufer einer beweglichen Sache – sie allein kann Gegenstand eines Vorbehaltskaufes sein, weil bei einem Grundstück die Übereignung unter einer Bedingung unwirksam ist (§ 925 Abs. 2 BGB) – verpflichtet, dem Käufer die Sache zu übergeben und ihm das Eigentum an der Sache

4 Vgl. dazu auch *Serick*, I, § 2 I 2, S. 10 ff. Ferner oben: Dritte Vorlesung, II 1, S. 35 f.

zu verschaffen. § 455 BGB sieht dann vor, daß diese Übereignung bei offenem Kaufpreis derart vorgenommen werden kann, daß das Eigentum unter der aufschiebenden Bedingung vollständiger Zahlung des Kaufpreises übertragen wird.

Handelt es sich um den Kaufpreis für eine zum Verbleib beim Käufer bestimmte, also für eine statische Vorbehaltsware, und zahlt der Käufer wie vorgesehen, so geht das Eigentum ohne weiteres auf ihn über. Der Eigentumsübergang erfolgt lediglich mit einer zeitlichen Verzögerung. Im Rahmen eines derartigen Kaufvertrages entspricht der Eigentumsvorbehalt dem Sicherungsbedürfnis des Lieferanten, ohne seine gesetzliche Verpflichtung, dem Käufer das Eigentum zu verschaffen, in irgendeiner Weise zu tangieren.

b) Vorbehaltskauf und dynamische Vorbehaltsware

Bei dem Verkauf einer umsatzbestimmten (dynamischen) Vorbehaltsware ist die Rechtslage eine völlig andere. Auch hier bleibt der gesetzliche Ausgangspunkt unverändert: Der Verkäufer ist verpflichtet, dem Käufer das Eigentum an der umsatzbestimmten Ware zu verschaffen; auch hier wird der Vorbehaltskauf dahin modifiziert, daß erst die vollständige Zahlung des Kaufpreises den Eigentumsübergang bewirkt. Erst dann kommt der Lieferant also seiner Hauptpflicht nach. Dieser Vorbehaltskauf ist aber so strukturiert, daß der Käufer schon vor vollständiger Zahlung des Kaufpreises über die Vorbehaltssache kraft einer Veräußerungsermächtigung derart muß verfügen können, als sei er bereits Eigentümer geworden. Er muß auf schuldrechtlicher Ebene vor allem die Ware auch bei noch offener Kaufpreisforderung so rasch wie möglich verkaufen dürfen, weil er nur mit Hilfe des erzielten Kaufpreises aus dem Zweitgeschäft die offene Schuld aus dem Erstgeschäft zu tilgen vermag. Der Lieferant weiß dies und muß sich hiermit einverstanden erklären; er kann – anders als beim Vorbehaltskauf über eine von vornherein zum Verbleib beim Käufer bestimmte Ware – nicht vertraglich vereinbaren, daß der Käufer die Ware erst nach vollständiger Zahlung des Kaufpreises und dem Erwerb des Eigentums weiterverkaufen darf. Eine solche Vereinbarung wäre bei der dynamischen Vorbehaltsware knebelnd, weil sie den Geschäftsbetrieb des Käufers lähmen würde; sie wäre daher wegen Verstoßes gegen die guten Sitten nichtig (§ 138 BGB).

Veräußert nun aber der Erstkäufer die Vorbehaltsware bei noch offenem Kaufpreis weiter und ist der Zweitkauf etwa ein Bargeschäft, in dem der Zweitabnehmer sofort das Eigentum an der Kaufsache erhält, so verliert der Erstverkäufer sein Sicherungsmittel vorzeitig und kann auch später, nach vollständiger Zahlung des Kaufpreises durch den Erstkäufer, seiner Pflicht zur Eigentumsverschaffung aus § 433 BGB nicht mehr nachkommen; er kann den Kaufvertrag nicht mehr erfüllen. Das Beispiel zeigt, daß der gesetzliche Zuschnitt des Vorbehaltskaufes versagt, wenn er eine dynamische Vorbehaltsware zum Gegenstand hat. Für diesen Fall muß die Hauptpflicht des Lieferanten anders umschrieben werden: Nach dem Gesetz hat er seine Leistung erst erbracht, wenn er dem Käufer das Eigentum verschafft; bei der dynamischen Vorbehaltsware hat er aber, wie ersichtlich, in einem früheren Zeitpunkt, ohne übereignet zu haben, bereits dann erfüllt, wenn der Käufer erlaubterweise die Ware in einem Zweitgeschäft veräußert.

Da der Gesetzgeber dies alles bei der Regelung des Vorbehaltskaufes in § 455 BGB nicht berücksichtigt hat, mußte schon das gesetzliche, in § 433 BGB enthaltene Leitbild des Kaufvertrages außerhalb des Gesetzbuches wie folgt fortgeschrieben werden: Der Verkäufer ist im Falle umsatzbestimmter Ware verpflichtet, dem Käufer das Eigentum zu verschaffen, sowie, ihm eine Veräußerungsermächtigung zu erteilen. Er ist beim Vorbehaltskauf seiner Eigentumsverschaffungspflicht bereits dann nachgekommen, wenn der Käufer im Rahmen der Ermächtigung die Vorbehaltsware vor vollständiger Zahlung des Kaufpreises veräußert.

Entsprechendes gilt, wenn die dynamische Vorbehaltsware zunächst im Unternehmen des Käufers verarbeitet und dann erst weiterveräußert werden soll. Bei einem derartigen Vorbehaltskauf muß die Eigentumsverschaffungspflicht des Lieferanten in § 433 BGB mit der erlaubten Verarbeitung abgestimmt werden. Erfolgt die Verarbeitung des Rohstoffes zu einer neuen Sache vor vollständiger Zahlung des Kaufpreises, so ist nach der Herstellung des Fertigfabrikates das Vorbehaltseigentum am Rohstoff gemäß § 950 BGB gegenstandslos geworden; eine Übereignung des Rohstoffes ist nicht mehr möglich und auch nicht erforderlich. Denn der Lieferant hat seiner Übereignungspflicht genügt, wenn der Käufer das Eigentum am Rohstoff nach vollständiger Zahlung des Kaufpreises erhält; aber auch schon in dem (früheren) Zeitpunkt, in dem aus der Vorbehaltssache durch Verarbeitung eine neue Sache entstanden ist, hat der Lieferant den Kaufvertrag erfüllt. Das alles bedeutet freilich, daß der Vorbehaltslieferant nach dem Leitbild eines solchen Vorbehaltskaufes verpflichtet ist, dem Käufer für die Zeit vor vollständiger Zahlung des Kaufpreises eine Verarbeitungsgestattung zu erteilen.

c) Theoretischer und praktischer Stellenwert der Unterscheidung

Die Unterscheidung zwischen einem Vorbehaltskauf über statische und einem solchen über dynamische Vorbehaltsware erschließt beim einfachen Vorbehaltskauf und – wie hier sogleich vorschauend angefügt werden darf – seinen Verlängerungs- und Erweiterungsformen höchst unterschiedliche Strukturen und Rechtsfolgen. Diese Unterscheidung zieht sich wie ein roter Faden durch die sechs Bände meiner Monographie über Eigentumsvorbehalt und Sicherungsübertragung; sie erklärt etwa, warum insolvenzrechtliche Lösungen bei der umsatzbestimmten Vorbehaltsware von einem schon mit der Weiterveräußerung erfüllten gegenseitigen Vertrag ausgehen und deswegen dann § 17 KO bzw. § 36 VglO nicht anwenden, obwohl der Käufer noch kein Eigentum erworben hat, während sie bei zum Verbleib bestimmten Waren ausschließlich auf den Eigentumserwerb abstellen und bis zu diesem Zeitpunkt die §§ 17 KO, 36 VglO zum Zuge kommen lassen usw.[5]

Im deutschen Schrifttum und in der Rechtsprechung hat sich leider die Erkenntnis über das Vorhandensein statischer und dynamischer Sachsicherheiten, die das Gefüge von Eigentumsvorbehalt und Sicherungsübereignung transparent macht und es ermöglicht, harmonische Lösungen zu erarbeiten, noch nicht in vollem Umfang durchzusetzen vermocht. Dies erklärt manchen Fehlschluß, so bei der Frage nach Zulässigkeit und Schranken von Erweiterungsformen. Hier wird nicht selten von Gegnern dieses Rechtsinstituts mit der Pflicht des Lieferanten zur Verschaffung des Eigentums auch bei dynamischen Vorbehaltswaren argumentiert und damit verkannt, daß der Lieferant dieser Pflicht schon dann nachgekommen ist,

---

5 Zur Parallelität von § 17 KO und § 36 VglO vgl. *Serick*, VI, § 79 III 1, S. 583 f. Aus neuerer höchstrichterlicher Rechtsprechung : *BGH*, 9.7.1986, ZIP 1986 S. 1059, 1062. Zur Unanwendbarkeit von § 17 KO bei einfachem Eigentumsvorbehalt und erlaubter Veräußerung einer umsatzbestimmten Vorbehaltsware vor vollständiger Zahlung des Kaufpreises vgl. *Serick*, I, § 13 II 1 c, S. 338; IV 2 a, S. 370.

wenn der Käufer auf Grund der Veräußerungsermächtigung die Vorbehaltsware im Zweitgeschäft veräußert hat[6]. Die Unterscheidung zwischen einer statischen und einer dynamischen Sachsicherheit vermag auch Wesentliches zum Verständnis der Sicherungsübereignung beizutragen.

4. Einfache Sicherungsübereignung einer zum Verbleib bzw. zum Umsatz bestimmten Ware

Liegt kein einfacher Eigentumsvorbehalt, sondern eine einfache Sicherungsübereignung vor, so ist in gleicher Weise zwischen zum Verbleib und umsatzbestimmter Ware zu unterscheiden. Im ersten Fall sichert der Darlehensnehmer den ihm eingeräumten Kredit etwa mit Hilfe eines Kraftfahrzeugs, das er selbst weiterhin zur Ausübung seines Berufs benötigt, im zweiten durch die Sicherungsübereignung eines Warenlagers mit wechselndem Bestand. Beide Möglichkeiten sollen am Beispiel der heutzutage vorherrschenden unbedingten Sicherungsübereignung weiterverfolgt und in Parallele zu dem Mechanismus des einfachen Eigentumsvorbehaltes gesetzt werden.

Dabei ist anzufügen, daß die Sicherungsübereignung vertraglich sowohl bei zum Verbleib als auch bei umsatzbestimmter Ware auch auflösend bedingt vorgenommen werden könnte. Die auflösende Bedingung für den Eigentumserwerb des Sicherungsgebers, der zugleich Darlehensnehmer ist, wäre dann die vollständige Rückzahlung des Kredits[7]. Hier ist die Parallele zwischen der Verpflichtung des Vorbehaltslieferanten, dem Käufer nach vollständiger Zahlung des Kaufpreises das Eigentum zu verschaffen, und der Verpflichtung des Sicherungseigentümers, nach vollständiger Tilgung des Kredits dem Sicherungsgeber wieder die Eigentümerstellung einzuräumen, offensichtlich[8]. Diese Verpflichtung würde beim Vorbehaltseigentum durch den Eintritt der aufschiebenden Bedingung und beim Sicherungseigentum durch jenen der auflösenden Bedingung automatisch erfüllt.

6 Dazu einerseits *Serick*, V, § 58 IV 5, 6, S. 149 ff., und andererseits etwa *Larenz*, Lehrbuch des Schuldrechts, II, Besonderer Teil, 1. Halbband (13. Aufl. 1986), § 43 II e 4, S. 126 f.; *Brox,* Besonderes Schuldrecht (14. Aufl. 1988), Rz. 113, S. 62.

7 Vgl. *Serick*, III, § 37 I, S. 385 ff.; zur auflösend bedingten Sicherungsübertragung a. a. O. § 37 I 1 b, S. 389 ff.

8 Dazu *BGH*, 2.2.1984, ZIP 1984 S. 420, 421.

Bei der in der Praxis ganz im Vordergrund stehenden unbedingten Sicherungsübereignung ist die Rechtslage hingegen schwieriger. Hier entsteht nach Wegfall des Sicherungszweckes ein obligatorischer Rückgewähranspruch des Sicherungsgebers; der Sicherungseigentümer ist gegebenenfalls zur Rückübereignung verpflichtet[9]. Diese Regel gilt für die zum Verbleib und für die umsatzbestimmte Ware; sie ist ein Wesensmerkmal jeder fiduziarischen Sicherungsübertragung.

Im Falle der umsatzbestimmten Sache muß sich der Sicherungseigentümer jedoch zusätzlich in gleicher Weise und aus den gleichen Gründen wie der Vorbehaltseigentümer damit einverstanden erklären, daß der Sicherungsgeber das Sicherungsgut schon vor der vollständigen Rückzahlung des Darlehens veräußert oder verarbeitet; er muß ihm auch hier eine Veräußerungsermächtigung erteilen oder eine Verarbeitungsgestattung einräumen. Seiner Rückübereignungspflicht kommt er dann aber nicht erst mit der Rückübereignung, sondern möglicherweise schon früher, nämlich mit der erlaubten Veräußerung oder Herstellung des Fertigfabrikats durch den Sicherungsgeber, nach. Das wiederum gilt unabhängig davon, ob die Sicherungsübereignung auflösend bedingt oder unbedingt vorgenommen worden ist.

5. Vom einfachen Eigentumsvorbehalt und von der einfachen Sicherungsübereignung bei umsatzbestimmten Waren hin zu gemeinsamen Verlängerungsformen

Einleitend wurde im Blick auf die in Deutschland gewohnheitsrechtlich geltenden Mobiliarsicherheiten nichtpfandrechtlichen Zuschnitts von einem juristischen Kunstwerk gesprochen. Dieses Kunstwerk nimmt seinen Ausgangspunkt, wie jetzt ersichtlich, nicht bei statischem Sicherungsgut, sondern bei Sachsicherheiten, die ein dynamisches rechtliches Schicksal haben, die also zum Umlaufvermögen des Kreditnehmers (Vorbehaltskäufers bzw. Darlehensnehmers) gehören, weil sie veräußert oder verarbeitet und dann erst veräußert werden sollen. Dabei macht es keinen Unter-

9 Vgl. *Serick*, III, § 37 I 1 a, S. 385 f., i. V. mit § 38 II 7, S. 477 f. (rechtlicher Inhalt des Rückgewähranspruches). Dazu oben: Vierte Vorlesung, III 3 b, S. 58 f.; Vortrag International Business Institute, II 3 a, S. 99 (im Zusammenhang mit der fiduziarischen Sicherungsabtretung und dem Rückgewähranspruch als Wesensmerkmal einer Sicherungstreuhand).

schied, ob sie bei einem Vorbehaltslieferanten unter einfachem Eigentumsvorbehalt stehen oder einer Bank kraft einfacher Sicherungsübereignung übertragen wurden[10].

Der gemeinsame Ausgangspunkt erklärt auch die gemeinsame Fortentwicklung. Vorbehaltslieferant und Bank müssen sich etwa mit der Veräußerung ihrer Sicherheit durch den Kreditnehmer trotz jeweils noch offener, zu sichernder Forderungen einverstanden erklären. Beide sind jedoch nach der erlaubten Veräußerung ungesichert; beide müssen infolgedessen um Ersatzwerte besorgt sein, die im Zeitpunkt der Veräußerung an die Stelle der ursprünglichen Sicherheit treten. Beide erschließen sich die neue Sicherheit durch einen Zugriff auf die Kaufpreisforderung, die ihr Schuldner in einem Zweitgeschäft über die Vorbehaltsware bzw. die zur Sicherung übereignete Sache erlangt.

Diese Interessenlage ist die Geburtsstunde der Verlängerungsformen bei Eigentumsvorbehalt und Sicherungsübereignung. Das Sicherungsmittel ist in beiden Fällen die Vorausabtretung der künftigen Kaufpreisforderung.

Entsprechendes gilt im Blick auf Verarbeitungsvorgänge. Der Technik dieser Vorgänge sowie ihrer Verfeinerung durch Erweiterungen und Klauselkombinationen gelten die folgenden Betrachtungen.

II. VERLÄNGERUNGS- UND ERWEITERUNGSFORMEN BEI VORBEHALTS- SOWIE SICHERUNGSEIGENTUM; KLAUSELKOMBINATIONEN

1. Verlängerungsformen

a) Verlängerungsformen kraft Vorausabtretungsklausel

Für die deutschen Verlängerungsformen kraft Vorausabtretung ist kennzeichnend, daß die unter Eigentumsvorbehalt gelieferte oder die zur Sicherung übereignete Ware durch rechtsgeschäftliche Vereinbarung auf den Fall ihres Verkaufes vor Tilgung der gesicherten Forderung hin durch die Verkaufsforderung ersetzt wird. Es findet ein Austausch der Sachsicherheit gegen eine Ersatzsicherheit, die

10 Dazu auch oben: Dritte Vorlesung, II 1, S. 35 f.

Verkaufsforderung, statt: Der Waren- oder Geldkreditgeber läßt sich das Surrogat – die Kaufpreisforderung, die der Kreditnehmer anstelle der ursprünglichen Sicherheit erlangt – im voraus abtreten.

Rechtstechnisch ist der Vorgang bei Eigentumsvorbehalt und Sicherungsübereignung der gleiche. Beide Male erlaubt der Kreditgeber dem Kreditnehmer, die Sachsicherheit im ordentlichen Geschäftsverkehr zu verkaufen, und ermächtigt ihn, die Sachsicherheit zu veräußern (zu übereignen). Beim Waren- wie beim Geldkredit erfaßt die Vorausabtretungsklausel die künftige Forderung, überträgt sie dem Vorauszessionar (der zugleich Kreditgeber ist) schon vor dem ins Auge gefaßten Verkauf bindend und verschafft dem solchermaßen gesicherten Kreditgeber mit Entstehen dieser künftigen Forderung, also dann, wenn er seine Sachsicherheit in deren bisherigem Zuschnitt einbüßt, unmittelbar eine Ersatzsicherheit. Hier wie dort erfährt der Schuldner dieser Forderung, der Käufer der Sachsicherheit, nichts von dem Gläubigerwechsel; die Vorauszession sicherungshalber ist typischerweise eine stille Zession. Beide Male wird der Kreditnehmer und zugleich frühere Gläubiger der Kaufpreisforderung im Rahmen des Sicherungszweckes ermächtigt, die Forderung einzuziehen. Jedes Mal ist die Einziehungsermächtigung der Veräußerungsermächtigung nachgeschaltet – stets ist sie mit der dem Ermächtigten nicht zustehenden Sicherheitsforderung institutionell verknüpft.

Die Veräußerungsermächtigung berechtigt den Kreditnehmer, über die Vorbehaltsware oder die zur Sicherung übereignete Sache nach außen hin wie ein Eigentümer im eigenen Namen, aber mit Wirkung gegen den Vorbehalts- bzw. Sicherungseigentümer, zu verfügen. Die Einziehungsermächtigung berechtigt den Kreditnehmer, obwohl er nach der Vorausabtretung zum Nichtgläubiger geworden ist, in ähnlicher Weise gegenüber dem Schuldner der Forderung aus dem Verkauf des Sicherungsgutes aufzutreten: Er kann im eigenen Namen, aber mit Wirkung gegen den durch die Vorausabtretung Gläubiger gewordenen Kreditgeber, die Kaufpreisforderung seinem Abnehmer gegenüber geltend machen und sie durch Empfang des Kaufpreises erlöschen lassen[11].

11 Zu den Verlängerungsformen kraft Vorausabtretungsklausel vgl. auch oben: Dritte Vorlesung, II 2, S. 36 ff.; III 1, S. 40 ff. Ausführlich: *Serick*, IV, §§ 47 bis 52, S. 257 ff. Zum Verhältnis von Veräußerungs- und Einziehungsermächtigung vgl. *Serick*, VI, § 76 II 2, S. 297.

b) Verlängerungsformen kraft Verarbeitungsklausel

Die Verlängerung kraft Verarbeitungsklausel[12] ist rechtstechnisch entsprechend strukturiert wie die soeben vorgestellte Verlängerung kraft Vorausabtretung. Wiederum gilt spiegelbildlich für den Waren- und Geldkredit: Die dynamische Sachsicherheit kann dem gesicherten Vorbehaltslieferanten oder der Bank nicht so lange unverändert erhalten bleiben, bis der jeweilige Kredit getilgt ist. Dieses Mal wird sie aber nicht vorzeitig vom Kreditnehmer verkauft, sondern verarbeitet. Der Gesicherte muß beide Male die Verarbeitung gestatten. Er verliert dann im Zeitpunkt der Fertigstellung der neuen Sache sein Eigentum am Rohstoff. Das Bürgerliche Gesetzbuch (§ 950 BGB) spricht nämlich das Eigentum an der neuen Sache nicht dem früheren Eigentümer des Rohstoffes, sondern dem Verarbeiter, der die neue Sache hergestellt hat, zu. Um den Verlust der bisherigen Sachsicherheit zu kompensieren, greift nun die Verarbeitungsklausel ein. Wird sie vereinbart, so ergänzt die rechtsgeschäftliche Regelung die gesetzliche und bewirkt, daß der bislang Gesicherte kraft des Mechanismus, den die Verarbeitungsklausel auslöst, im Austausch für sein Eigentum am Rohstoff das Eigentum an der neuen Sache erhält.

c) Begriffsumschreibungen

Verlängerungsformen des Eigentumsvorbehaltes und der Sicherungsübereignung liegen hiernach immer dann vor, wenn sich der Gesicherte – der Vorbehaltslieferant oder die Bank – künftige Vermögenswerte, die an die Stelle der ursprünglichen Sachsicherheit treten und bei fehlenden Absprachen dem Kreditnehmer zufallen, durch eine Vorausabtretungs- oder Verarbeitungsklausel verschafft. Aus dem einfachen Eigentumsvorbehalt ist bei Vorliegen solcher Klauseln ein verlängerter Eigentumsvorbehalt, aus der einfachen Sicherungsübereignung eine verlängerte Sicherungsübereignung geworden. Von einer Verlängerung kann bildlich deswegen gesprochen werden, weil die erste Sicherung rechtsgeschäftlich in vertikaler Richtung ausgedehnt wird. Die Verlängerungsform erschließt dem Gesicherten solchermaßen nach Wegfall seiner Sachsicherheit

12 Dazu oben: Vierte Vorlesung, II 1 ff., S. 48 ff. Zur Verarbeitungsklausel ausführlich: *Serick*, IV, §§ 44, 45, 46, S. 115 ff.

in ihrem ursprünglichen Zuschnitt ohne weiteres ein neues Zugriffs- und Haftungsobjekt[13].

2. Kombinationsformen, insbesondere: hintereinandergeschaltete Verlängerungen

In der Formularpraxis deutscher Lieferanten bzw. Banken finden sich kombinierte, das heißt: hintereinandergeschaltete Verlängerungsformen beim Eigentumsvorbehalt bzw. im Rahmen der Sicherungsübereignung; oft werden auch Verlängerungsformen und Erweiterungsformen (zu den letzteren unten 3) miteinander verbunden. Praktische Durchführung und rechtliche Beurteilung bereiten dabei nicht selten innerhalb und außerhalb der Insolvenz größte Schwierigkeiten. Sie sind in meiner Monographie ausführlich behandelt worden[14] und können an dieser Stelle nur angedeutet werden.

Lediglich als – einleuchtendes – Anschauungsmaterial mag jedoch eine Klauselkombination, die eine Verlängerung kraft Verarbeitungsklausel mit einer Verlängerung auf Grund einer Vorausabtretungsklausel zusammenzieht, dienen[15]. Sie ist gleicherweise beim Waren- wie beim Geldkredit anzutreffen, weil hier und dort der gleiche Geschäftsablauf beim Kreditnehmer regelungsbedürftig ist.

Verkauft etwa ein Rohstofflieferant einem Fabrikanten umsatzbestimmte Ware unter Eigentumsvorbehalt, so sind sich beide Parteien darüber im klaren, daß der Fabrikant die Ware vor vollständiger Zahlung des Kaufpreises zunächst zu einem Fertigfabrikat verarbeitet, das er sodann weiterverkaufen muß. Der Rohstofflieferant gestaltet den Kaufvertrag infolgedessen derart aus, daß er in allen wesentlichen Abschnitten dieses Geschäftsablaufs, wenn auch höchst unterschiedlich, wegen seiner offenen Kaufpreisforderung gesichert ist und bleibt. Er liefert den Rohstoff unter Eigentumsvor-

13 Vgl. *Serick*, IV, § 40 I 2 a, S. 9.

14 Dazu insbesondere *Serick*, V, § 60, S. 261 ff.; ferner *Serick*, Rechtsmechanismen beim erweiterten Eigentumsvorbehalt in unterschiedlichem Verbund mit Verlängerungsformen, Festschrift für Konrad Zweigert zum 70. Geburtstag (1981), S. 703 ff. Zur Frage einer Kombination von Erweiterungen und Verlängerungen ohne ausdrückliche Erwähnung im Klauselwerk, aber aus dem Sinn des Erweiterungszweckes vgl. *BGH*, 8.10.1986, BB 1987 S. 222, 223 = WM 1986 S. 1545, 1547 (insoweit in BGHZ 98 S. 303 nicht abgedruckt), sowie oben: Dritte Vorlesung, I 3, S. 34 f. (insbesondere Text von Fußnote 2).

15 Zu den rechtlichen Problemen, die kombinierte Verarbeitungs- und Vorausabtretungsklauseln im Vergleichs- und im nachfolgenden Konkursverfahren auslösen, vgl. *Serick*, VI, § 78, S. 509 ff.

behalt und bleibt auch während des Verarbeitungsvorgangs bis zur Fertigstellung der neuen Sache Vorbehaltseigentümer. Die auf diesen Fall hin vereinbarte Verlängerung kraft Verarbeitungsklausel gewährleistet dann, daß der Lieferant das Eigentum an dem Fertigfabrikat (als Sicherungseigentum[16]) erlangt und diese Ersatzsicherheit behält, solange sie sich beim Fabrikanten befindet. Da der Fabrikant die neu hergestellte Sache aber weiterverkaufen muß und dann der Rohstofflieferant seine Ersatzsicherheit einbüßen würde, kombiniert der Vorbehaltsverkäufer die Verarbeitungs- mit einer Vorausabtretungsklausel. Letztere verschafft ihm mit Abschluß des Zweitverkaufes über das Fertigfabrikat für seine kraft Verarbeitungsklausel erworbene Ersatzsicherheit eine neue Ersatzsicherheit in Gestalt der Zweitverkaufsforderung.

Vom Sachverhalt her ist diese Konstellation bei Handelsketten mit einem Fabrikanten als Schuldner und solchen Waren als Sicherheiten des Gläubigers, die der Schuldner verarbeiten muß, für den Geldkredit genauso typisch wie für den soeben behandelten Warenkredit. Will die Bank ihre Sachsicherheit in den Verarbeitungsprozeß des Schuldners (Kreditnehmers) und sein Verkaufsgeschäft hinein verlängern, so ändert sich im Falle des Geldkredits nichts an der Notwendigkeit der gerade besprochenen Klauselkombination: Die Bank sichert ihr Darlehen mit Hilfe eines dem Darlehensnehmer gehörenden Rohstofflagers, aus dem er in seinem Unternehmen Fertigfabrikate herstellt und die er dann an Großhändler verkauft. Sie sichert sich zunächst, indem sie sich das Rohstofflager im Wege einer einfachen Sicherungsübereignung zur Sicherung übertragen läßt, und kombiniert dann die erste Verlängerungsform – eine Verarbeitungsklausel – mit der zweiten, der Vorausabtretungsklausel.

3. Erweiterungsformen

Der Grundgedanke bei den Erweiterungsformen[17] des Eigentumsvorbehaltes und der Sicherungsübertragung, hier: am Beispiel der Sicherungsübereignung, ist ein völlig anderer als jener bei den Verlängerungsformen. Bei der Verlängerung mußte eine erste Sachsicherheit durch eine andere Sicherheit ersetzt werden, sei es durch

16 Dazu oben: Vierte Vorlesung, II 3, S. 52 f.

17 Grundlegend zu den Erweiterungsformen des Eigentumsvorbehaltes und der Sicherungsübertragung: *Serick*, V, §§ 56 bis 60, S. 5 ff.

eine Forderung aus dem Verkauf der Sachsicherheit, sei es durch eine neu hergestellte Sache nach Verarbeitung der ersten Sicherheit. Bei der Erweiterung geht es nun nicht um einen Austausch, sondern um das Festhalten der Vorbehaltssache bzw. der zur Sicherung übereigneten Sache, und zwar als Sicherheit für eine andere Forderung als die, die ursprünglich gesichert war. Jetzt wird folgender Geschäftsablauf geregelt: Der Kreditgeber übereignet – so jedenfalls die Grundkonzeption – etwa im Bereiche des Warenkredits die Vorbehaltssache, die zunächst seine Kaufpreisforderung zu sichern hatte, trotz deren Tilgung nicht sofort dem Kreditnehmer, hier dem Käufer; der Lieferant behält sie vielmehr weiterhin in seinem Vorbehaltseigentum. Ein und dieselbe Vorbehaltsware sichert nunmehr eine ganz andere Forderung des Lieferanten gegen den Käufer, zum Beispiel eine solche aus einem Werkvertrag oder aus einem später abgeschlossenen, neuen Kaufvertrag. Das Kennzeichen der Erweiterungsform bei Sachsicherheiten läßt sich auf einen knappen Nenner bringen: Dieselbe Sache dient als Sicherheit für mehrere Forderungen, und zwar so lange, bis sich der in der Sicherungsabrede festgelegte Sicherungszweck erledigt hat[18].

Die Erweiterungsklauseln beim Warenkredit sind rechtstechnisch in gleicher Weise ausgestaltet wie jene beim Geldkredit. So beginnt etwa eine Erweiterungsklausel, die den Vorbehaltslieferanten in einem neueren deutschen Mustervertrag vorgeschlagen wird, wie folgt: „Der Lieferer behält sich das Eigentum an dem Liefergegenstand vor, bis sämtliche Forderungen des Lieferers gegen den Besteller aus der Geschäftsverbindung einschließlich der künftig entstehenden Forderungen auch aus gleichzeitig oder später abgeschlossenen Verträgen beglichen sind[19].“

Und ganz entsprechend erweitert eine deutsche Großbank das ihr übertragene Sicherungseigentum: „Die Übereignung erfolgt zur Sicherung aller bestehenden und künftigen ... Ansprüche, die ... der Deutschen Bank Aktiengesellschaft aus der Geschäftsverbindung ... gegen den Sicherungsgeber ... zustehen[20].“

---

18 Dazu *Serick*, V, § 56 I 2, S. 7 ff. Ferner oben: Vierte Vorlesung, III 1 ff., S. 54 ff.

19 Vgl. *Thamm*, Kreditsicherungs-Verträge (4. Aufl. 1987) (Heidelberger Musterverträge Nr. 34), S. 3. Aus neuerer Spruchpraxis vgl. etwa die Erweiterungsklausel Nr. 7 (1) in *BGH*, 8.10.1986, BGHZ 98 S. 303, 304.

20 Vgl. Deutsche Bank Aktiengesellschaft, Allgemeine Sicherungsübereignungs-Bedingungen (ASB) (Nr. 20-350 1 83; unveröffentlicht), Nr. 1.

Die Erweiterungsklauseln können statische und dynamische Sachsicherheiten erfassen – im Unterschied zu den Verlängerungsformen, die ausschließlich in dem Bereich der umsatzbestimmten Sachsicherheiten zu lokalisieren sind. In der Praxis gewinnt die Erweiterung sogar ihre Hauptbedeutung bei Sicherheiten, die zum Verbleib beim Kreditnehmer bestimmt sind: Denn ein und dieselbe Sache soll für eine Vielzahl von Forderungen als Sicherheit dienen; das aber setzt voraus, daß sie – im Gegensatz zu umsatzbestimmter Ware – eine möglichst lange Zeit im Anlagevermögen des Kreditnehmers vorhanden ist[21]. Für dynamische Sicherheiten bleibt gleichwohl ein Anwendungsbereich jedenfalls so lange, wie sich die Sachsicherheit noch im Vermögen des Kreditnehmers befindet, der Rohstoff also noch nicht, wie vorgesehen, verarbeitet oder die Sache noch nicht verkauft ist.

III. GLOBALZESSIONEN UND DER GRUNDSATZ DER GLEICHBEHANDLUNG VON WAREN- UND GELDKREDIT

1. Formularklausel einer Globalzession

Der Vortrag über „Mobiliarsicherheiten – made in Germany" bliebe unvollständig, wenn nur Vorbehalts- und Sicherungseigentum nebst deren Verlängerungs- und Erweiterungsformen behandelt würden. Denn im Zusammenhang mit Mobiliarsicherheiten ist unter einer Sicherungsübertragung nicht nur die Sicherungsübereignung, sondern vor allem auch die fiduziarische Sicherungsabtretung von Forderungen zu verstehen. Die Globalzession[22] hat dabei für die Kreditsicherungspraxis der Banken die weitaus größte Bedeutung erlangt und darf deswegen in unserem Aufriß nicht ausgespart werden.

Im Wege einer Globalzession sichert sich der Geldkreditgeber primär und ausschließlich durch Forderungen, die der Kreditnehmer gegen seine Kunden schon erworben hat oder noch erwerben wird. So vereinbart etwa eine deutsche Großbank mit ihrem Siche-

21 Dazu unten: Vortrag Meiji Universität, III 2, S. 142.

22 Zu der Globalzession beim Factoring-Geschäft, das Spezialinstitute betreiben, vgl. oben: Vortrag International Business Institute, I 3, S. 89 ff.; II 1, 2, 3 a, S. 91 ff. Die Globalzession ist im Rahmen des echten Factorings das Erfüllungsgeschäft eines Forderungskaufs; beim unechten Factoring verschafft sie dem Factor eine nichtfiduziarische Sicherheit. In beiden Fällen handelt es sich nicht um eine fiduziarische Sicherungsabtretung; eine solche soll oben im Text allein besprochen werden.

rungsgeber in einer Formularklausel: „Als Sicherheit ... tritt der Sicherungsgeber hiermit an die Bank ab: Seine sämtlichen gegenwärtigen und künftigen Forderungen aus Warenlieferungen und Leistungen gegen alle seine Kunden ... Die gegenwärtigen Forderungen gehen mit Abschluß dieses Vertrages, alle künftig entstehenden Forderungen jeweils mit ihrer Entstehung auf die Bank über[23]."

2. Wesen der Globalzession und Abgrenzung gegenüber den Verlängerungsformen

Soweit sich die Bank auf Grund der Globalzession künftige Forderungen – ebenso wie bei der kraft Vorausabtretung verlängerten Sicherungsübereignung – als Sicherheit gewähren läßt, handelt es sich dieses Mal nicht um eine Verlängerungsform. Von der Verlängerungsform kraft Vorausabtretung (sowohl beim Geld- als auch beim Lieferantenkredit) unterscheidet sich die Globalzession, die künftige Forderungen erfaßt, dadurch, daß die Vorausabtretung hierbei nicht eine dynamische Sachsicherheit verlängert, welche dem Gesicherten zunächst einmal als Sicherungs- oder Vorbehaltseigentum bereits gehört; die – globale – Vorausabtretung soll ihm vielmehr erst in Zukunft eine (erste) Sicherheit verschaffen.

Sodann ist das Merkmal, das die im voraus abgetretene Forderung bei ihrer Entstehung bestimmt, hier und dort verschieden: Die Globalzession ist personenbezogen, das heißt, es werden Forderungen abgetreten, die der Zedent – aus welchen Rechtsgeschäften auch immer – gegen einen oder mehrere bestimmt umschriebene künftige Schuldner erwerben wird[24]. Dagegen ist die Vorausabtretung bei der Verlängerungsform sachbezogen. Das heißt hier: Es werden Forderungen abgetreten, die der Zedent gegen einen beliebigen Käufer der in Vorbehalts- oder Sicherungseigentum des Gesicherten stehenden Ware erwirbt. Der Schuldner wird allein und stets nur durch den Erwerb der Vorbehaltsware oder der zur Sicherung übereigneten Sache bestimmt[25].

Endlich erfaßt die Globalzession zwar in erster Linie künftige Forderungen; die Musterklausel zeigt jedoch, daß sich die Bank mit

23 Vgl. dazu Deutsche Bank Aktiengesellschaft, Muster Globalzessionsvertrag (Nr. 11-011 1178; unveröffentlicht), Nr. 1.

24 Zu Wesen und Struktur der Globalzession vgl. *Serick*, IV, § 41 I 3, S. 26 ff.

25 Vgl. *Serick*, IV, § 41 I 2, S. 26 (vor 3).

ihrer Hilfe auch beim Abschluß des Abtretungsvertrages schon existente Forderungen ihres Sicherungsgebers (Kreditnehmers) übertragen läßt.

3. Globalzession als Sicherungsmittel der Geld- und Warenkreditgeber

Wird beim Geldkredit die zuerst besprochene, kraft Vorausabtretung verlängerte Sicherungsübereignung gegen die fiduziarische Globalzession abgewogen, so ist festzuhalten, daß der Globalzession ein deutliches Übergewicht zukommt. Sie ist in der Bankpraxis ein ungewöhnlich beliebtes Kreditsicherungsmittel, weil sie nichts anderes voraussetzt als ein gut funktionierendes Unternehmen des Schuldners, in dem ständig eine Vielzahl von Forderungen gegen Kunden entsteht.

Auf Lieferantenseite ist die fiduziarische Globalzession ebenfalls anzutreffen[26]. Hier steht jedoch die Sicherung durch einen mit Hilfe der Vorausabtretung verlängerten Eigentumsvorbehalt ganz im Vordergrund, während die Globalzession völlig zurücktritt.

Gleichwohl ist die Lieferanten-Globalzession erwähnenswert. Sie zeigt, daß die rechtstechnische Seite, mit der Waren- und Geldkreditgeber jeweils ihre Forderungen aus Kauf oder Darlehen sichern, bei den Verlängerungs- und Erweiterungsformen geradezu spiegelbildlich und im Punkte der Globalzession beiden Kreditgebern einheitlich zugänglich ist. Dazu sind zwei kurze Bemerkungen angezeigt: Für die deutsche Kreditpraxis sind die Interessen der Geld- und Warenkreditgeber als wirtschaftlich gleichwertig einzustufen[27]; auch auf rechtlicher Ebene ist beiden gleicher Rang einzuräumen. Deswegen darf etwa in Sachverhalten, in denen der Kreditnehmer verschiedener Gläubiger ein und dieselbe Forderung einmal zur Sicherung eines Kredits, zum anderen zur Sicherung einer Kaufpreisforderung verwendet und damit eine Kollision zwischen seinen beiden Gläubigern ausgelöst hat, bei der Lösung des Konfliktes weder dem Geld- noch dem Warenkredit ein Vorrang eingeräumt werden. Vielmehr ist die Kollision grundsätzlich mit Hilfe von

---

26 Vgl. dazu *BGH*, 7.3.1974, BB 1974 S. 526 ff.; *Serick*, Die Globalzession der Vorbehaltslieferanten: Ende oder Anfang? BB 1974 S. 845 ff., sowie *Serick*, IV, § 49 III 1 ff., S. 408 ff.

27 Aus neuerer höchstrichterlicher Rechtsprechung: *BGH*, 8.10.1986, BGHZ 98 S. 303, 315.

Maßstäben zu beheben, die für jede der Kreditarten gleich sein müssen[28]. Kollidiert beispielsweise die Globalzession eines Vorbehaltslieferanten mit dem verlängerten Eigentumsvorbehalt eines anderen Lieferanten, so ist im Falle dieser Kollision nicht anders zu entscheiden als bei einer solchen zwischen einer Bank als Globalzessionar und einem Lieferanten, der auf Grund eines verlängerten Eigentumsvorbehaltes Vorauszessionar geworden ist[29].

4. Schlußbemerkung

Die deutschen Sicherungsmittel Eigentumsvorbehalt und Sicherungsübertragung sind nunmehr in einem groben Umriß vorgestellt worden. Ihr Mechanismus, ihre vielfältigen weiteren Ausprägungen, der Kampf in der Wirtschaft um die Sicherheiten, die Frage ihrer Insolvenzfestigkeit und die Reformbestrebungen sind freilich, um mit dem deutschen Dichter Fontane zu sprechen, „ein zu weites Feld". Meine sechsbändige Monographie hat auf einigen tausend Seiten versucht, dieses Feld zu beackern und in das Gesamtwerk mehr als 80 Jahre Rechtsentwicklung dogmatisch und doch praxisnah einzubringen. Eine spätere Zeit wird darüber zu urteilen haben, ob ihr das gelungen ist.

28 Vgl. zum Ausgangspunkt die Nachweise bei *Serick*, IV, § 50 III 2, S. 452 Fußnote 41. Zur Kollisionsproblematik ferner die Ausführungen oben: Vortrag International Business Institute, II 2, S. 95 ff.

29 Vgl. zu dieser Problematik *Serick*, IV, § 49 III 5, S. 417 f. (unter besonderer Berücksichtigung von Auswirkungen der Lieferanten-Globalzession auf den Geldkredit).

Eigentumsvorbehalt und Sicherungsübertragung – Trennung, Einheit oder Verbund?*

I. KERNGEDANKEN EINER TRENNUNGSTHEORIE

1. Argumente aus dem deutschen Recht

Auf den ersten Blick scheinen in Deutschland – ebenso wie in Japan – Eigentumsvorbehalt und Sicherungsübertragung zwei durchaus eigenständige Rechtsfiguren zu sein, deren scharfe Trennung saubere juristische Argumentation und Rechtsfindung gebieten. Der Eigentumsvorbehalt ist in § 455 BGB geregelt; die Sicherungsübertragung – das heißt, die Sicherung eines Darlehens durch treuhänderische: Übereignung einer beweglichen Sache, Abtretung einer Forderung oder Übertragung eines Rechtes an den Kreditgeber – dagegen nur kraft ungeschriebenen Rechtes; Rechtsquelle ist hier das Gewohnheitsrecht. Des Eigentumsvorbehaltes bedienen sich die Warenlieferanten, der Sicherungsübertragung die Banken; das eine Sicherungsmittel ist dem Waren-, das andere dem Geldkredit zugeordnet.

Ferner: Das Sicherungsmittel, das als Vorbehaltseigentum die Kaufpreisforderung des Lieferanten bis zur vollständigen Zahlung sichert, ist jenes volle Eigentum, das der Gesetzgeber in §§ 903 ff. BGB geregelt hat und das – um den wichtigsten Test herauszugreifen – in der Insolvenz des Käufers den Eigentümer zur Aussonderung befugt. Er kann gegebenenfalls die Vorbehaltssache gemäß § 43 KO aus der Konkursmasse mit der Begründung herausverlangen, daß sie dem Gemeinschuldner nicht gehöre. Im Vergleichsverfahren über das Vermögen des Vorbehaltskäufers gilt Entsprechendes: Gläubiger, denen im Konkurs ein Anspruch auf Aussonderung zusteht, sind nicht Vergleichsgläubiger (§ 26 VglO).

* Vortrag an der Meiji Universität, Tokio, am 23.10.1987. In japanischer Übersetzung nebst Diskussion in: Gakujutsu-kokusai-koryusanko-shiryoshu (Sammlungen des Nachschlagematerials des internationalen wissenschaftlichen Austausches) Nr. 126 (1988); Verlag: Meiji Daigaku Kokusai-koryu-center (Zentrum des internationalen Austausches der Meiji Universität).

Ganz anders ist dagegen die Rechtsstellung einer Bank, die sich sicherungshalber etwa Sicherungseigentum hat übertragen lassen. Sie ist im Konkursverfahren über das Vermögen des Sicherungsgebers lediglich befugt, wegen ihrer Darlehensforderung abgesonderte Befriedigung aus der ihr zur Sicherung übereigneten Sache zu verlangen. Beim Sicherungseigentum gilt dann – weil weder die Konkursordnung aus dem Jahre 1877 noch das Bürgerliche Gesetzbuch aus dem Jahre 1900 sich mit dieser Sicherungsmöglichkeit befassen – § 48 KO entsprechend, dies heute ebenfalls kraft Gewohnheitsrechtes. Die Vergleichsordnung aus dem Jahre 1935 ist insoweit fortschrittlicher, denn sie hält in § 27 VglO ausdrücklich fest, daß die Bestimmungen für Absonderungsberechtigte auch für Gläubiger gelten, „denen zur Sicherung eines Anspruchs eine Sache oder ein Recht übertragen worden ist".

Diese unterschiedliche Behandlung der Eigentümerstellung des Vorbehaltsverkäufers und jener der Bank auf Grund der ihr sicherungshalber übertragenen Berechtigung beruht darauf, daß das Vorbehaltseigentum gewöhnliches Eigentum, das Sicherungseigentum hingegen nur Treuhandeigentum ist. Dieses Treuhandeigentum ist ein Unterfall der Sicherungstreuhand, die stets entsteht, wenn durch eine rechtswirksame Sicherungsübertragung das Eigentum, eine Forderung oder ein Recht dem Sicherungsnehmer übertragen wird. Stets erhält der Treunehmer – im erörterten Fall der Sicherungsübereignung: der Sicherungseigentümer – ein Vollrecht wie etwa das Eigentum, dessen Zuschnitt jedoch von der gewöhnlichen Rechtsstellung des Vollrechtsinhabers bemerkenswert abweicht[1].

Die Abweichung läßt sich am eindrucksvollsten im Konkurs des Sicherungsgebers am Beispiel des bereits erwähnten Absonderungsrechtes eines Sicherungseigentümers darstellen. Der dann in Bewegung gesetzte Mechanismus verändert die Stellung des Sicherungseigentümers in eine bloß noch pfandrechtsartige Berechtigung mit konkursrechtlicher Absonderungskraft an der früheren Sachsicherheit. Diese wird ohne weiteres wieder Eigentum des Sicherungsgebers (Gemeinschuldners) und gehört damit zur Konkursmasse. Die Stichworte, die diese Neuzuordnung von Vollrecht und dinglicher Belastung an der Sachsicherheit dogmatisch erklären, lauten: quasidingliche Wirkungen der Treuabrede und Eingreifen des Umwand-

1 Dazu etwa *BGH*, 24.10.1979 (Az. VIII ZR 298/78), ZIP 1980 S. 40, 41 f. (mit Anm. *Kübler*). Hierzu oben: Erste Vorlesung, III 1, S. 11.

lungsprinzips[2]. Diese Begriffe brauchen in unserem Zusammenhang nicht weiter vertieft zu werden, weil schon die gewohnheitsrechtliche Umwandlung der Aussonderungskraft des Eigentums in eine bloße Absonderungsbefugnis des früheren Eigentümers das Ausmaß kennzeichnet, in dem die Ausgangspositionen von Vorbehalts- und Sicherungseigentum getrennt sind[3].

Endlich könnte als Beleg für eine scharfe Trennung beider Sicherungsmittel das Anwartschaftsrecht des Käufers aus dem Vorbehaltskauf ins Feld geführt werden. Der Vorbehaltslieferant, der seiner Pflicht aus dem Kaufvertrag, die Sache zu übereignen, nur unter aufschiebender Bedingung nachgekommen ist, bleibt bis zur vollständigen Zahlung des Kaufpreises, wie gesagt, Volleigentümer. Er behält diese Rechtsstellung selbst dann, wenn nur noch ein ganz kleiner Kaufpreisrest aussteht. Der Käufer hat aber die Gewähr, nach vollständiger Zahlung durch Bedingungseintritt das Vollrecht zu erwerben. Diese Gewähr stellt einen Vermögenswert dar.

Der Vermögenswert wird für den Käufer und auch für Dritte um so wertvoller, je näher der Eintritt der Bedingung rückt, also je mehr der Käufer vom geschuldeten Kaufpreis abgezahlt hat. Lehre und Rechtsprechung haben diese Rechtsposition, die auch unter vermögensrechtlichen Gesichtspunkten im Gesetz nicht geregelt worden, aber schutzwürdig ist, als ein subjektives Recht des Käufers ausgestaltet. Es ist heute in unserer Rechtsordnung fest als sogenanntes Anwartschaftsrecht verwurzelt[4]. Zahlt der Vorbehaltskäufer den Kaufpreis, so erstarkt sein Anwartschaftsrecht zum Vollrecht; er wird automatisch Eigentümer der Kaufsache. Das gilt auch im Falle eines Konkursverfahrens über das Vermögen des Vorbehaltslieferanten, falls der Konkursverwalter die Erfüllung wählt und daraufhin den noch ausstehenden Kaufpreis erhält.

Ganz im Gegensatz hierzu erlangt im Rahmen der unbedingten Sicherungsübereignung – sie ist in der deutschen Kreditsicherungspraxis die Regel – der Sicherungsgeber, der das ihm gewährte Darlehen absichert, aus der Sicherungsabrede kein Anwartschaftsrecht als

2 Zum Umwandlungsprinzip und zu den quasidinglichen Wirkungen in der Insolvenz vgl. *Serick*, VI, § 73 I 1 a, S. 50 f., mit weiterführenden Hinweisen. Dazu ferner oben: Erste Vorlesung, IV 4, S. 15 ff. Zum Umwandlungsprinzip auch: Vortrag Kinki Universität, III 2 b, S. 82 f., insbesondere Text in Fußnote 21.

3 Dazu auch oben: Zweite Vorlesung, I 4, S. 24 f.

4 Einzelheiten: *Serick*, I, § 4 I 2, S. 54. Grundsätzlich zum Anwartschaftsrecht des Vorbehaltskäufers: *Serick*, I, § 11, S. 241 ff. Dazu ferner oben: Zweite Vorlesung, II 1 ff., S. 26 ff.

Vorstufe des Vollrechtes. Der Sicherungsabrede ist lediglich ein obligatorischer Rückgewähranspruch auf den Fall hin immanent, daß sich der vertraglich vereinbarte Sicherungszweck wie vorgesehen erledigt. Dann aber wird der Sicherungsgeber nicht ohne weiteres kraft Bedingungseintritts Eigentümer der sicherungshalber weggegebenen Sache, wie dies beim Vorbehaltskauf der Fall ist, wenn der Käufer den Kaufpreis vollständig gezahlt hat. Vielmehr erhält der Sicherungsgeber, der das gesicherte Darlehen tilgt, nur einen schuldrechtlichen Anspruch gegen den Sicherungseigentümer auf Rückübereignung des Sicherungsgutes. Dieser Anspruch ist indessen im Sicherungsnehmer-Konkurs nur ein schuldrechtlicher Verschaffungsanspruch, der kein Recht auf Aussonderung gibt; er begründet lediglich eine in Geld zu verfolgende Konkursforderung (§ 69 KO)[5]. Das erklärt, warum das von mir so genannte Umwandlungsprinzip eingreifen und eine Neuzuordnung vornehmen muß: Sie bewirkt auch im Sicherungsnehmer-Konkurs, daß der Sicherungsgeber mit Konkurseröffnung ohne weiteres wieder sein Eigentum – mit einer pfandrechtsartigen Belastung – erlangt und nicht auf einen schuldrechtlichen Rückübereignungsanspruch gegen den Gemeinschuldner angewiesen ist[6].

2. Trennung und japanische Vorlesungspraxis

Diese Kerngedanken, die sich als Argumente für eine strikte Trennung von Vorbehalts- und Sicherungseigentum ins Feld führen ließen, vermögen auch die japanische Universitätspraxis, die von dieser Trennung ausgeht, folgerichtig und einleuchtend erscheinen zu lassen. Hier in diesem Gremium habe ich die Ehre, vor japanischen Spezialisten des Rechtes der Mobiliarsicherheiten – Sicherungsrechten an beweglichen Sachen, an Forderungen und Rechten[7] – sprechen zu dürfen. Es handelt sich um Gelehrte, die sich entweder auf die Sicherungsübertragung, insbesondere die Sicherungsübereignung, spezialisiert haben, wie die Herren Kollegen Ito, Tsubaki,

5 Dazu *Serick*, III, § 35 II 1, S. 293.

6 Einzelheiten: *Serick*, III, § 35 II 1, S. 291 ff., 293 f. Zum Rückgewähranspruch vgl. oben: Vierte Vorlesung, III 3, S. 57 ff.; Vortrag International Business Institute, II 3 a, S. 99; Vortrag Kyoto Universität, I 4, S. 116 f. Zur Aussonderung im Sicherungsnehmer-Konkurs oben: Zweite Vorlesung, I 4 c, S. 25 Fußnote 5.

7 Dazu *Serick*, VI, § 72 I 2, S. 3; ferner oben: Erste Vorlesung, I 1 a, S. 3; Vortrag Kyoto Universität, I 1, S. 109.

Nagata, an meiner Heidelberger Fakultät zur Zeit weilend: Herr Toriyabe von der Kinki Universität Osaka, oder aber um solche Spezialisten, die Vorbehaltskauf und -eigentum als eines ihrer Sondergebiete in Lehre und Schrifttum ausweisen, so etwa Herr Kollege Sugishita von der Nihon Universität, der in Heidelberg auf diesem Gebiet so erfolgreich promoviert hat. Meine mehr als dreißigjährige Beschäftigung mit den Mobiliarsicherheiten, aus der meine sechsbändige Monographie über Eigentumsvorbehalt und Sicherungsübertragung hervorgegangen ist, weist mich hingegen als einen „Spezialisten“ auf beiden Gebieten aus. Dies könnte dafür sprechen, daß jedenfalls in Deutschland die für eine Trennung vorgetragenen Argumente vor einem vertieften, vielleicht sogar andersartigen Hintergrund gesehen werden müssen, der möglicherweise zu einer gemeinsamen Wurzel beider Sicherungsmittel und damit zu ihrer Einheit führt.

Denkbar wäre aber auch eine vermittelnde Lösung mit Übergängen, die eine enge Verbindung beider selbständiger Rechtsfiguren und auf diese Weise ihre Zusammengehörigkeit belegen.

II. VON DER EINHEIT DER SICHERUNGSMITTEL VORBEHALTSEIGENTUM UND FIDUZIARISCHE SICHERHEIT ZUM GEGENSEITIGEN VERBUND

1. Vorbehalts- und Sicherungseigentum als besitzlose Pfandrechte?

Zunächst zur Frage: Hält die einheitliche Qualifikation der beiden hier behandelten Sicherungsmittel Vorbehaltseigentum und – bei fiduziarischen Sicherheiten – Sicherungseigentum einer kritischen Würdigung stand?

In Deutschland hat Baur 1963 in der zweiten Auflage seines Lehrbuchs zum Sachenrecht – ein Werk, das Herr Nagata schon vor 17 Jahren in seiner Abhandlung über die Rechtskonstruktion der Sicherungsübertragung in der Nihon Hogaku zitiert[8] – die Auffassung vertreten, der Gesetzgeber habe mit dem Eigentumsvorbehalt

8 Vgl. *Nagata*, Nihon Hogaku (Journal of Law) Vol. XXXVI (November, 1970) Nr. 2. Die oben erwähnte Dissertation erscheint 1988 in den vom Institut für ausländisches und internationales Privat- und Wirtschaftsrecht der Universität Heidelberg herausgegebenen rechtsvergleichenden und wirtschaftsrechtlichen Studien als Band 17: *Sugishita,* Der Eigentumsvorbehalt im japanischen Recht.

in § 455 BGB der Sache nach ein besitzloses Pfandrecht anerkannt. Die Publizität werde kraft gesetzlicher Zulassung hier ebenso vernachlässigt, wie dies bei der Sicherungsübereignung praeter oder contra legem geschehen sei. An anderer Stelle erläutert Baur die Entstehung der Sicherungsübereignung dahin: Schuldner- wie Gläubigerinteressen tendierten zu einem besitzlosen Pfandrecht. Das Bürgerliche Gesetzbuch kenne zwar kein rechtsgeschäftliches besitzloses Pfandrecht; eine adäquate Lösung sei aber in der Sicherungsübereignung gefunden worden. Die Interessenlage sei bei Sicherungs- und Vorbehaltseigentum recht ähnlich[9]. Diese Gedanken finden sich fast unverändert in der 14. Auflage wieder, die 1987 erschienen ist[10].

Die gemeinsame rechtliche Qualifikation von Vorbehalts- und Sicherungseigentum als besitzlose Pfandrechte ist der Nährboden für eine Einheitsbetrachtung beider Sicherungsmittel. So verwundert es auch nicht, daß Baur schon 1963 in seinem Lehrbuch des Sachenrechts unter dem Kapitel „Sicherungsrechte an der Fahrnis" die nichtpfandrechtlichen Sicherungsrechte zusammenfaßt und dabei in eigenständigen Untersuchungen sowohl die Sicherungsübertragung (Sicherungsübereignung und -abtretung) als auch den Eigentumsvorbehalt behandelt. An dieser Darstellung beider Institute im Sachenrecht hält das Lehrbuch bis heute fest[11].

Diese Entwicklung verdient deswegen Erwähnung, weil Enneccerus/Kipp/Wolff in ihrem in den fünfziger Jahren noch führenden Lehrbuch des Bürgerlichen Rechts den beiden Instituten – wohl vergleichbar mit der japanischen Wertung – getrennte Plätze zugewiesen hatten: Die Sicherungsübereignung findet sich im Sachenrecht, der Eigentumsvorbehalt dagegen im Schuldrecht unter der Überschrift „Kauf mit Eigentumsvorbehalt. Abzahlungsgeschäfte[12]".

9 Vgl. *Baur*, Lehrbuch des Sachenrechts (2. Aufl. 1963), § 56 I 2, S. 521 (zum Eigentumsvorbehalt); § 56 I 1 a, S. 520 (zur Sicherungsübereignung).

10 Vgl. *Baur* (oben Fußnote 9) (14. Aufl. 1987), § 56 I 1 a, 2, S. 559 f.

11 Vgl. *Baur* (oben Fußnote 9) (2. Aufl. 1963), 4. Kapitel, S. 497 ff., §§ 56 bis 59, S. 519 bis 562; (14. Aufl. 1987), 4. Kapitel, S. 535 ff., §§ 56 bis 59, S. 558 bis 610. Dagegen räumte damals *Westermann* in seinem Sachenrecht (5. Aufl. 1966, § 43 S. 206 ff.) lediglich der Sicherungsübereignung einen eigenständigen Paragraphen ein und ließ in einem Nachtrag (*Westermann*, Das Sachenrecht in der Fortentwicklung, 1973) auch keine Abkehr von diesem Konzept erkennen.

12 Vgl. *Wolff/Raiser*, Sachenrecht (10. Aufl. 1957), § 180, S. 738 ff. (Sicherungsübereignung), in: *Enneccerus/Kipp/Wolff*, Lehrbuch des Bürgerlichen Rechts. III; *Lehmann*, Recht der Schuldverhältnisse (15. Aufl. 1958), § 118, S. 476 ff. (Kauf mit Eigentumsvorbehalt. Abzahlungsgeschäfte), in: *Enneccerus/Kipp/Wolff*, Lehrbuch des Bürgerlichen Rechts. II.

2. Vom besitzlosen Pfandrecht zur Einheitsmobiliarsicherheit

Die Wende bei Baur – weg von der scharfen Trennung zwischen Vorbehalts- und Sicherungseigentum und hin zu einer einheitlichen Betrachtung unter dem Schlagwort „besitzlose Pfandrechte" – könnte noch weiter untermauert und damit der Weg zur Einheitsmobiliarsicherheit aufbereitet werden. Dazu einige Belege:

Wenn die Sicherungsübereignung nicht unbedingt, sondern – was zulässig ist – auflösend bedingt vorgenommen wird, so erlangt der Sicherungsgeber ein Anwartschaftsrecht auf das übertragene Sicherungseigentum; der Bundesgerichtshof erachtet dann dessen Rechtsstellung als vergleichbar mit der des Vorbehaltskäufers vor Eintritt der aufschiebenden Bedingung[13].

Ferner ist zu bedenken: Die rechtsgeschäftlichen Akte und die mit ihnen verfolgten Zwecke, die zur Qualifikation von Sicherungs- und Vorbehaltseigentum als besitzlose Pfandrechte hinführen, stimmen hier und dort überein. In beiden Fällen fehlt ein unmittelbarer Besitz des jeweils Gesicherten – der Vorbehaltseigentümer überträgt ihn dem Vorbehaltskäufer, der Sicherungseigentümer beläßt ihn dem Sicherungsgeber. Bezweckt wird beide Male, daß Käufer und Sicherungsgeber zwar bis zu dem Zeitpunkt, in dem die gesicherte Kaufpreis- oder Darlehensforderung notleidend wird, die Sachsicherheit nutzen können. Gleichzeitig sollen Lieferant bzw. Bank damit aber eine Sicherheit haben, die sich außerhalb und vor allem innerhalb der Insolvenz ihres Kreditnehmers bewährt. Diese Gemeinsamkeiten – sie lassen sich kurz kennzeichnen als: fehlende Publizität, verbunden mit erstklassiger Sicherung – verführen geradezu, für Vorbehalts- und Sicherungseigentum das Etikett „besitzloses Pfandrecht" zu akzeptieren.

13 Vgl. *BGH*, 2.2.1984, ZIP 1984 S. 420, 421: „Eine dem Vorbehaltskäufer vergleichbare Rechtsstellung hat bei der Sicherungsübereignung der Sicherungsgeber nur, wenn er das Sicherungsgut unter der auflösenden Bedingung vollständiger Tilgung der gesicherten Forderung übereignet. Er behält dann ein durch die §§ 160, 161 BGB geschütztes Anwartschaftsrecht auf Rückerwerb des Eigentums, das er nach den §§ 929 ff BGB veräußern kann mit der Folge, daß das Eigentum bei Bedingungseintritt unmittelbar von dem Sicherungsnehmer auf den Anwartschaftserwerber übergeht. Das entspricht herrschender Auffassung, der sich der Senat anschließt (vgl. Münch-Komm-*Quack*, BGB, Anh. §§ 929 bis 936 Rz. 38; *Soergel/Mühl*, BGB, 11. Aufl., § 930 Rz. 47, 78; *Pikart*, in: BGB-RGRK, 12. Aufl., § 930 Rz. 66; *Palandt/Bassenge*, BGB, 42. Aufl., § 930 Anm. 4 c; *Baur*, Lehrbuch des Sachenrechts, 12. Aufl., § 57 VIII; *Serick*, Eigentumsvorbehalt und Sicherungsübertragung, § 37 I 3 b; *Mormann*, in: Ehrengabe für Heusinger, S. 186, 189 ff, jeweils m. w. N.)."

Insbesondere wirtschaftlich mag gewiß vieles für eine einheitliche Betrachtungsweise sprechen; rechtliche Konsequenzen dürfen indessen hieraus nicht gezogen werden. Als tragfähige Grundlage gar für eine Behandlung von Vorbehalts- und Sicherungseigentum in der Insolvenz als Einheitsmobiliarsicherheit eignet sich die Charakterisierung als besitzloses Pfandrecht keinesfalls (dazu insbesondere unten 4).

3. Einheitsmobiliarsicherheit und deutsche Insolvenzrechtsreform

Dies klarzustellen und auch kurz zu begründen, ist gerade heute besonders wichtig, weil die amtlichen Reformbestrebungen in Deutschland unterschiedslos Vorbehalts- und Sicherungseigentum ihrer Konkursfestigkeit berauben und sie der Insolvenzmasse einverleiben wollen, und zwar unter dem Gesichtspunkt, beiden fehle die Publizität, und dennoch seien sie – was nicht angehe – insolvenzfest. Diese Bestrebungen kommen im Ersten und Zweiten Bericht der Kommission für Insolvenzrecht[14] an vielen Stellen unzweideutig zum Ausdruck[15]; ihre Stoßrichtung zielt dahin, die Institute des Vorbehalts- und Sicherungseigentums als vom Gesetz nicht zugelassene „rechtsgeschäftliche besitzlose Pfandrechte“ zu zerstören und an deren Stelle in der Insolvenz eine „Einheitsmobiliarsicherheit“ treten zu lassen[16].

Meine Kritik an diesen Reformbestrebungen[17] geht – zusammengefaßt – letztlich darauf zurück, daß rechtsdogmatisch das „besitzlose Pfandrecht“ des Vorbehaltseigentümers, soweit es die Kaufpreisforderung zu sichern hat, nicht gegen das „besitzlose Pfandrecht“ des Sicherungseigentümers ausgetauscht werden kann, ja nicht einmal in seine Nähe gebracht werden darf. Im einzelnen ist hier folgendes vorzutragen.

---

14 Vgl. dazu: Erster Bericht der Kommission für Insolvenzrecht (1985); Zweiter Bericht der Kommission für Insolvenzrecht (1986). Diese Gleichbehandlung von einfachem Eigentumsvorbehalt und Sicherungsübereignung de lege ferenda befürwortend: *Landfermann*, Die Rechtsstellung der dinglich gesicherten Gläubiger im künftigen Insolvenzverfahren, KTS 1987 S. 381, 399 f. Ihm wohl zustimmend: *Balz,* Aufgaben und Struktur des künftigen einheitlichen Insolvenzverfahrens, ZIP 1988 S. 273, 290.

15 Belege hierfür unten: Vortrag Comparative Law Institute, II 4, S. 161 f.

16 Dazu *Serick*, VI, § 82 IV 6, S. 860 = *Serick*, Auseinandersetzung, S. 104. Ferner unten: Vortrag Comparative Law Institute, II 4, S. 161 f.

17 Dazu *Serick*, VI, § 82, S. 815 ff. = *Serick*, Auseinandersetzung, S. 59 ff.

4. Kritik an Einheit, aber auch an starrer Trennung

Die gemeinsame Kennzeichnung von Vorbehalts- und Sicherungseigentum als besitzlose Pfandrechte erweckt die Vorstellung, daß hierdurch ein einheitlicher Nenner für beide Arten von Mobiliarsicherheiten gefunden worden sei. Sie verdunkelt indessen, daß dieses besitzlose Pfandrecht, auf Vorbehaltseigentum angewendet, eine wesentlich andere Reichweite hat als das Recht des Sicherungseigentümers. Nach dem Vorbehaltsverkauf soll das Vorbehaltseigentum bis zur vollständigen Zahlung des Kaufpreises zwei Zwekken dienen: Einmal hat es die offene Kaufpreisforderung zu sichern, zum anderen soll es den dinglichen Anspruch des Verkäufers auf Rückgabe der noch nicht bezahlten Ware erhalten und ihn mit dinglicher Kraft weiterhin sichern.

Zunächst zu dem Rückgabeanspruch: Tritt etwa der Verkäufer bei Zahlungsverzug des Käufers vom Vertrag zurück, so verliert er seinen Kaufpreisanspruch, nicht aber sein Eigentum an der Vorbehaltsware; fällt der Vorbehaltskäufer nun in Konkurs, so ist der Vorbehaltseigentümer stets durch sein Aussonderungsrecht gesichert[18]. Dieser Sicherungszweck hat mit der Verwertungsfunktion eines Pfandrechts, auch eines besitzlosen Pfandrechts, nichts zu tun; die Vorbehaltssache soll nicht wegen einer offenen Forderung verwertet, sondern schlicht aus dem Vermögen des Nichteigentümers in das des Eigentümers zurückgeführt werden.

Aber auch im Falle der Verwertung einer Vorbehaltssache wegen der notleidend gewordenen Kaufpreisforderung aus einem nach wie vor zu erfüllenden Kaufvertrag – hier könnte von einem pfandähnlichen Sicherungszweck des Eigentumsvorbehalts[19] gesprochen werden – hat dieses „besitzlose Pfandrecht" einen durchaus anderen Charakter als das „besitzlose Pfandrecht" Sicherungseigentum anläßlich einer Verwertung der Sicherheit. Bei der Verwertung tritt nämlich klar zutage, daß das Pfandrecht beim Vorbehaltseigentum allenfalls ein solches an eigener Sache sein könnte, denn die Vorbehaltsware stand von Anfang an im Eigentum des Lieferanten und ist darin verblieben. Der Sicherungseigentümer dagegen verwertet – im rechtlichen und wirtschaftlichen Ergebnis – eine Sache, die ursprünglich aus dem Vermögen des Sicherungsgebers stammt, die

---

18 Vgl. dazu *Serick*, I, § 5 I 1, S. 77 f.
19 So eine Formulierung in *BGH*, 24.1.1961, BGHZ 34 S. 191, 199.

letztlich in dessen Vermögen wieder einzuverleiben und damit wieder als dessen Eigentum zu behandeln ist. Das Recht des Sicherungseigentümers könnte also, wenn es als besitzloses Pfandrecht angesprochen wird, allenfalls als ein Pfandrecht an fremder Sache eingestuft werden.

Aus dieser Grunderkenntnis ergibt sich eine ganze Reihe von Konsequenzen, die es unmöglich macht, beide Sicherungsmittel rechtlich auf den gemeinsamen Nenner „besitzloses Pfandrecht" zu bringen. So kann ein Vorbehaltseigentümer im Konkursverfahren über das Vermögen des Käufers eben ungeachtet seiner Stellung als „besitzloser Pfandgläubiger" erforderlichenfalls aussondern, weil in der Insolvenz seine Berechtigung als Eigentümer ganz in den Vordergrund rückt. Der Sicherungseigentümer dagegen kann lediglich absondern, weil seine Berechtigung nur als die eines bloßen Pfandgläubigers an fremdem Eigentum zu behandeln ist. Im Falle einer Verwertung greift bei Vorbehaltseigentum § 64 KO nicht ein (dazu aber auch unten III 2); diese Norm (und mit ihr der Grundsatz der Ausfallhaftung) wird indessen maßgebend, wenn der Sicherungseigentümer das Sicherungsgut verwertet[20].

Selbst bei einer auflösend bedingt vorgenommenen Sicherungsübereignung (dazu oben 2) hat das Anwartschaftsrecht des Sicherungsgebers einen anderen Zuschnitt als das des Vorbehaltskäufers. So ist etwa das erstere in dem Sinne konkursfest, daß für die schuldrechtliche Sicherungsabrede § 17 KO nicht zum Zuge kommt, während das Anwartschaftsrecht des Vorbehaltskäufers im Konkursverfahren über das Vermögen seines Lieferanten zerstört wird, wenn der Konkursverwalter, gestützt auf § 17 KO, die Erfüllung ablehnt – dieses Mal ist § 17 KO einschlägig[21].

Die für unsere Rechtsordnung unverzichtbare Unterscheidung zwischen den Rechtsfiguren des nicht fiduziarisch gebundenen Volleigentums und des Treuhandeigentums verbietet es, den einfachen Eigentumsvorbehalt und die einfache Sicherungsübereignung in eine einheitliche Rechtsfigur mit dem Vorzeichen „besitzloses Pfandrecht" einzubringen; damit würden die Wesenszüge beider verwischt. Das spricht im Ausgangspunkt für die japanische Lösung, steht aber einer modernen Betrachtung nicht entgegen, die zwischen diesen beiden festen Polen breitgestreute Übergänge anerkennt.

20 Neuerdings etwa *BFH*, 24.9.1987, BFHE 151 S. 99, 102 = ZIP 1988 S. 42, 43.

21 Dazu oben: Zweite Vorlesung, II 4, S. 29 f. (mit zahlreichen Hinweisen in Fußnote 15).

Verlängerungs- und Erweiterungsformen des Eigentumsvorbehaltes und der Sicherungsübereignung leiten von der einen zur anderen Sicherungsmöglichkeit über; innerhalb einer Sicherungsmöglichkeit, etwa der Sicherungstreuhand, kann von dem einen zum anderen Sicherungsgegenstand, beispielsweise von einer Sachsicherheit zur Sicherheitsforderung, übergegangen werden. Innerhalb des Vorbehaltseigentums ist in besonderen Lagen eine vergleichbare Lösung, wie sie bei Sicherungseigentum Platz greifen würde, auf Grund der Erkenntnis, daß dem Vorbehaltseigentum eine besondere Elastizität (dazu unten IV 1 b) zukommt, nicht mehr tabu. Dieses Gesamtkonzept steht unter dem Vorzeichen „Verbund" und kennzeichnet die heutige Landschaft der Mobiliarsicherheiten in Deutschland.

III. VERBUND VON EIGENTUMSVORBEHALT UND SICHERUNGSÜBERTRAGUNG DURCH ÜBERGÄNGE UNTER WAHRUNG DER URSPRÜNGLICHEN INSTITUTE – DURCHLÄSSIGKEITSGEBOT SOWIE ELASTIZITÄT DES VORBEHALTSEIGENTUMS

Die Verbindungslinien, die Eigentumsvorbehalt und Sicherungsübertragung eng zusammenführen, ohne ihre institutionellen Eigenheiten anzutasten, gehen vor allem auf ihre Verlängerungs- und Erweiterungsformen zurück. Dabei haben die Sicherungsmittel der Warenkreditgeber die stärksten Anstöße gegeben: Beim verlängerten Eigentumsvorbehalt ermöglicht das Durchlässigkeitsgebot systemgerechte Übergänge in den Bereich der fiduziarischen Sicherheiten; beim erweiterten Eigentumsvorbehalt vermag eine dem Vorbehaltseigentum innewohnende Elastizität, nach Eintritt des Erweiterungsfalles im Konkurs das Vorbehaltseigentum zu erhalten und dennoch einzelne Funktionen solchen der Sicherungstreuhand anzugleichen.

1. Verlängerungsformen

Die gemeinsamen Verlängerungsformen von Eigentumsvorbehalt und Sicherungsübertragung stellen zunächst einmal ein hervorragendes Beispiel für die parallele Fortentwicklung von Vorbehalts- und

Sicherungseigentum dar[22]; sie belegen zugleich die Vorgänge, die das Verbundkonzept anspricht. Die Klammer, die hierbei beide Arten des Eigentums verbindet, ist die gleichlaufende Funktion des jeweiligen Sicherungsmittels – als Sicherungsgut dienen bei Waren- und Geldkredit umsatzbestimmte bewegliche Sachen; sie sind für die Wirtschaft besonders wichtig. Es handelt sich bei beiden Kreditsicherungsmitteln um solche Waren, die der Kreditnehmer zwar unmittelbar besitzt, die er aber im ordnungsgemäßen Geschäftsbetrieb verarbeiten und veräußern oder – unverarbeitet – veräußern muß. Die Ware gehört zum Umsatz-, nicht zum Anlagevermögen; sie hat dynamischen Charakter. Verlängerungsformen und dynamische Sachsicherheiten, die in Vorbehalts- oder Sicherungseigentum stehen, gehören zusammen.

Die gemeinsamen Funktionen der Verlängerung beim Waren- und Geldkredit sind leicht zu erklären. Wirtschaftliche Vernunft gebietet hier, die in Vorbehalts- oder Sicherungseigentum stehende Ware schon vor Tilgung der offenen Schuld aus Kauf oder Darlehen im Betrieb des Schuldners – verarbeitet oder unverarbeitet – zu veräußern. Beide Kreditgeber müssen jedoch wegen des vorzeitigen Verlustes ihrer Sicherheit um den Erwerb von Ersatzsicherheiten besorgt sein; beide vereinbaren Verlängerungsformen. Die jeweilige Verarbeitungsklausel verschafft dem Gesicherten an Stelle des verarbeiteten Rohstoffes als neue Sicherheit das Fertigfabrikat, die Vorausabtretungsklausel – im Falle der Veräußerung – die Forderung aus dem Verkauf der Ware, die zunächst als Sicherheit gedient hatte. Auf Grund des rechtsgeschäftlich bewirkten Austausches der Sicherheiten erhält der bisher durch eine bewegliche Sache gesicherte Waren- oder Geldkreditgeber kraft Verarbeitungsklausel eine neue bewegliche Sache, kraft Vorausabtretungsklausel eine Forderung an Stelle der Sachsicherheit. Stets erlangt er das Surrogat sicherungshalber; er erwirbt es also auch dann als treuhänderischer Sicherungsnehmer, wenn ihm die ursprüngliche Sicherheit nicht als Sicherungseigentümer, sondern als Vorbehaltseigentümer gehört hatte.

Im Falle des verlängerten Eigentumsvorbehaltes bezeichne ich die Quintessenz von Rechtsfolgen, die Rechtsprechung und Schrifttum bei dieser Verlängerungsform anerkennen (dazu unten IV 1 a), als

22 Dazu oben: Dritte Vorlesung, II 1 f., S. 35 ff.; Vortrag Kyoto Universität, II 1, S. 118 ff.

Durchlässigkeitsgebot. Es erlaubt, an die Stelle des Vorbehaltseigentums eine fiduziarische Sicherheit treten zu lassen, und zwar ohne Rücksicht auf deren neue Substanz. Diese rechtliche Konsequenz zeigt sich anschaulich bei dem über eine Vorausabtretungs- bzw. eine Verarbeitungsklausel verlängerten Eigentumsvorbehalt. Einen Wechsel der Substanz und der rechtlichen Qualität bewirkt die Verlängerung des Eigentumsvorbehaltes kraft Vorausabtretung, bei der an die Stelle der Vorbehaltssache eine fiduziarische Sicherheitsforderung tritt. Ein Wechsel der rechtlichen Qualität bei gleicher Substanz liegt dagegen vor, wenn ein unter Eigentumsvorbehalt stehender Rohstoff verarbeitet wird, der dann kraft Verarbeitungsklausel mit Herstellung der neuen Sache als Fertigfabrikat aus dem Bereich des Vorbehaltseigentums in den des Sicherungseigentums übergeht.

Die soeben anläßlich einer Verarbeitung besprochenen Vorgänge vollziehen sich im Blick auf die Sachsubstanz derart, daß in keinem Falle die Institute „Vorbehaltseigentum" oder „Sicherungseigentum" ausgehöhlt oder gar zerstört werden. Nach der Verarbeitung der Vorbehaltsware existiert der im Vorbehaltseigentum stehende Rohstoff jedenfalls im rechtlichen Sinne nicht mehr. Der Verlust der Sachsubstanz hat also, ohne daß das Rechtsinstitut Vorbehaltseigentum als solches hierdurch tangiert wird, zum Verlust des Vorbehaltseigentums geführt, und die Verlängerung hat sodann bewirkt, daß die neue Sache den Warenkreditgeber nunmehr mit der Qualität von Sicherungseigentum sichert. Dabei wurden alle Voraussetzungen für den Erwerb des Sicherungseigentums erfüllt[23].

Das Durchlässigkeitsgebot hat aber auch im Zusammenhang mit der verlängerten Sicherungsübereignung Bedeutung. So gilt hier bei einer Vorausabtretungsklausel: Nach der Veräußerung der zur Sicherung übereigneten Sache wechselt die Substanz der Sicherheit – an die Stelle der Sache tritt jetzt eine Forderung; der Sicherungsnehmer erlangt nicht das unbeschränkte Vollrecht, sondern wiederum eine Sicherheit mit fiduziarischer Qualität. Die Verarbeitungsklausel bewirkt dagegen, daß Sicherheiten gleicher Substanz – nicht mehr existenter Rohstoff und neue Sache – einander ablösen, ohne daß sich die fiduziarische Qualität ändert. Das bedarf besonderer Erwäh-

23 Zu den Verlängerungen kraft Verarbeitungsklausel im einzelnen vgl. oben: Vierte Vorlesung, II 1 ff., S. 48 ff. Zur Verlängerung des Eigentumsvorbehaltes kraft Vorausabtretungsklausel und der höchstrichterlichen Rechtsprechung: unten im Text IV 1 a, S. 146.

nung, weil die neue Sache nach einer Verarbeitung gemäß § 950 BGB ohne Rücksicht auf die Rechtsnatur des Eigentums, das am Rohstoff bestanden hatte, schlicht als Eigentum des Herstellers ausgewiesen wird.

2. Erweiterungsformen

Die Erweiterungsformen bei Eigentumsvorbehalt und Sicherungsübereignung belegen zunächst einmal in gleicher Weise wie die Verlängerungsformen, daß Vorbehalts- und Sicherungseigentum im deutschen Erscheinungsbild der Mobiliarsicherheiten parallel fortgeschrieben wurden und praktiziert werden[24]. Der Grundgedanke der Erweiterung ist darin zu sehen: Die Sachsicherheit verbleibt dem Kreditgeber auch dann, wenn die zunächst gesicherte Forderung getilgt ist, weiterhin als Sicherheit für andere Forderungen. Hierbei handelt es sich um ein wirtschaftliches Anliegen, das gleichermaßen beim Lieferanten- wie beim Bankkredit anzutreffen ist; insoweit läuft auch die rechtstechnische Ausgestaltung der Erweiterungsklauseln bei Vorbehalts- und Sicherungseigentum durchaus parallel. Der Vorbehaltslieferant hält kraft der Erweiterungsklausel sein Vorbehaltseigentum, die Bank ihr Sicherungseigentum auch nach Tilgung jener Forderung, die Anlaß für die Absicherung war, so lange fest, bis sich der in der Klausel vereinbarte Sicherungszweck erledigt hat.

Im Gegensatz zu den Verlängerungsformen, die gerade bei den dynamischen Sachsicherheiten notwendig werden, haben die Erweiterungsformen ihren Schwerpunkt bei den statischen Sachsicherheiten[25]. Diese sind nicht zum Weiterverkauf oder zur Verarbeitung bestimmt. Vielmehr handelt es sich bei ihnen um Sicherheiten des Vorbehaltslieferanten bzw. des Darlehensgebers (der Bank), die unverändert im Vermögen des Schuldners verbleiben sollen und deshalb seinem Anlagevermögen zuzurechnen sind. Der Käufer bzw. Darlehensnehmer benötigt eine derartige bewegliche Sache, weil mit ihr, beispielsweise mit einer Maschine, im schuldnerischen Unternehmen gearbeitet werden muß.

24 Dazu oben: Vierte Vorlesung, III 1 ff., S. 54 ff. (Erweiterungsformen bei Eigentumsvorbehalt und Sicherungsübereignung); dazu auch a. a. O., IV 1 ff., S. 59 ff. (Spezialfragen zum erweiterten Eigentumsvorbehalt; Eintritt des Erweiterungsfalles usw.).

25 Dazu oben: Vortrag Kyoto Universität, II 3, S. 124.

Beim Vorbehaltseigentum ist freilich auf eine bemerkenswerte Besonderheit nach dem Eintritt des Erweiterungsfalles hinzuweisen. Er liegt vor, wenn die durch das Vorbehaltseigentum ursprünglich gesicherte Kaufpreisforderung getilgt ist und das Vorbehaltseigentum dann eine andere Forderung des Lieferanten zu sichern hat, etwa eine Forderung aus einer von ihm beim Käufer entgeltlich vorgenommenen Reparatur. Der erweiterte Eigentumsvorbehalt besichert jetzt mit Vorbehaltssache und -eigentum eine Forderung, die nicht, wie früher der Kaufpreis, den speziell mit ihr übereinstimmenden Sicherungsgegenstand betrifft.

Der Bundesgerichtshof bewertet diese veränderte Sachlage sicherungsrechtlich für den Konkursfall wie folgt: Der Eigentumsvorbehalt gebe – und das gelte auch für den erweiterten Eigentumsvorbehalt nach Eintritt des Erweiterungsfalles – dem Lieferanten eine gesicherte dingliche Rechtsposition; er sei Eigentümer der Sache geblieben. Dieser Kernsatz erfährt folgende Einschränkung: Der Vorbehaltseigentümer dürfe jedoch die Sache, die der Käufer bereits voll bezahlt habe, nicht aussondern, weil sie nur seiner Sicherung diene. Die Stellung des Vorbehaltseigentümers sei vergleichbar mit jener des Sicherungseigentümers. Ebenso wie dieser dürfe er sich deshalb wegen der gesicherten Forderung aus der Sache befriedigen. Ihm stehe also ein Absonderungsrecht zu[26].

Im Falle einer Verwertung greift deswegen nach Eintritt des Erweiterungsfalles – anders als beim einfachen Eigentumsvorbehalt (dazu oben II 4) – § 64 KO entsprechend ein; damit kommt der Grundsatz der Ausfallhaftung zum Zuge usw.[27]

Der Übergang von Vorbehalts- zu Sicherungseigentum nach Eintritt des Erweiterungsfalles ist unter wirtschaftlichem Aspekt evident. Er wird allerdings nicht so vollzogen, daß sich das Vorbehaltseigentum auch rechtlich in Sicherungseigentum umwandelt. Vielmehr ist das Vorbehaltseigentum grundsätzlich unverändert geblieben; lediglich im Hinblick auf die Verwertung im Konkurs ist

26 Vgl. *BGH*, 10.2.1971, BB 1971 S. 285, 286; bestätigt in *BGH*, 9.7.1986, ZIP 1986 S. 1059, 1062. Dazu oben: Vierte Vorlesung, IV 2, S. 60 f.

27 Dazu *Serick*, V, § 68 III 1 b, S. 686 f. Der im Text erwähnte Grundsatz der Ausfallhaftung besagt, daß sich der Sicherungsnehmer zuerst aus dem Sicherungsgut befriedigen muß. Er kann also nicht zunächst verhältnismäßige Befriedigung für die volle gesicherte Forderung verlangen und sich erst dann wegen seines Ausfalls an das Sicherungsgut halten. Das ist zwingendes Recht, vgl. dazu *Serick*, III, § 35 I 3 a, S. 277 f.

es mit Sicherungseigentum vergleichbar geworden[28]. Rechtstechnisch wird infolgedessen dem Lieferanten nach dem Erweiterungsfall ein Pfandrecht an eigener Sache zugesprochen, das ihn jedoch dieses Mal lediglich in gleicher Weise wie einen Pfandgläubiger, dem ein Pfandrecht an fremder Sache zusteht, zur Verwertung berechtigt; er ist deshalb in der Insolvenz nicht mehr wie im Rahmen des einfachen Eigentumsvorbehaltes zur Aussonderung, sondern nur noch zur abgesonderten Befriedigung befugt.

Der Übergang von Vorbehalts- zu Sicherungseigentum ist, wie ersichtlich, ebenfalls erfolgt, ohne daß das Rechtsinstitut des Vorbehaltseigentums zerschlagen werden oder das des Sicherungseigentums eine Wesensveränderung erleiden mußte. Lediglich einzelne Funktionen des Vorbehaltseigentums sind mit Hilfe von Instituten unserer Rechtsordnung für einen bestimmten Einzelfall den Funktionen des Sicherungseigentums angepaßt worden. Nach Eintritt des Erweiterungsfalles vermag hier eine unserem Sachenrecht bekannte Rechtsfigur, nämlich das Pfandrecht an eigener Sache, dem Vorbehaltseigentum eine zusätzliche sicherungsrechtliche Elastizität zu verschaffen, die auch interessegerechte insolvenzrechtliche Folgen auszulösen imstande ist.

28 Ausführlich hierzu: *Serick*, V, § 68 III 1 a, S. 680 ff., 684. Zum Parallelfall des Käufervergleichs vgl. *Serick*, VI, § 79 III 2 a, S. 585 ff., 587. Aus neuerer Rechtsprechung: *BGH*, 9.7.1986, ZIP 1986 S. 1059, 1062: „Dies ergibt sich zum einen daraus, daß die sachenrechtliche Wirkung des erweiterten Eigentumsvorbehalts die schuldrechtliche Selbständigkeit der einzelnen, insbesondere der durch Zahlung des Käufers erfüllten Kaufverträge nicht berührt (vgl. OLG München MDR 1969, 840, 841; *Bley*, Zeitschrift der Akademie für Deutsches Recht (ZAkDR) 1937, 41, 42; *Bley/Mohrbutter*, VglO, 3.Aufl., 1970, § 36 Anm. 44, anders 4. Aufl., 1979, § 36 Anm. 44; *Jaeger/Lent*, aaO, § 17 Rz. 11; *Böhle-Stamschräder/Kilger*, aaO, § 17 Anm. 3 a; *Serick*, aaO, Band V, § 68 III 2 a, S. 691; anders LG Stuttgart MDR 1958, 100, 101). Zum anderen hat der erweiterte Eigentumsvorbehalt an der bereits bezahlten Ware nurmehr die einer Sicherungsübereignung vergleichbare Funktion, *andere* Forderungen des Verkäufers aus der Geschäftsverbindung zu sichern, während die Erfüllungsfunktion entfallen ist (Senatsurt. v. 10.2.1971, aaO, unter 2 a). Die Annäherung an die Sicherungsübereignung führt dazu, daß dem Vorbehaltsverkäufer an der bereits bezahlten Ware im Vergleichs- oder Konkursverfahren des Vorbehalts*käufers* kein Aus-, sondern nur ein Absonderungsrecht gem. §§ 27 VglO, 48 KO zusteht (vgl. Senatsurt. v. 10.2.1971, aaO, unter 2 a; Senatsurt. v. 23.11.1977 – VIII ZR 7/76, WM 1977, 1422).“ Zu den Ausführungen des Bundesgerichtshofes über das generelle Entfallen der Erfüllungsfunktion des Vorbehaltseigentums nach Eintritt des Erweiterungsfalles – das Gericht beruft sich dabei auf „Senatsurt. v. 10.2.1971, aaO, unter 2a“ (=WM 1971 S. 348 = BB 1971 S. 285) – vgl. aber oben: Vierte Vorlesung, IV 3 a, S. 61, Text und Fußnote 28. In *BGH*, WM 1971 S. 348, wird der Wegfall nur anläßlich der abgesonderten Befriedigung, also einer Verwertung der Vorbehaltssache, angesprochen.

IV. FAZIT – TRENNUNG VON VORBEHALTSEIGENTUM UND FIDUZIARISCHER SICHERHEIT, ABER BEHUTSAME FORTSCHREIBUNG DURCH BRÜCKENSCHLÄGE (VERBUNDKONZEPT)

1. Verbundkonzept im Spiegel von Rechtsprechung und Schrifttum

Das Durchlässigkeitsgebot (dazu oben III 1) beim verlängerten Eigentumsvorbehalt erlaubt es, Vorbehaltseigentum im Verbund mit einer Verarbeitungsklausel in Sicherungseigentum oder im Verbund mit einer Vorausabtretungsklausel in eine Sicherheitsforderung überzuleiten und solchermaßen fiduziarisch nicht gebundenes Eigentum in fiduziarisches Treugut umzuformen[29]. Die These von der Elastizität des Vorbehaltseigentums beim erweiterten Eigentumsvorbehalt (dazu oben III 2) besagt, daß dem Vorbehaltseigentum eine dem gewöhnlichen Eigentum unbekannte Elastizität innewohnt, die nach Eintritt des Erweiterungsfalles das Eigentum in der Insolvenz ausnahmsweise auf die Stufe einer bloß noch pfandrechtsartigen Berechtigung herabsinken läßt. Diese Berechtigung hat zwar keinen fiduziarischen Ursprung oder Charakter, ist aber in diesem Kontext insolvenzrechtlich in ihren Auswirkungen gleich zu behandeln wie die pfandrechtsartige Berechtigung aus fiduziarischem Sicherungseigentum[30].

Das skizzierte Instrumentarium erhält die Rechtsinstitute Vorbehaltseigentum und fiduziarische Sicherheit im heutigen Wirtschaftsleben und beläßt ihnen zugleich ihre Dynamik. In der deutschen Rechtsprechung und im deutschen Schrifttum ist dieser zukunftsweisende Prozeß in Gang gebracht worden; abgeschlossen ist er noch nicht. Das belegen die Ausführungen des Bundesgerichtshofes zu einem kraft Vorausabtretung verlängerten Eigentumsvorbehalt und der Meinungsstreit im Schrifttum über die Rechtsnatur der Verarbeitungsklausel sowie beim erweiterten Eigentumsvorbehalt über die Qualifikation des Vorbehaltseigentums nach Eintritt des Erweiterungsfalles – zum letzteren liegt eine höchstrichterliche Stellungnahme vor, zur Verarbeitungsklausel steht sie noch aus. Diesen Komplex sollen nun konkrete Beispiele veranschaulichen.

---

29 Vgl.: *Serick*, VI, § 73 I 1 a, S. 52; *Serick*, Festschrift Arbeitskreis, S. 271, 278 f.

30 Vgl. *Serick*, Festschrift Arbeitskreis, S. 271, 281 f. Dazu ferner oben: Vierte Vorlesung, IV 3 b, S. 62 f.

a) *Zum Durchlässigkeitsgebot beim Austausch Vorbehaltssache gegen Sicherheitsforderung bzw. neu hergestellte Sache*

So hat sich der Bundesgerichtshof bei einem kraft Vorausabtretung verlängerten Eigentumsvorbehalt noch 1967 dahin ausgesprochen, daß ein Vorbehaltslieferant, dem auf Grund verlängerten Eigentumsvorbehaltes die Kaufpreisforderung zustehe, im Konkurs ein Aussonderungsrecht habe – vergleichbar seien hier nicht die Grundsätze über die Sicherungsübereignung, sondern jene über den Eigentumsvorbehalt[31]. Drei Jahre später führt er dagegen aus, ein kraft Vorausabtretung verlängerter Eigentumsvorbehalt beinhalte keine Voll-, sondern nur eine Sicherungsabtretung der künftigen Forderung, die im Konkurs des Sicherungsgebers nicht zur Aussonderung, sondern zur Absonderung berechtige[32].

Der späteren Entscheidung ist zuzustimmen. Sie trägt dem Durchlässigkeitsgebot, hier: der Umgestaltung der ersten Sicherheit „Vorbehaltseigentum“ in jene zweite, die „fiduziarische Sicherheitsforderung“, unter Wahrung beider Rechtsfiguren Rechnung. Sie respektiert, daß die Sicherheitsforderung – im Gegensatz zum Vorbehaltseigentum – gerade nicht aus dem Vermögen des Vorbehaltslieferanten, sondern aus jenem des Käufers stammt, mag man bei dem Erwerb der Forderung mit einem Durchgangserwerb des Käufers, reduziert auf eine logische Sekunde, arbeiten oder nicht. Zugunsten des Vorbehaltslieferanten ist deswegen keine Voll-, sondern nur eine Sicherungsabtretung erfolgt. Im Käuferkonkurs drückt das für Treugut geltende Umwandlungsprinzip die Gläubigerstellung des Vorbehaltslieferanten an jener Forderung ohne weiteres zu einer bloß noch pfandrechtsartigen Berechtigung herab. Das Umwandlungsprinzip begründet damit ein Absonderungsrecht und wertet die Stellung des Gemeinschuldners zur Inhaberschaft des Vollrechts auf[33].

Im Bereiche des über eine Verarbeitungsklausel verlängerten Eigentumsvorbehaltes gilt Entsprechendes (dazu auch oben III 1). Ich habe zuletzt in Band VI meiner Monographie meinen Standpunkt noch einmal ausführlich dargelegt und begründet, daß der Vorbehaltslieferant die aus seinem Rohstoff „Vorbehaltsware“ nach

31 Vgl. *BGH*, 30.10.1967, WM 1967 S. 1211, 1213 (insoweit in BGHZ 49 S. 11 nicht abgedruckt).

32 Vgl. *BGH*, 9.12.1970, BB 1971 S. 17.

33 Dazu *Serick*, Festschrift Arbeitskreis, S. 271, 280 f.

einer Verarbeitung neu hergestellte Sache mit Hilfe seiner Verarbeitungsklausel als Sicherungseigentum erwerbe, das ihn im Konkurs und Vergleich nur zur Absonderung befuge. Es handelt sich dabei um eine Auseinandersetzung mit Jauernig, dem Hauptvertreter der Gegenposition; nach ihr steht dem Lieferanten die neue Sache ebenfalls wie einem aussonderungsberechtigten Vorbehaltseigentümer zu[34]. Das ist zugleich die Position der Trennungstheorie.

Eine höchstrichterliche Entscheidung über diese Frage steht hier allerdings noch aus. Es ist aber wohl zu erwarten, daß sich auch bei der Verarbeitungsklausel das von mir postulierte Durchlässigkeitsgebot durchsetzen wird.

b) Zur These von der Elastizität des Vorbehaltseigentums bei Auswechslung der ursprünglich gesicherten Kaufpreisforderung gegen eine neue Forderung

Die These von der Elastizität des Vorbehaltseigentums beim erweiterten Eigentumsvorbehalt nach Eintritt des Erweiterungsfalles öffnet dagegen nicht, wie das Durchlässigkeitsgebot, ein Tor, durch das der Bereich des Eigentumsvorbehaltes verlassen werden und in den Bereich der fiduziarischen Sicherungsgeschäfte eingetreten werden kann. Vielmehr ermöglicht es diese These, innerhalb des Vorbehaltseigentums zu berücksichtigen, daß dem Eigentum, das Vorbehaltseigentum geworden und gleichwohl Volleigentum geblieben ist, nach dem Leitbild des Vorbehaltskaufs neben der Erfüllungsfunktion von vornherein nur noch die Funktion zukommt, die Kaufpreisforderung (und gegebenenfalls den Rückforderungsanspruch des Verkäufers) zu sichern[35], nicht aber jene, dem Lieferanten seine Eigentümerstellung endgültig zu belassen und zu erhalten. Das Vorbehaltseigentum ist, so gesehen, im Zusammenhang mit der Sicherungsfunktion ebenfalls nur Eigentum auf Zeit. Daran ändert sich auch durch die Vereinbarung einer Erweiterungsklausel nichts. Nach dem Erweiterungsfall, also nach Auswechslung der ursprünglich gesicherten Kaufpreisforderung, betrifft der Sicherungszweck

---

34 Vgl. dazu im einzelnen *Serick*, VI, § 77 I 2 a, S. 423 ff. Zur Gegenposition vgl. *Jauernig*, Zwangsvollstreckung und Konkursrecht (17. Aufl. 1985), § 45 I 1 a, S. 186 f.; siehe aber auch *Jauernig* a. a. O. (18. Aufl. 1987), § 45 I 1 a, S. 188 f. (letzter Satz vor b). Vgl. hier ferner die Nachweise in: Vierte Vorlesung, II 3, S. 53 Fußnote 6.

35 Dazu: *Serick*, I, § 5 I 1, S. 77 f.; *Serick*, V, § 57 III 2 c, S. 74 f.

allerdings eine neue Forderung; jedoch ist nach wie vor die Pflicht aus dem Kauf, die Sache nach Erledigung des erweiterten Sicherungszweckes zu übereignen, erhalten geblieben[36]. Nur der Sicherungszweck hat also, was den Sicherungsgegenstand anlangt, seine spezielle Zielrichtung – Sicherung eines Warenkredits – verloren und nunmehr die allgemeine Form einer gewöhnlichen Geldsicherung erlangt[37]. Dieser Tatsache wird, falls die Vorbehaltssache im Konkurs verwertet werden muß, weil die neue, durch sie jetzt gesicherte Forderung notleidend geworden ist, Rechnung getragen durch Verwertungsmodalitäten, die sich an einem Pfandrecht des Lieferanten an eigener Sache sowie an Regeln ausrichten, die für die pfandrechtsartige Berechtigung eines fiduziarischen Sicherungseigentümers gelten.

Die hier vertretene Auffassung, wonach ein kraft Erweiterung gesicherter Lieferant nach Eintritt des Erweiterungsfalles dank der Elastizität des Vorbehaltseigentums eine pfandrechtsartige Berechtigung an der in seinem Vorbehaltseigentum gebliebenen Sache erlangt, stimmt insoweit mit der höchstrichterlichen Rechtsprechung überein, als seine Stellung jetzt in der Insolvenz mit der eines Sicherungseigentümers als vergleichbar erachtet wird[38]. Die Gegenposition dazu nimmt vor allem Henckel ein: Ob man die Rechtsstellung des Vorbehaltsverkäufers nach Eintritt des Erweiterungsfalles (also nach Zahlung des Kaufpreises) mit dem Absonderungsrecht, das er dann erhalten habe, als Sicherungseigentum bezeichne oder als eine dem Sicherungseigentümer vergleichbare Stellung, sei angesichts der gleichlaufenden Ergebnisse belanglos[39]. Das ist de lege lata die Position der Einheitstheorie, der ich hier und in meiner Monographie (in Auseinandersetzung mit Henckel) entgegengetreten bin[40]. De lege ferenda geht es um die „Einheitsmobiliarsicherheit" der Reformkommission. Diese von Henckel – nunmehr in

---

36 Zu weitgehend daher *BGH*, 9.7.1986, ZIP 1986 S. 1059, 1062 (dazu oben III 2, S. 144, Text in Fußnote 28, i.V. mit: Vierte Vorlesung, IV 3 a, S. 61).

37 Vgl. *Serick*, Festschrift Arbeitskreis, S. 271, 282. Dazu auch: Vierte Vorlesung, IV 3 b, S. 62.

38 Zur höchstrichterlichen Rechtsprechung vgl. *BGH*, 10.2.1971, BB 1971 S. 286 (dazu das wörtliche Zitat oben: Vierte Vorlesung, IV 2, S. 60 f.); *BGH*, 9.7.1986, ZIP 1986 S. 1059, 1062 (dazu das wörtliche Zitat oben III 2 Fußnote 28, S. 144).

39 Vgl. *Henckel*, Aktuelle Probleme der Warenlieferanten beim Kundenkonkurs, RWS-Skript 125 (2. Aufl. 1984), S. 13; zum Sicherungseigentum des Lieferanten: *Jaeger/Henckel*, Konkursordnung (9. Aufl. 2. Lieferung 1980), § 17 Randnr. 62.

40 Vgl. dazu *Serick*, V, § 68 III 1 a, S. 680 ff.; *Serick*, VI, § 79 III 2 a, S. 586 f., insbesondere Fußnote 54; § 79 IV 2 a, b, S. 617 ff.

seiner Eigenschaft als Vorsitzender der Arbeitsgruppe „Sicherheiten und Vorrechte“ in der Reformkommission[41] – befürwortete Position habe ich oben (II 3) kritisiert und in meiner Monographie als einen insolvenzrechtlichen Mißgriff abgelehnt[42].

2. Ausklang

Vor dem dargelegten Hintergrund zeichnet sich meine neue Konzeption des Zusammenhangs zwischen Vorbehaltseigentum und fiduziarischer Sicherheit ab. Sie läßt die höchst unterschiedlichen Ausgangspunkte beider Institute unangetastet, berücksichtigt aber behutsam, daß die Rechtswirklichkeit bei dieser Position nicht stehen geblieben ist und nicht stehen bleiben kann.

Das Durchlässigkeitsgebot trägt einem wirtschaftlichen Reife- und Anpassungsprozeß bei Vorbehaltseigentum und fiduziarischer Sicherheit Rechnung; es öffnet den Übergang von dem Bereich des Vorbehaltseigentums zu jenem der fiduziarischen Sicherheiten und wahrt dennoch die Eigenständigkeit beider Rechtsinstitute. Die These von der Elastizität des Vorbehaltseigentums dehnt dagegen nur dessen Umfang aus, ohne ihn zu sprengen oder zu denaturieren; sein Ausbau erfolgt systemimmanent.

Erlauben Sie mir bitte, meinen Vortrag mit einer kurzen – mehr scherzhaften als ernsten – Bemerkung abzuschließen. Die beiden soeben erwähnten Kerngedanken sind unverzichtbare Bestandteile eines von mir entworfenen Gesamtkonzeptes deutscher Mobiliarsicherheiten, das mich – von Frankreich ausgehend – sogar zu deren heiligem Thomas von Aquin hat avancieren lassen[43]. Träfe diese Charakterisierung zu und würde es mir gelingen, Ihr Interesse für meine Sicht der Mobiliarsicherheiten zu wecken, so wäre der „heilige Thomas“ in eigener Sache zum Missionar seines Konzeptes geworden.

---

41 Vgl. hierzu *Serick,* VI, § 82 IV 7 b, S. 864 f., = *Serick,* Auseinandersetzung, S. 108 f.

42 Vgl. *Serick,* VI, § 82 IV 6, S. 860 = *Serick,* Auseinandersetzung, S. 104.

43 Vgl. *Mauro,* Rezension zu Serick, Eigentumsvorbehalt und Sicherungsübertragung – Réserve de propriété et de transfert fiduciaire, Gazette du Palais 28./29.11.1982, S. 22. In Deutschland: Frankfurter Allgemeine Zeitung, Wer? Der heilige Thomas, 21.3.1987 Nr. 68, S. 15; *Trinkner,* Professor Dr. Rolf Serick zum 65. Geburtstag am 30. Juni 1987, BB 1987 S. 1185; Glückwunsch, ZIP aktuell 1987 S. A 89, Nr. 301; *Nirk,* Rezension zu Serick, Eigentumsvorbehalt und Sicherungsübertragung, Band V, NJW 1984 S. 1449.

Insolvenzrechtsreform und Reform der Mobiliarsicherheiten in Deutschland am Beispiel von Sicherheitenpools heute und in Zukunft (Erster und Zweiter Bericht der Kommission für Insolvenzrecht)*

I. SICHERHEITENPOOLS IM GELTENDEN RECHT

1. Überblick über Zwecke und Strukturen des Pools

Der Sicherheitenpool ist aus der deutschen Wirtschaft nicht mehr wegzudenken[1]. Er begegnet uns als Lieferanten- oder Bankenpool, als gemischter Pool mit Lieferanten- und Bankenbeteiligung und – gerade in der zuletzt genannten Variante – oft noch zusätzlich unter Beteiligung von Kreditversicherern.

Vom Zweck her gesehen lassen sich Sanierungs- und Verwertungspools unterscheiden. Der reine Finanzierungspool anläßlich von Konsortialkrediten[2] dagegen, der ebenfalls hierhergehört, verfolgt einen ganz anderen Zweck: Er soll die Durchführung großer Vorhaben von Unternehmen ermöglichen, bei denen das finanzielle Volumen und das Risiko einem einzigen Geldkreditgeber zu groß erscheinen. Dieser knappe Überblick soll als Einstieg in die Problematik unseres Sicherheitenpools dienen.

---

* Vortrag im Comparative Law Institute der Nihon Universität, Tokio, am 5.11.1987. Die folgenden Ausführungen im Text decken sich weitgehend mit einer Veröffentlichung meines Vortrags in: Nihon University, Comparative Law, Vol. 4 (1987) S. 1 ff. unter dem Titel: Insolvenzrechtsreform in Deutschland am Beispiel von Sicherheitenpools heute und in Zukunft (Erster und Zweiter Bericht der Kommission für Insolvenzrecht).

1 Neueres Schrifttum zum Pool de lege lata: *Kilger*, Konkursordnung (15. Aufl. 1987), § 43 Anm. 3 b, bb; *Kuhn/Uhlenbruck*, Konkursordnung (10. Aufl. 1986), § 4 Randnr. 13 ff., S. 232 ff.; § 43 Randnr. 44 c, S. 763; Randnr. 46 m, S. 771; Randnr. 46 n (am Ende), S. 772; § 127 Randnr. 16 z, S. 1500 f.; *Bucksch*, Der Poolvertrag (1987); *Schröter/Graf von Westphalen*, Sicherheiten-Poolverträge der Banken und Warenlieferanten, WM-Script 107 (1986). Dissertationen: *Beuck*, Poolvereinbarungen bei Unternehmensinsolvenz (1985); *Heß*, Miteigentum der Vorbehaltslieferanten und Poolbildung (1985); *Bohlen*, Der Sicherheiten-Pool (1984).

2 Mehrere Banken räumen gemeinsam als Konsorten dem Darlehensnehmer einen Kredit ein. Zu Konsortialvereinbarungen: *Bieri*, Kredit und Konsortium (Zürich 1987).

2. Gefahren bei Begriffsumschreibungen

Eine genauere Beschäftigung mit dem Institut des Pools zeigt zunächst: Seine Rechtsformen, seine Strukturen und die mit ihm verfolgten Zwecke sind im Einzelfall so unterschiedlich, daß eine allgemeine, alle Poolarten umfassende Definition schlicht unmöglich ist. Wird sie gleichwohl gegeben, so ist sie irreführend oder jedenfalls nur mit dem Vorbehalt zu lesen, daß die Definition für einen konkret ins Auge gefaßten Pool möglicherweise nicht zutrifft.

Dieser Vorbehalt gilt etwa für eine griffige Umschreibung, die zunächst im konkursrechtlichen Schrifttum aufgestellt wurde und neuerdings in einer weit verbreiteten Kommentierung der BGB-Gesellschaft zu lesen ist: Unter Sicherungspools (nicht: Sicherheitenpools!) verstehe man Vereinbarungen zwischen Sicherungsnehmern, durch die sie ihre Sicherungsrechte zum Zweck gemeinsamer Durchsetzung in einen Pool einbringen[3]. Rechtlich handele es sich im Regelfall um eine Außengesellschaft in der Rechtsform der Gesellschaft bürgerlichen Rechts, der die Sicherungsrechte von ihren Mitgliedern zu Gesamthandseigentum übertragen seien. Die Geltendmachung der Sicherungsrechte erfolge nach Maßgabe der vertraglichen Absprachen durch einen Gesellschafter als vertretungsbefugten Geschäftsführer oder durch einen Treuhänder im eigenen Namen. Der Erlös aus den realisierten Sicherheiten werde nach dem vereinbarten Schlüssel unter den Mitgliedern verteilt. Der Zweck des Pools bestehe regelmäßig darin, durch Vergemeinschaftung der Sicherungsrechte und ihre kollektive Geltendmachung die rechtlichen und tatsächlichen Schwierigkeiten auszuräumen, die bei individueller Durchsetzung der Rechte zu erwarten wären. Konkursrechtliche Einwände gegen die Wirksamkeit des Poolvertrages seien entgegen verbreiteter Ansicht nicht zu erheben.

Anderweitig wird speziell der Poolvertrag umschrieben, und zwar als Vereinbarung mehrerer Sicherungsnehmer, durch die diese ihre Sicherungsrechte in eine Gesellschaft bürgerlichen Rechts einbringen, die Auseinandersetzung regeln, oder durch den sie eine unechte Treuhand (bzw. Miteigentümergemeinschaft) begründen[4].

---

3 Vgl. – auch zum folgenden – *Ulmer* in Münchener Kommentar zum Bürgerlichen Gesetzbuch. III: Schuldrecht. Besonderer Teil, 2. Halbband (2. Aufl. 1986), Vor § 705 Randnr. 43, S. 406, im Anschluß an *Jaeger/Henckel*, Konkursordnung (9. Aufl., 2. Lieferung 1980), § 15 KO Randnr. 72 ff.

4 So *Kuhn/Uhlenbruck* (oben Fußnote 1), § 4 Randnr. 13, S. 232 f.

3. Eigenheiten des Sicherheitenpools bei Lieferanten und Banken

a) Lieferantenpools

Die Begriffsumschreibung „Lieferantenpool" ist im wesentlichen auf den Sicherheitenpool der Vorbehaltslieferanten zugeschnitten, und dies sollte auch gesagt werden. Hinzuweisen ist vor allem auch darauf, daß ein Oberbegriff wie etwa „Sicherungspool" seinen Zweck völlig irreführend wiedergeben würde. Denn die Lieferanten gründen den Pool nicht zur Sicherung von Forderungen, sondern zur Verwertung ihrer Sicherheiten. Das wird deutlich, wenn man sich Sinn und Zweck dieses Lieferantenpools vergegenwärtigt:

Die Lieferanten bringen in ihn ihre Mobiliarsicherheiten ein, zum Beispiel deswegen, weil der Vorbehaltskäufer, der ihnen im Rahmen eines durch Vorausabtretung verlängerten Eigentumsvorbehaltes Sicherheitsforderungen abgetreten hatte, nach Veräußerung der Ware in ein Konkursverfahren geraten ist. Dabei stellt sich jedoch heraus, daß mehrere Vorbehaltslieferanten gleichartige Ware, und zwar ebenfalls unter Vereinbarung eines über eine Vorausabtretung verlängerten Eigentumsvorbehaltes, geliefert hatten, keiner von ihnen aber beweisen kann, daß bei der Veräußerung der Ware vor Konkurs gerade seine Vorbehaltsware verkauft worden war. Keiner der Vorbehaltslieferanten kann infolgedessen den Nachweis führen, daß die Forderung aus dem konkreten Weiterverkauf gerade ihm abgetreten wurde. Es ist andererseits unstreitig, daß sie nur aus dem Weiterverkauf von Ware solcher Lieferanten herrühren kann, die den Pool vereinbaren wollen.

Hier gilt: Ohne den Poolzusammenschluß könnte keiner der Lieferanten die Forderung im Konkurs geltend machen; sie fiele mangels Beweisbarkeit der individuellen Gläubigerstellung in die Konkursmasse, obwohl feststünde, daß sie nicht dem Gemeinschuldner gehört. Wenn sich aber alle Lieferanten – von denen gewiß ist, daß die Forderung einem aus ihrem Kreis abgetreten wurde, und nur ungewiß ist, um welchen der Lieferanten es sich handelt – zu einem Lieferantenpool zusammenschließen, so ist Rechtens: Jeder von ihnen bringt, falls gerade er Gläubiger sein sollte, die Forderung in den Pool ein; dadurch wird sie „vergemeinschaftet" zu Gesamthandsvermögen dieser Gesellschaft. Der richtige Gläubiger – derjenige, dessen Vorbehaltsware tatsächlich veräußert wurde – konnte die Verfügung zugunsten der Poolgesellschaft wirksam vornehmen. Die Abtretungen der anderen im Pool zusammengeschlossenen Lieferanten, die nicht Gläubiger geworden waren, gehen dagegen ins Leere und sind wirkungslos.

Die Gesellschaft kann nunmehr die Sicherheitsforderung gegenüber dem Konkursverwalter geltend machen; der Pool kann danach im Innenverhältnis nach einem bestimmten Schlüssel, der jedes Poolmitglied einverständlich berücksichtigt, den Erlös aus der Einziehung der Forderung verteilen.

Zweck des Sicherheitenpools in dem besprochenen Beispiel ist, anläßlich der gebotenen Verwertung von Sicherheiten das sogenannte Nämlichkeitsproblem in den Griff zu bekommen. Es tritt immer dort auf, wo zwar beweisbar ist, daß ein Gegenstand – eine Forderung, eine Sache, ein Miteigentumsanteil usw. – nicht der Konkursmasse, also nicht dem Gemeinschuldner, sondern anderen Personen aus einer bestimmten Personengruppe gehört, jedoch nicht beweisbar ist, welche Person aus dieser Gruppe der Berechtigte ist.

b) Bankenpools

Ein Pool, in den mehrere Banken Sicherheiten einbringen, kann zwar ebenfalls ein Verwertungspool sein. Oft aber ist von ganz anderen Voraussetzungen auszugehen, bei denen das Nämlichkeitsproblem überhaupt keine Rolle spielt. So etwa können beim Finanzierungspool, zu dem sich Banken im Zusammenhang mit der Realisierung einer kostspieligen Investition eines Unternehmens zusammengeschlossen haben, Sicherungsgrundschulden eingebracht oder dem Poolführer – nicht dem Pool – bestellt werden; schon bestellte Sicherheiten – eine Sicherungsgrundschuld, aber auch etwa Mobiliarsicherheiten, das heißt: Sicherungsrechte an beweglichen Sachen (insbesondere das Sicherungs- und Vorbehaltseigentum), an Forderungen und an Rechten – werden nicht „vergemeinschaftet", sondern verbleiben dem bisherigen Berechtigten. Sie werden lediglich für den Poolführer – meist eine poolangehörige Bank – zur Verwirklichung des Gesellschaftszweckes, hier: der hinreichenden Sicherung aller dem Pool beigetretenen Geldkreditgeber im Falle eines wirtschaftlichen Fehlschlags, bereitgehalten. Der Verteilungsschlüssel kann Kreditlinien und Kontenausgleiche nach Maßgabe dieser Kreditlinien enthalten usw.

4. Zum hier verwendeten Begriff des Sicherheitenpools de lege lata

Die beiden soeben vorgestellten Sicherheitenpools, zu denen sich einerseits Vorbehaltslieferanten im Konkurs ihres Käufers, andererseits Banken außerhalb der Insolvenz zwecks Finanzierung eines Vorhabens zusammengeschlossen haben, verfolgen völlig verschiedene Zwecke. Im einen Pool sollen die erfaßten Sicherheiten primär verwertet, im anderen primär – weil im Vordergrund das Gelingen der Investition usw. steht – erhalten und nur sekundär, bei Scheitern, verwertet werden. (In das Leitbild des zuletzt genannten Pools gehört auch der sogenannte Sanierungspool.) Die Organisationsformen unserer besprochenen Lieferanten- und Bankenpools tragen dementsprechend unterschiedliche Züge. Das zur Verwirklichung des Poolzwecks bereitgestellte Vermögen wird im einen Fall Gesamthandsvermögen des Pools, im anderen Fall verbleibt es zunächst im Vermögen eines Poolmitglieds usw.

Gemeinschaftlich ist diesen Pools lediglich, daß in den einen wie den anderen Sicherheiten zur Verwirklichung des jeweiligen Zwekkes eingebracht werden. Die Sicherheiten werden sehr oft Mobiliarsicherheiten sein, aber selbst dies ist den beiden Pools nicht zwingend gemeinsam. Bei unserem Bankenpool zwecks Finanzierung eines großen Vorhabens wurden vielmehr an erster Stelle Sicherungsgrundschulden und erst an zweiter Stelle Mobiliarsicherheiten genannt, wobei freilich für beide Sicherungsmittel als gemeinsame Aussage gilt, daß es sich um Sicherheiten handelt.

Wird nun bei unseren Überlegungen, die sich vor allem mit den deutschen Mobiliarsicherheiten heute und in Zukunft beschäftigen, im Zusammenhang mit Poolbildungen auf die Vermögenswerte abgestellt, die Lieferanten oder Banken in ihre im übrigen verschiedenartigen Pools zur Verwirklichung des jeweiligen Poolzwecks einbringen, werden sodann diese Vermögenswerte auf Sicherheiten eingeschränkt, so läßt sich mit den eingebrachten Sicherheiten ein einheitliches Kennzeichen vieler verschiedenartiger Pools festhalten. Dieses Kennzeichen kann zum Merkmal einer bestimmten Erscheinungsform von Pools herangezogen werden. Solche Pools lassen sich hier – ansagegenau – jeweils als Sicherheitenpool präsentieren.

Die Definition dieser Rechtsfigur lautet dann: Sicherheitenpools sind rechtsgeschäftliche Zusammenschlüsse, insbesondere von Vorbehaltslieferanten oder Banken, die mit Hilfe einbezogener Sicherungsgegenstände – Mobiliarsicherheiten oder Sicherungsrechte an Immobilien – unterschiedliche Zwecke, und zwar außerhalb oder innerhalb der Insolvenz eines Schuldners, verfolgen.

5. Zerschlagung des Sicherheitenpools geltenden Rechts durch die Reformvorschläge

Der Sicherheitenpool gewinnt in der deutschen Wirtschaftspraxis mehr und mehr an Bedeutung, weil nur er Auswege aus bestimmten Konfliktslagen interessegerecht anbieten kann, so etwa im Zusammenhang mit der Nämlichkeitsproblematik (oben 3 a). Dieser im geltenden Recht nicht normierte, aber zulässige und vielfach einsetzbare Sicherheitenpool soll nun – nach den Vorschlägen der Kommission für Insolvenzrecht – nach Eintritt der Insolvenz keine Anerkennung mehr finden, soweit in ihn bereits früher Mobiliarsicherheiten eingebracht worden sind, oder wenn beabsichtigt wird, erst in der Insolvenz einen derartigen Sicherheitenpool zu bilden[5].

An seine Stelle will die für die Insolvenzrechtsreform und die insolvenzrechtliche Behandlung der Mobiliarsicherheiten zuständige Kommission im sogenannten einheitlichen Insolvenzverfahren, genauer: in dem dort geplanten Verfahrensabschnitt des „Reorganisationsverfahrens", einen ganz neuartigen Pool treten lassen. Er ist dort notwendig geworden, weil sich die Behandlung der Mobiliarsicherheiten im künftigen Reorganisations- und Liquidationsverfahren nicht in das geltende Recht einpassen läßt[6]. Geregelt wird zwar lediglich ein erst in der Insolvenz gebildeter Pool; gleichwohl verlieren alle schon vor der Insolvenz entstandenen Sicherheitenpools ihre Bedeutung, weil die Mobiliarsicherheiten mit Eröffnungsbeschluß zur Insolvenzmasse gehören. Sie werden automatisch dem in sicheren Zeiten vereinbarten Pool entzogen und der Masse einverleibt (dazu unten II 2, 4). In Stichworten lautet von hier aus die Thematik unseres Abschiedsvortrags: Sicherheitenpool, Mobiliarsicherheiten und Insolvenzrechtsreform.

---

5 Zum Sicherheitenpool de lege ferenda: Erster Bericht, Leitsatz 2.3.10, S. 217 (Sicherheitentreuhand nebst Begründung); *Serick*, VI, § 82 III 3 d, S. 839 f.; IV 10, S. 874 ff. = *Serick*, Auseinandersetzung, S. 83 f., 118 ff.

6 Zur deutschen Insolvenzrechtsreform und den Vorschlägen der Kommission für Insolvenzrecht in ihrem Ersten und Zweiten Bericht vgl. *Serick*, VI, §§ 81, 82, S. 757 ff. = *Serick*, Auseinandersetzung, S. 1 ff.

II. SICHERHEITENPOOL, MOBILIARSICHERHEITEN UND INSOLVENZRECHTSREFORM

1. Regelung des Pools im Ersten Bericht der Kommission für Insolvenzrecht

Der Sicherheitenpool, den die Kommission für Insolvenzrecht in ihrem Ersten Bericht vorstellt, wird in der Überschrift zu Leitsatz 2.3.10 als „Sicherheitentreuhand", im Text des Leitsatzes als „Sicherheitentreuhandfonds" und in der Begründung als „Sicherheitenpool" bezeichnet. Im einzelnen soll gelten :

„(1) Der Reorganisationsplan kann vorsehen, daß die den Reorganisationsgläubigern nach Maßgabe des Reorganisationsplans verbleibenden oder neu bestellten Sicherheiten für die Dauer einer Überwachung auf den Verwalter als Treuhänder übertragen werden, der sie für die gesicherten Gläubiger verwaltet.

(2) Der Verwalter hat dafür zu sorgen, daß der Sicherheitentreuhandfonds jeweils so weit ergänzt wird, daß sein ursprünglicher Wert erhalten bleibt. Der Schuldner ist verpflichtet, den Fonds entsprechend aufzufüllen."

Aus der Begründung ergibt sich, daß unter der Bezeichnung Sicherheitentreuhand ein „Sicherheitenpool" zu verstehen sei, der zugunsten von Reorganisationsgläubigern im Reorganisationsverfahren gebildet worden sei und nach der Bestätigung des Reorganisationsverfahrens bei der Plandurchführung vom Verwalter betreut werde. Dieser Pool soll also nach Beendigung des Reorganisationsverfahrens, das auf eine Sanierung des Unternehmens abzielt, solche Reorganisationsgläubiger, deren Sicherheiten die Bestätigung des Reorganisationsplans überdauern, schützen. Der Zweck des Sicherheitenpools liege – so der Erste Bericht – darin, dann sicherzustellen, daß der Fonds seinen Wert dadurch behalte, daß in den Fonds neue Sicherheiten in dem Maße einzubringen seien, in dem alte untergehen. Dies gelte aber nicht nur für die Zeit nach Bestätigung des Reorganisationsplans, also nach Aufhebung des Insolvenzverfahrens, sondern auch für den Fall, daß er scheitere und den Reorganisationsbemühungen ein Liquidationsverfahren nachfolge[7].

---

7 Zum Wortlaut von Leitsatz 2.3.10 und zur Begründung der Kommission vgl. Erster Bericht, S. 217. Kritisch: *Serick*, VI, § 82 IV 10 a, S. 874 ff. = *Serick*, Auseinandersetzung, S. 118 ff.

2. Von der Kommission vorgeschlagener Sicherheitenpool als insolvenzrechtliches Institut sui generis

Der im Ersten Bericht geregelte Sicherheitenpool ist mit keinem der im geltenden Recht gebräuchlichen Pools vergleichbar und kann hier auch nicht als Vorbild für Poolbildungen dienen. Der Sicherheitenpool der Kommission ist die notwendige Folge von Mobiliarsicherheiten, die im Ersten Bericht auf Zwecke des einheitlichen Insolvenzverfahrens zugeschnitten worden sind. Diese Mobiliarsicherheiten sollen über den bestätigten Reorganisationsplan in das geltende Zivilrecht transportiert werden. Sie müssen aber dort in ihren abstrusen Ausprägungen erhalten bleiben, weil sie möglicherweise – bei Scheitern des Reorganisationsplans – in einem neuen Insolvenzverfahren eingesetzt werden sollen, das jetzt als Liquidationsverfahren dazu bestimmt ist, das insolvente Unternehmen endgültig zu zerschlagen und zu verwerten.

Der Sicherheitenpool des Ersten Berichts hat mit unserem Sicherheitenpool des geltenden Rechts vom verfolgten Zweck her nichts gemeinsam: Es gibt bei jenem keinen Zweck der Sanierung eines Unternehmens, keinen Beweiserleichterungs- und Durchsetzungszweck bezüglich der in den Pool eingebrachten Mobiliarsicherheiten, keinen Finanzierungszweck des Pools. Auch von der Rechtsform her bestehen keine Gemeinsamkeiten: Es gibt im Sicherheitenpool der Kommission weder eine Vergemeinschaftung der Sicherheiten noch einen Zusammenschluß der Reorganisationsgläubiger zu einer bürgerlichrechtlichen Gesellschaft derart, daß die eingebrachten Vermögenswerte zwar den bislang Berechtigten verbleiben, deren Gesellschaftsbeitrag jedoch eine von der Regel des § 743 Abs. 2 BGB abweichende Nutzung oder Benutzung des gemeinschaftlichen Gegenstandes ist[8].

Der Erste Bericht sieht vielmehr vor, daß die Reorganisationsgläubiger ihre bestehengebliebenen Sicherheiten – die, soweit es sich um Mobiliarsicherheiten handelt, einen völlig anderen Zuschnitt erhalten haben als jene nach geltendem Recht – für die Dauer einer Überwachung auf den Verwalter als Treuhänder übertragen.

8 Eine abweichende Nutzung etwa kann nach geltendem Recht der Gesellschaftsbeitrag von Miteigentümern sein, die sich zu der Gesellschaft zusammenschließen, ohne daß sie ihre Miteigentumsanteile dem Pool übertragen. Voraussetzung ist dann lediglich, daß die Art der Nutzung auf die Erreichung des Gesellschaftszweckes ausgerichtet ist. Dazu *K. Schmidt* in Münchener Kommentar (oben Fußnote 3), § 741 BGB Randnr. 4, S. 821.

Danach verfolgt dieser Sicherheitenpool in erster Linie den Zweck, die im Pool erfaßten Mobiliarsicherheiten – die freilich mit Eröffnungsbeschluß bereits in das Insolvenzverfahren einbezogen wurden, ihre Aus- und Absonderungskraft verloren und damit ihre frühere Bedeutung weitgehend eingebüßt hätten – zu schützen. Der Pool soll sicherstellen, daß der Fonds während der überwachten Plandurchführung nicht an Wert verliert (Erhaltungszweck). Dies alles ist in Band VI meiner Monographie[9] dargelegt worden und braucht hier im einzelnen nicht vertieft zu werden.

Vertieft werden muß hier aber meine Aussage, daß der Sicherheitenpool der Kommission vor dem Hintergrund durch den Bericht verstümmelter und entwerteter Mobiliarsicherheiten zu sehen sei, weil sie durch ihn teilweise geradezu „abstruse" Ausprägungen erhalten würden. Darzulegen ist, daß derartige Mobiliarsicherheiten, die nach dem Reorganisationsverfahren in das weiterhin geltende Recht transportiert werden sollen, mit diesem geltenden Recht unvereinbar sind, weil sie unsere bürgerlichrechtlichen Grundstrukturen mißachten, beiseiteschieben oder sprengen. Zu zeigen ist darüber hinaus, daß derartige Verunstaltungen der im geltenden Recht anerkannten Mobiliarsicherheiten, die in den Sicherheitenpool einzubringen sind, nicht bloß während des Reorganisationsverfahrens vorgenommen sein müssen. Sie können vielmehr auch bei oder nach ihrer Entlassung in das Zivilrecht erfolgen.

3. Während des Reorganisationsverfahrens entstandene „abstruse" Mobiliarsicherheiten und geltendes Zivilrecht

Leitsatz 2.4.4.2 Abs. 1 des Ersten Berichtes der Kommission für Insolvenzrecht sieht de lege ferenda anläßlich der Verwertung von Sicherungsgut im Reorganisationsverfahren vor, daß der Insolvenzverwalter innerhalb der Grenzen einer ordnungsmäßigen Wirtschaft berechtigt ist, Sachen, die mit besitzlosen Mobiliarsicherheiten belastet sind (Sicherungsgut), zu verbinden, zu vermischen, zu verarbeiten oder zu veräußern. In diesen Fällen setze sich das Mobiliarsicherungsrecht am Surrogat des Sicherungsgutes fort. „Im Falle der Verbindung oder Verarbeitung erwirbt der Sicherungsberechtigte

9 Vgl. *Serick*, VI, § 82 IV 10a, S. 874 ff. = *Serick*, Auseinandersetzung, S. 118 ff. Zur Entwertung der Mobiliarsicherheiten mit Eröffnungsbeschluß vgl. *Serick*, VI, § 82 III 2b, S. 835 = *Serick*, Auseinandersetzung, S. 79; *Serick*, Die Insolvenzrechtsreform aus der Sicht der Wissenschaft, BB 1985 S. 2202 ff.

das Sicherungsrecht am Surrogat nur in Höhe des Wertes, den das Sicherungsgut zur Zeit des Beginns der Verbindung oder Verarbeitung hatte[10].“

a) „Gesetzliche“ Verlängerung am Beispiel der Verarbeitung

Wird etwa eine in einfachem Vorbehaltseigentum stehende Sache während des Reorganisationsverfahrens durch Verarbeitung „verwertet“, so muß die Wendung in Leitsatz 2.4.4.2 so verstanden werden, daß der Vorbehaltseigentümer nach der Verarbeitung grundsätzlich in Höhe des Wertes, den das Surrogat seiner Vorbehaltssache zur Zeit des Verarbeitungsbeginns hatte – das heißt: in Höhe des Wertes, den die Vorbehaltssache damals hatte –, Vorbehaltseigentum (wohl als Vorbehaltsmiteigentum) erwirbt[11]. Daß die Zuteilung einer derartigen Berechtigung an den Lieferanten nicht mit § 950 BGB übereinstimmt, ist offensichtlich; daß die Qualifikation seiner Berechtigung als Vorbehaltseigentum sogar bei Vorliegen einer Verarbeitungsklausel abzulehnen wäre[12], sei angefügt.

b) „Gesetzliche“ Verlängerung am Beispiel der Verbindung

Ein zweites Beispiel im Zusammenhang mit Leitsatz 2.4.4.2 Abs. 1 des Ersten Berichts. Eine in einfachem Vorbehaltseigentum stehende Sache wird während des Reorganisationsverfahrens im Anschluß an eine Verbindung mit Sachen des Insolvenzschuldners „gesetzlich“ verlängert, und zwar ungeachtet dessen, daß sie mit einer anderen Sache verbunden wurde, die Hauptsache ist und dem Insolvenzschuldner gehört. Die neue Mobiliarsicherheit des Lieferanten erhält nunmehr folgenden insolvenzrechtlichen Zuschnitt: Die Verbindung im Reorganisationsverfahren hat bewirkt, daß an der danach entstandenen neuen Sache Miteigentum des Lieferanten in Gestalt von Vorbehaltseigentum und Miteigentum des Eigentümers der Hauptsache entstanden ist[13]. Diese Rechtsfolge ist mit zwingendem geltenden Recht (§ 947 Abs. 2 BGB) unvereinbar.

10 Vgl. Erster Bericht, Leitsatz 2.4.4.2 Abs.1 Satz 4, S. 252.

11 Vgl. *Serick*, VI, § 82 IV 7 c, S. 867 = *Serick*, Auseinandersetzung, S. 111.

12 Vgl.: Vortrag Meiji Universität, IV 1 a, S. 146 f.; Vierte Vorlesung, II 3, S. 53.

13 Dazu im einzelnen *Serick*, VI, § 82 VI Nr. 26 b, S. 910, i.V. mit § 82 IV 8 a, S. 868 f. = *Serick*, Auseinandersetzung, S. 154, i. V. mit S. 112 f.

4. Mit dem Zivilrecht unverträgliche Verunstaltungen der Mobiliarsicherheiten bei ihrer Entlassung aus dem Insolvenzverfahren

Nach Bestätigung des Reorganisationsplanes und der Aufhebung des Insolvenzverfahrens werden die Mobiliarsicherheiten in ihrem insolvenzrechtlichen Zuschnitt in das Zivilrecht entlassen. Hierbei hat die Kommission erneut einen Eingriff vorgesehen, der mit unserer geltenden Rechtsordnung schlicht unvereinbar ist. Der Zweite Bericht sieht nämlich in Leitsatz 9.8 Abs. 4 vor, daß dann, wenn sich ein Verkäufer zur Sicherung seiner Kaufpreisforderung das Eigentum an der verkauften Sache vorbehalten hat, das vorbehaltene Eigentum sich mit der Rechtskraft des Beschlusses, der den Reorganisationsplan bestätigt, in Sicherungseigentum „verwandelt[14]".

Leitsatz 9.8. Abs. 4 des Zweiten Berichtes ergänzt das Bestreben, die Grundlagen der fiduziarischen Sicherungstreuhand durch willkürliche Eingriffe zu zerstören, die in keiner Weise durch die Strukturzüge der fiducia gerechtfertigt werden. In unserem Beispielsfall, in dem der Insolvenzverwalter eine Vorbehaltssache mit einer Hauptsache des Insolvenzschuldners verbunden hatte, bedeutet die gesetzliche, in Leitsatz 9.8. (ZB) statuierte „Verwandlung": Nach der rechtskräftigen Bestätigung des Reorganisationsplans und der Aufhebung des Insolvenzverfahrens wird die nach der Verbindung der Hauptsache des Insolvenzschuldners mit der Nebensache des Vorbehaltslieferanten entstandene Sache – an der der Lieferant kraft „Verlängerung" Vorbehaltsmiteigentum erlangt hatte – noch einmal neu strukturiert. Das bisherige Vorbehaltseigentum des Lieferanten hat sich in das Rechtsinstitut Sicherungseigentum, hier: Sicherungsmiteigentum, „verwandelt".

Es wird auf diese Weise im Zweiten Bericht ein Vorgehen gekrönt, das sich schon in einer Reihe von Leitsätzen des Ersten Berichtes unmißverständlich gezeigt hatte: Im geplanten Insolvenzverfahren soll eine Einheitsmobiliarsicherheit „Vorbehalts- und Sicherungseigentum" geschaffen werden. Die Kommission wollte beide Sicherheiten nämlich schon im Ersten Bericht insolvenzrechtlich durch Egalisierung weitgehend entwerten[15].

---

14 Vgl. dazu Zweiter Bericht, S. 194 ff. (nebst Begründung).

15 Vgl. dazu *Serick*, VI, § 82 IV 6, S. 859 ff. = *Serick*, Auseinandersetzung, S. 103 ff. Vgl. ferner oben: Vortrag Meiji Universität, II 3, S. 136.

Auch hierfür einige Belege: So sieht im Ersten Bericht Leitsatz 1.1.4 Abs. 1 b vor, daß die Insolvenzmasse Vorbehalts- und Sicherungseigentum „umfaßt“, Leitsatz 1.2.10 Abs. 2, daß das zur Insolvenzmasse gemäß Leitsatz 1.1.4 „gehörende“ Vermögen beschlagnahmt wird usw. Dem Vorbehaltseigentümer wird die Rechtsstellung eines Sicherungsnehmers zugewiesen; er wird ganz unbekümmert mit seinem Vorbehaltseigentum so behandelt, als habe er es vom Insolvenzschuldner übertragen erhalten[16]. Der Vorbehaltslieferant wird in den angesprochenen Leitsätzen im Ersten Bericht für die Abwicklung des Insolvenzverfahrens als Sicherungsnehmer seines eigenen Eigentums behandelt und nach Planbestätigung und Beendigung des Reorganisationsverfahrens im Zweiten Bericht dann auch noch für das Zivilrecht als Sicherungseigentümer ausgewiesen.

5. Zwang, mit insolvenzrechtlich denaturierten Mobiliarsicherheiten im Zivilrecht zu arbeiten

Mit verunstalteten Mobiliarsicherheiten dieser Art, die infolge des Insolvenzgeschehens entstanden sind, müßte das Zivilrecht nach den Reformvorschlägen leben. Das belegt eindringlich der soeben besprochene insolvenzrechtliche Sicherheitenpool. Er hat gerade die Funktion, insolvenzrechtlich geprägte Mobiliarsicherheiten in dem zivilrechtlichen Abschnitt der überwachten Plandurchführung – der möglicherweise nur ein Interim bildet, weil die Plandurchführung scheitert – auf ein nachfolgendes Liquidationsverfahren hin zu schützen, vor allem bei Veränderungen wertbeständig auf diesen möglichen Weitertransport in das Liquidationsverfahren hin zu erhalten. Dieser Schutz- und Erhaltungszweck des insolvenzrechtlichen Sicherheitenpools stünde zwingend jedem Versuch einer Anpassung an das geltende Zivilrecht entgegen[17].

Der Schutz- und Erhaltungszweck, der ausschließlich aus Wertvorstellungen des Reorganisationsverfahrens in Verbindung mit Mechanismen des Liquidationsverfahrens zu erklären ist, zwingt sogar dem geltenden Zivilrecht im Zwischenbereich nach Ende des

16 Zur eigenständigen Bedeutung des Vorbehaltseigentums gegenüber dem Sicherungseigentum und der Mißachtung im Ersten Bericht vgl. auch *Huber*, Der Eigentumsvorbehalt im Synallagma, ZIP 1987 S. 750, 758 f.

17 Dazu *Serick*, VI, § 82 VI Nr. 27 b, S. 910 f. = *Serick*, Auseinandersetzung, S. 154 f.

Reorganisationsverfahrens bis zum Liquidationsverfahren Rechtsfiguren auf, die dem Bürgerlichen Gesetzbuch unbekannt sind. Ist etwa in den insolvenzrechtlichen Sicherheitenpool eine Vorbehaltssache, für die ein einfacher Eigentumsvorbehalt gilt, eingebracht worden und ist sie unverändert bis zur Aufhebung des Insolvenzverfahrens in ihm verblieben, so wird sie, wie gesagt, zur überwachten Plandurchführung in Gestalt von Sicherungseigentum in das Zivilrecht entlassen (Leitsatz 9.8 Abs. 4 ZB). Verarbeitet diese Sache nun – vor Eröffnung eines Liquidationsverfahrens, also ausschließlich im Geltungsbereich des § 950 BGB – der ehemalige Vorbehaltskäufer, der später Insolvenzschuldner und nach Beendigung des Reorganisationsverfahrens kraft „Verwandlung“ „Sicherungsgeber“ wurde, so erwirbt er gemäß § 950 BGB das Alleineigentum; der Vorbehaltslieferant alias Sicherungsnehmer verliert seine frühere dingliche Berechtigung. Die Vorschrift des Leitsatzes 2.4.4.2 Abs. 1 EB mit der „Wohltat“ einer „gesetzlichen Verlängerung“ des Sicherungseigentums in die neue Sache hinein gilt nicht mehr, und eine vertragliche Verlängerung kraft Verarbeitungsklausel fehlt.

Dies wiederum erklärt eine eigenartige Abhilfe in dem für den Sicherheitenpool maßgebenden Leitsatz 2.3.10 EB, und zwar mit Geltung für das Zivilrecht. Ist nämlich eine im Reorganisationsverfahren noch nicht verarbeitete, in den Pool eingebrachte Sache erst im Zuge der Plandurchführung verarbeitet worden, so hat der Verwalter – freilich durchaus abweichend von den Regeln des BGB über die Rechtsfolgen einer Verarbeitung – für ein Surrogat Sorge zu tragen. Der vormalige Käufer und jetzige „Sicherungsgeber“ ist laut Reorganisationsplan verpflichtet, dem Fonds an Stelle der untergegangenen Sache gleichwertige Sicherheiten zu verschaffen; er hat den Fonds also über Ersatz „entsprechend“ aufzufüllen[18]. Zum Vergleich: Das Bürgerliche Gesetzbuch sieht zwar einen Ausgleich für den Rechtsverlust vor, der zu Lasten des Stoffeigentümers nach der Verarbeitung eingetreten ist (§ 951 BGB). Die in dieser Norm gewährte Entschädigung läßt sich aber keinesfalls in einem nachfolgenden Insolvenzverfahren als gleichwertige Ersatzsicherheit im Blick auf die untergegangene Sicherheit bewerten.

---

18 Dazu *Serick*, VI, § 82 IV 10 b, S. 877 = *Serick*, Auseinandersetzung, S. 121.

III. FAZIT

1. Unverträglichkeit der insolvenzrechtlich geprägten Mobiliarsicherheiten mit den Mobiliarsicherheiten des geltenden Zivilrechts

a) Sicherheitenpool

Am Beispiel des Sicherheitenpools der Reformkommission wurde zunächst einmal deutlich, daß dieses Konzept nicht dazu geeignet ist, dem Sicherheitenpool des geltenden Zivilrechts irgendwelche Impulse zu geben. Ganz im Gegenteil. Das Konzept hat sich als gefährlicher Fremdkörper herausgestellt, der im Blick auf unser Zivilrecht entweder voraussetzt, daß die geltenden Mobiliarsicherheiten zerstört und nach dem Muster der Reformvorschläge umgestaltet, oder daß die Reformvorschläge, jedenfalls soweit sie vom Pool erfaßte Mobiliarsicherheiten zum Inhalt haben, dem heute geltenden Recht angepaßt werden. Beides ist indessen nicht zu erwarten.

b) Mobiliarsicherheiten

Die Darstellung des Reform-Sicherheitenpools hatte auch dazu gezwungen, die Mobiliarsicherheiten der beiden Kommissionsberichte auf den Prüfstand des geltenden Zivilrechts zu stellen. Die Überlegungen zeigten, daß die insolvenzrechtlichen Vorschläge des Ersten und Zweiten Berichtes zutiefst in Struktur und Wesen der Mobiliarsicherheiten eingreifen. Unter dem Hinweis seitens der Kommission, daß dies alles nur für das Insolvenzrecht Rechtens sei[19], werden die Mobiliarsicherheiten in einer Weise verunstaltet, daß sie in das geltende Zivilrecht nicht mehr hineinpassen. Am Beispiel des Sicherheitenpools wurde gezeigt: Das vorgeschlagene einheitliche Insolvenzverfahren ist derart angelegt, daß die Mobiliarsicherheiten nach dessen Aufhebung zwangsläufig in das geltende Recht übernommen werden müssen. Infolgedessen droht die Gefahr – sollten die Kommissionsvorschläge Gesetz werden –, daß es dann im geltenden materiellen Zivilrecht zwei verschiedene Arten von Mobiliarsicherheiten geben wird: Erstens solche, die außerhalb

19 Dazu *Serick*, VI, § 82 V 4, S. 899 = *Serick*, Auseinandersetzung, S. 143.

des Insolvenzrechts entstanden sind und durch Insolvenzrecht nicht tangiert wurden, zweitens solche, deren Existenz oder jedenfalls deren Zuschnitt im geltenden Zivilrecht durch das Insolvenzverfahren der beiden Kommissionsberichte geprägt worden ist. Drittens wäre mit Mobiliarsicherheiten zu leben, die lediglich in dem neuen Insolvenzrecht, dort allerdings uneingeschränkt, gelten. Dieses Nebeneinander müßte die Einheit unserer Rechtsordnung[20] in eine unerträgliche Zerreißprobe treiben[21].

2. Ausblick

Die Mobiliarsicherheiten haben sich in der Insolvenz zu bewähren; dort muß auch der Schwerpunkt liegen, wenn ihr Nutzen für die Wirtschaft bedacht wird. In der Insolvenz sind sie nach den Vorschlägen der Kommission in einer Weise entwertet worden, die ich 1982 in Nürnberg als eine Amputation mit rostigem Messer zur Diskussion gestellt hatte[22].

Heute, nach der Veröffentlichung der beiden Kommissionsberichte, kann ich nur hinzufügen: Sollten diese Vorschläge Gesetz werden, so würden auf dieser Basis die Mobiliarsicherheiten auf Grund der Hebelwirkung des einheitlichen Insolvenzverfahrens zugleich in ihrer materiellen Existenzberechtigung außerhalb der Insolvenz vernichtet. In Band VI habe ich diesen Vorgang wie folgt umschrieben: Die deutschen Mobiliarsicherheiten würden ein rechtliches Schicksal erfahren, das mit dem, was über die Vernichtung der mexikanischen Kultur geschrieben werden konnte, durchaus vergleichbar wäre: Sie würden gemordet in „der vollen Pracht ihrer Entfaltung, ... zerstört wie eine Sonnenblume, der ein Vorübergehender den Kopf abschlägt[23]“.

20 Die Einheit zu wahren und zu schützen, ist ein Gebot, das heute wieder mehr denn je aktuell ist, vgl. etwa *K. Schmidt,* Das Insolvenzrecht und seine Reform zwischen Prozeßrecht und Unternehmensrecht, KTS 1988 S. 1, 18.

21 Dazu *Serick*, VI, § 82 IV 9, S. 871 = *Serick*, Auseinandersetzung, S. 115.

22 Vgl. *Serick*, Stand der Mobiliarsicherheiten heute, FLF 1983 S. 10, 17.

23 Dazu *Serick*, VI, § 82 V 1, S. 890 = *Serick*, Auseinandersetzung, S. 134; hierzu auch das Vorwort von *Kübler* a. a. O. S. VI f. Das wörtliche Zitat oben im Text ist entnommen aus *Spengler*, Der Untergang des Abendlandes (ungekürzte Sonderausgabe in einem Band, 167. bis 175. Tausend des ersten bzw. 146. bis 154. Tausend des zweiten Bandes der Gesamtauflage, 1923, Nachdruck 1973), S. 606 f. (Zweiter Band, erstes Kapitel II 10).

Anhang

Überblick und Orientierungspunkte zu Serick, Eigentumsvorbehalt und Sicherungsübertragung. Band I bis VI

Band I: Der einfache Eigentumsvorbehalt. 1963. XIX, 543 Seiten

VORSTELLUNGSBERICHT

Eigentumsvorbehalt und Sicherungsübertragung haben sich im Laufe der Zeit so ineinander verflochten, daß nur eine gemeinsame Untersuchung beiden Sicherungsmitteln gerecht wird. In der Einleitung von Band I werden deswegen zunächst Fragen behandelt, die für das Gesamtwerk Bedeutung haben. Die folgenden Abschnitte beschäftigen sich hingegen fast ausschließlich mit dem einfachen Eigentumsvorbehalt. Sie erarbeiten dessen Grundlagen, behandeln den Eigentumsvorbehalt im Bereiche des Schuld- und Sachenrechtes sowie im Zwischenbereich dieser beiden Rechtsgebiete und erörtern die Probleme, die er in der Zwangsvollstreckung, im Konkurs- und Vergleichsverfahren aufwirft. Ein letzter Abschnitt geht auf das Erlöschen des Eigentumsvorbehaltes ein; er schließt mit einem steuerrechtlichen Anhang.

Dem Anwartschaftsrecht aus Vorbehaltskauf wird in Band I ein herausragender Platz zugewiesen.

ORIENTIERUNGSPUNKTE ZUM INHALT

Zu den Rechtsquellen des Eigentumsvorbehaltes und der Sicherungsübertragung / Gründe für die heutige Ausgestaltung des Eigentumsvorbehaltes und der Sicherungsübertragung / Allgemeine Geschäfts- und Lieferungsbedingungen bei Sicherungsgeschäften / Zum Rechtsgrund (der causa) beim Kauf unter Eigentumsvorbehalt und der Sicherungsübertragung / Inhalt und Entstehung des Eigentumsvorbehaltes / Gegenstände des Eigentumsvorbehaltes / Schuldrechtliche Fragen bei der gesetzlichen Ausgestaltung des Vorbehaltskaufes / Schuldrechtliche Vertragsklauseln beim Vorbehaltskauf / Der Vorbehaltskauf als Abzahlungsgeschäft / Sachenrechtliche Wirkungen des Eigentumsvorbehaltes / Gutgläubiger Erwerb / Das

Anwartschaftsrecht des Vorbehaltskäufers / Vorbehaltssache und Anwartschaftsrecht in der Zwangsvollstreckung / Eigentumsvorbehalt und Anwartschaftsrecht im Konkursverfahren / Der Eigentumsvorbehalt im Vergleichsverfahren / Erlöschen des Eigentumsvorbehaltes und des Anwartschaftsrechtes / Steuerrechtliche Fragen.

Band II: Die einfache Sicherungsübertragung. Erster Teil. 1. Aufl. 1965, 2. unveränderte Aufl. 1986. XIX, 575 Seiten

VORSTELLUNGSBERICHT

Band II beschäftigt sich im ersten Abschnitt mit den Grundlagen der Sicherungsübertragung. Hier geht es um die Wesensmerkmale, die die Sicherungsübertragung kennzeichnen: um ihre Rechtsnatur als Treuhandgeschäft. Dabei wird auf die schuldrechtliche Sicherungsabrede in ihrer Eigenschaft als Treuabrede eingegangen; auf fiduziarische Rechtsgeschäfte und rechtsgeschäftliche Ermächtigungen als Ausprägungen römisch- und germanischrechtlichen Treuhanddenkens, deren jeweilige Erfordernisse, Wirkungen und Schranken. Im zweiten Abschnitt stehen bewegliche Sachen als Sicherungsgut im Vordergrund; es handelt sich um den Bereich der Sicherungsübereignung in ihren mannigfaltigen Varianten bei Warenlagern, verbrieften Sachen, Zollgut usw. und um die vielschichtigen Probleme, die dabei zu bedenken sind. Ein nächster Komplex ist der Forderung als Sicherungsgut, rechtstechnisch: den kreditsichernden Forderungsabtretungen, gewidmet. Der letzte Fragenkreis hat die Sicherungsübertragung von Rechten zum Gegenstand; aus der Vielzahl der Rechte ist eine Auswahl getroffen worden, die der Praxis gerecht wird.

Die Aktualität der 1965 erschienenen ersten Auflage beruht auf Themen, die die Wirtschaft heute wie damals unverändert beschäftigen: Fragen zur Sicherungsübereignung eines Warenlagers mit wechselndem Bestand, zu Sicherungsgrundschulden, zur Einziehungsermächtigung usw. Die Untersuchungen hierzu haben auch noch in unserer Zeit ihre Gültigkeit behalten. Die Notwendigkeit, nach mehr als 20 Jahren seit der Veröffentlichung dieses Bandes eine zweite, unveränderte Neuauflage herzustellen, belegt diese Aussage.

ORIENTIERUNGSPUNKTE ZUM INHALT

Gegenstände der Sicherungsübertragung (Sicherungsübertragung und Pfandbestellung; bewegliche Sachen; Grundstücke; Schiffe; Luftfahrzeuge; Forderungen; sonstige Rechte) / Die schuldrechtliche Sicherungsabrede mit Untersuchung der in den Sicherungsabreden üblichen Klauseln / Die Sicherungsübertragung als Treuhandgeschäft / Die Sicherungsübereignung einzelner beweglicher Sachen / Die Sicherungsübereignung von Warenlagern (Spezialitäts- und Bestimmtheitsgrundsatz; Sicherungsübereignung künftiger Waren im Lager mit wechselndem Bestand; Fremdgut im Warenlager) / Zur Sicherungsübereignung von verbrieften Sachen und von Zollgut / Gutgläubiger Erwerb bei Sicherungsübereignungen / Sicherungsabtretung von Forderungen / Die Einziehungsermächtigung / Besonderheiten bei der Sicherungsabtretung bestimmter Forderungen (insbesondere: Versicherungsforderungen, Darlehens- und Bausparkassenansprüche, Kontokorrentforderungen) / Als Sicherungsmittel wenig geeignete oder unbrauchbare Forderungsarten und Abtretungsformen / Die Sicherungsgrundschuld / Bemerkungen zur Sicherungsübertragung einiger besonderer Rechte (etwa Wertpapiere im Depot, Wechsel, GmbH-Anteile, Gesellschaftsanteile an Personengesellschaften, Miterbenanteile).

Band III: Die einfache Sicherungsübertragung. Zweiter Teil. 1970. XX, 607 Seiten

VORSTELLUNGSBERICHT

Band III schließt die Untersuchungen über die einfache Sicherungsübertragung ab. Er behandelt zunächst die Schranken, die die Rechtsordnung den Sicherungsgeschäften (insbesondere durch die §§ 138, 826 BGB) zieht; der nächste Abschnitt hat das Sicherungsgut in der Zwangsvollstreckung, im Konkurs- und Vergleichsverfahren zum Gegenstand. Der letzte Abschnitt befaßt sich mit der Abwicklung der Sicherungsübertragung nach Tilgung der gesicherten Forderung und im Falle der Verwertung des Sicherungsgutes:

Hierbei wird das Schicksal des Sicherungseigentums, der sicherungshalber abgetretenen Forderungen und der sonstigen übertragenen Rechte gesondert untersucht. Besondere Aufmerksamkeit wird dabei dem sicherungsrechtlichen Rückgewähranspruch geschenkt.

Probleme, die im Zusammenhang mit § 138 BGB gerade bei der Sicherungsübertragung auftreten, mußten – praxisbedingt – im Grundlagenbereich aufbereitet und in eine systematisch-berechenbare Ordnung gebracht werden. Dabei ist ein Schwerpunkt dieses Bandes entstanden.

ORIENTIERUNGSPUNKTE ZUM INHALT

Nichtigkeit wegen Verstoßes gegen die guten Sitten (§ 138 BGB) / Schadensersatzansprüche Dritter gegen den Sicherungsnehmer wegen sittenwidriger vorsätzlicher Schädigung (§ 826 BGB) / Anfechtung außerhalb und innerhalb des Konkursverfahrens wegen absichtlicher Gläubigerbenachteiligung / Haftung des Sicherungsnehmers bei Übernahme eines Vermögens / Sicherungsgut und Einzelzwangsvollstreckung / Sicherungsgut im Konkursverfahren / Sicherungsgut im gerichtlichen und außergerichtlichen Vergleichsverfahren / Abwicklung ohne Verwertung des Sicherungsgutes / Verwertung des Sicherungseigentums / Verwertung von Forderungen und Rechten.

Band IV: Verlängerungs- und Erweiterungsformen des Eigentumsvorbehaltes und der Sicherungsübertragung. Erster Teil: Verlängerungsformen und Kollisionen. 1976. XXVI, 794 Seiten

VORSTELLUNGSBERICHT

Band IV beginnt mit einer Einleitung, die terminologische Bemerkungen, Vorstellungsberichte und Anschauungsmaterial sowie treuhandrechtliche Überlegungen enthält. Die damalige Formularpraxis bei Verlängerungs- und Erweiterungsformen findet dabei besondere Berücksichtigung. Die Thematik „Mobiliarsicherheiten und Grenzen fiduziarischer Berechtigung“ war anläßlich formularmäßig vereinbarter Kombinationsformen, das heißt: kombinierter Verlängerungs- und Erweiterungsformen, erneut zu überprüfen.

Der Schwerpunkt dieses Bandes liegt in den beiden folgenden Abschnitten, die sich vor allem mit den Grundlagen der Verlängerungsformen und der Kollisionsproblematik, insbesondere durch sich überschneidende Verarbeitungs- oder Vorausabtretungsklauseln, befassen. In einem Anhang werden Erlösklauseln, bereicherungsrechtliche Fragen und Kommissionsklauseln behandelt, soweit sich bei diesen Komplexen Berührungspunkte mit oder Querverbindungen zu den Verlängerungsformen ergeben, ohne dabei die Kollisionsproblematik in ihren klassischen Erscheinungsformen auf den Plan zu rufen.

Die Untersuchungen zur Struktur des Factoring-Geschäftes schaffen Grundlagen für die Integration dieses Geschäftes in unsere Rechtsordnung. Sie haben interessegerechte Lösungen bei der Kollision von Globalzessionen im Rahmen echten und unechten Factorings mit dem über eine Vorausabtretung verlängerten Eigentumsvorbehalt ermöglicht.

ORIENTIERUNGSPUNKTE ZUM INHALT

Verarbeitung und Verarbeitungsklauseln (auch im Zusammenhang mit Schiffsbauwerken) / Erwerbsbeschränkungen in Verarbeitungsklauseln und konfliktloses Zusammentreffen mehrerer Verarbeitungsklauseln / Kollisionsfälle im Bereiche der Verarbeitungsklauseln / Abtretung künftiger Forderungen durch verlängerten Eigentumsvorbehalt, verlängerte Sicherungsübereignung und Globalzession / Bestimmbarkeit künftiger Forderungen in Theorie und Praxis / Anwartschaftsproblematik / Konflikte bei mehrfacher Vorausabtretung ein und derselben Forderung – Lösungsversuche im Schrifttum; höchstrichterliche Spruchpraxis; Stellungnahme und Lösungsvorschlag / Kollisionen zwischen verlängertem Eigentumsvorbehalt und Abtretungsverbot / Kollisionen zwischen verlängertem Eigentumsvorbehalt und Factoring-Globalzession / Bereicherungsrecht und Verlängerungsformen, etwa: Verlängerungsformen, Doppelabtretungen und § 816 Abs. 2 BGB.

Band V: Verlängerungs- und Erweiterungsformen des Eigentumsvorbehaltes und der Sicherungsübertragung. Zweiter Teil: Erweiterungsformen; Dritter Teil: Sonstiges – Insolvenzrecht (Konkurs). 1982. XXXIV, 993 Seiten

VORSTELLUNGSBERICHT

Die Verlängerungs- und Erweiterungsformen der Mobiliarsicherheiten haben infolge der ungewöhnlich hohen Zahl von Insolvenzen im heutigen Wirtschaftsleben ihre bislang stärkste Herausforderung erfahren. In einem blockartigen Schwerpunkt stellt sich Band V gerade den Problemen, die die Zahlungsunfähigkeit im Zusammenhang mit diesen wichtigsten Ausprägungen des Eigentumsvorbehaltes und der Sicherungsübertragung mit sich bringt.

Zunächst waren freilich noch die Grundlagen der Erweiterungsformen in ihren unterschiedlichen Gestaltungen – als einfach erweiterter Eigentumsvorbehalt bzw. erweiterte Sicherungsübereignung, als Kontokorrentvorbehalt usw. – aufzubereiten: Der Komplex der Verlängerungs- und Erweiterungsformen mußte zu seinem systematisch-dogmatischen Abschluß gebracht werden. So werden in Band V etwa Fragen beantwortet zu den institutionellen Schranken bei der Erweiterung auf künftige Forderungen; Rechtsmechanismen beim erweiterten Eigentumsvorbehalt in unterschiedlichem Verbund mit Verlängerungsformen werden analysiert; Strukturprobleme nach dem Eintritt des Erweiterungsfalles sind Gegenstand der Erörterungen usw. Dann aber befaßt sich dieser Band ausschließlich mit den vielfältigen konkursrechtlichen Fragen der Verlängerungs- und Erweiterungsformen des Eigentumsvorbehaltes und der Sicherungsübertragung sowie kreditsichernder Globalzessionen nebst Factoring-Geschäften.

ORIENTIERUNGSPUNKTE ZUM INHALT

Erweiterungsformen – Wurzeln, Strukturen und Schranken (hierbei auch: Kontokorrent- und Konzernklauseln nebst Übersicherungsproblemen bei sich wiederholenden kombinierten Erweiterungs- und Verlängerungsklauseln in laufenden Geschäftsverbindungen). Aus dem Konkursrecht: Verlängerungsformen kraft Vorausabtretungs- und Verarbeitungsklauseln / Veräußerungsermächtigungen sowie Verarbeitungserlaubnis in der kritischen Zeit und im Konkurs / Einziehungsermächtigungen / Vorausabtretungen und § 15 KO (Erwerb von Rechten an Massegegenständen) / Abtretungshindernisse / Aussonderung, Ersatzaussonderung / Kontokorrentproblematik bei Verlängerungsformen, Globalzessionen und der Vorausabtretung von Saldoforderungen / Erweiterungsformen kraft einfacher Erweiterung, Kontokorrent- und Konzernklauseln im Konkurs / Sicherungsrechtliche Vorauszessionen und §§ 53 ff. KO (Aufrechnung im Konkursverfahren) / Factoring sowie schuldrechtliche Teilverzichtsklausel auf dem Prüfstand des Konkurses.

Band VI: Verlängerungs- und Erweiterungsformen des Eigentumsvorbehaltes und der Sicherungsübertragung. Dritter Teil: Sonstiges – Insolvenzrecht (Vergleich); Insolvenzrechtsreform. 1986. XXXVIII, 966 Seiten

VORSTELLUNGSBERICHT

Das Jahr 1985 hat mit fast 19 000 Insolvenzen eine Rekordmarke erreicht; Anfang 1986 hat die Kommission für Insolvenzrecht mit dem Zweiten Bericht alle Reformvorschläge veröffentlicht. Vor diesem Hintergrund beendet Band VI – der Universität Heidelberg zu ihrem 600jährigen Bestehen gewidmet – zunächst die Darstellung des geltenden Rechtes der Mobiliarsicherheiten mit der Thematik: Verlängerungs- und Erweiterungsformen des Eigentumsvorbehaltes und der Sicherungsübertragung (nebst Globalzessionen) im Vergleich sowie in einem sich anschließenden Konkursverfahren – mit der Möglichkeit eines Anschlußkonkurses oder selbständigen Konkurses. Band VI würdigt aber auch in einem abschließenden Kapitel kritisch die Vorschläge der Reformkommission zur Behandlung der Mobiliarsicherheiten in einem künftigen Recht. Hierbei werden Fragen erörtert, die die heutige Wirtschaft bewegen und zugleich die Grundlagen unserer geltenden Rechtsordnung berühren. Das Gewicht der kritischen Auseinandersetzung wird durch einen 1987 veröffentlichten Nachdruck gerade dieser Partien deutlich. Er ist unter dem Titel „Mobiliarsicherheiten und Insolvenzrechtsreform" in der Reihe „Beiträge zum Insolvenzrecht" als Band 5 erschienen und 1988 von einer großen, wirtschaftlich ausgerichteten Tageszeitung (Handelsblatt) in bemerkenswerter Weise vorgestellt worden.

ORIENTIERUNGSPUNKTE ZUM INHALT

Verlängerungen kraft Vorausabtretung im Käufer- und Sicherungsgeber-Vergleich – zugleich zur Kollisionsproblematik / Verarbeitungsklauseln und -erlaubnis im Vergleich / Kombinierte Verarbeitungs- und Vorausabtretungsklauseln im Insolvenzgeschehen / Erweiterungsformen des Eigentumsvorbehaltes und der Sicherungsübereignung nebst ihren Sonderformen (Kontokorrent- und Konzernklauseln) im Vergleichsrecht / Wert und Unwert der Mobiliarsicherheiten in einem künftigen Insolvenzrecht: vor dem Hintergrund aufbereiteter Insolvenzstatistiken, den Stellungnahmen wirtschaftlich und wissenschaftlich interessierter Kreise sowie dem – kritisch analysierten – Ersten und Zweiten Bericht der Kommission für Insolvenzrecht.

VERZEICHNISSE

I. VERZEICHNIS DER ABKÜRZUNGEN

1. Vorlesungen und Vorträge – in der Reihenfolge ihrer Veröffentlichung

Erste Vorlesung	Die einfache Sicherungsübertragung – Erste Vorlesungsstunde an der Nihon Universität, Tokio, am 14.10.1987
Zweite Vorlesung	Der einfache Eigentumsvorbehalt – Zweite Vorlesungsstunde an der Nihon Universität, Tokio, am 16.10.1987
Dritte Vorlesung	Die verlängerte und erweiterte Sicherungsübereignung – Dritte Vorlesungsstunde an der Nihon Universität, Tokio, am 20.10.1987
Vierte Vorlesung	Der verlängerte und erweiterte Eigentumsvorbehalt – Vierte Vorlesungsstunde an der Nihon Universität, Tokio, am 22.10.1987
Vortrag Kinki Universität	Sicherungsübertragung in Deutschland – Rechtskonstruktion, Problematik der Offenkundigkeit und Funktion der Sicherungstreuhand – Vortrag an der Kinki Universität, Osaka, am 27.10.1987
Vortrag International Business Institute	Fiduziarische Sicherungsabtretungen, Factoring-Globalzessionen und Einziehung von Treuhandforderungen in der deutschen Praxis – Vortrag im Japanese Institute of International Business Law, Inc., Tokio, am 15.10.1987, für japanische Juristen aus der Praxis
Vortrag Kyoto Universität	Mobiliarsicherheiten – made in Germany; insbesondere zur Rolle umsatzbestimmter Sachsicherheiten und der Sicherheitsforderungen – Vortrag an der Kyoto Universität am 26.10.1987
Vortrag Meiji Universität	Eigentumsvorbehalt und Sicherungsübertragung – Trennung, Einheit oder Verbund? – Vortrag an der Meiji Universität, Tokio, am 23.10.1987
Vortrag Comparative Law Institute	Insolvenzrechtsreform und Reform der Mobiliarsicherheiten in Deutschland am Beispiel von Sicherheitenpools heute und in Zukunft (Erster und Zweiter Bericht der Kommission für Insolvenzrecht) – Vortrag im Comparative Law Institute der Nihon Universität, Tokio, am 5.11.1987

2. Abkürzungen und abgekürzt zitiertes Schrifttum

a. a. O.	am angegebenen Ort
ABAF	Allgemeine Bedingungen für die Abtretung von Forderungen
Abs.	Absatz
AcP	Archiv für die civilistische Praxis
AG	Aktiengesellschaft
AGB	Allgemeine Geschäftsbedingungen
AGBG, AGB-Gesetz	Gesetz zur Regelung des Rechts der Allgemeinen Geschäftsbedingungen (AGB-Gesetz) vom 9.12.1976, BGBl. I S. 3317; BGBl. III 402-28
Anh.	Anhang
Anm.	Anmerkung
Art.	Artikel
ASB	Allgemeine Sicherungsübereignungs-Bedingungen
Aufl.	Auflage
Az.	Aktenzeichen
BB	Betriebs-Berater
BFH	Bundesfinanzhof
BFHE	Entscheidungen des Bundesfinanzhofs
BGB	Bürgerliches Gesetzbuch vom 18.8.1896, RGBl. S. 195; BGBl. III 400-2
BGBl.	Bundesgesetzblatt (mit I oder ohne Ziffer = Teil I; mit III = Teil III)
BGH	Bundesgerichtshof
BGHZ	Entscheidungen des Bundesgerichtshofes in Zivilsachen
bzw.	beziehungsweise
Diss.	Dissertation
DM	Deutsche Mark
EB	Erster Bericht
Erster Bericht	Erster Bericht der Kommission für Insolvenzrecht. Köln 1985
EWiR	Entscheidungen zum Wirtschaftsrecht
f.	folgende
ff.	fortfolgende
FLF	Finanzierung – Leasing – Factoring
gem.	gemäß

HGB	Handelsgesetzbuch vom 10.5.1897, RGBl. S. 219; BGBl. III 4100-1
Inc.	Incorporated
i. S.	im Sinne
i. V.	in Verbindung
KO	Konkursordnung vom 10.2.1877, RGBl. S. 351, in der Fassung der Bekanntmachung vom 20.5.1898, RGBl. S. 612; BGBl. III 311-4
KTS	Konkurs-, Treuhand- und Schiedsgerichtswesen
LG	Landgericht
MDR	Monatsschrift für Deutsches Recht
m. w. N.	mit weiteren Nachweisen
Nieders. Fm.	Niedersächsisches Finanzministerium
NJW	Neue Juristische Wochenschrift
Nr.	Nummer
OLG	Oberlandesgericht
Randnr.	Randnummer
RGBl.	Reichsgesetzblatt
RWS-Skript	Schriftenreihe des Kommunikationsforums Recht Wirtschaft Steuern
Rz.	Randziffer
S.	Seite
Senatsurt.	Senatsurteil
Serick I-VI	Eigentumsvorbehalt und Sicherungsübertragung. Heidelberg. I: Der einfache Eigentumsvorbehalt (1963); II: Die einfache Sicherungsübertragung. Erster Teil (1965); 2. unveränderte Aufl. (1986); III: Die einfache Sicherungsübertragung. Zweiter Teil (1970); IV: Verlängerungs- und Erweiterungsformen des Eigentumsvorbehaltes und der Sicherungsübertragung. Erster Teil: Verlängerungsformen und Kollisionen (1976); V: Verlängerungs- und Erweiterungsformen des Eigentumsvorbehaltes und der Sicherungsübertragung. Zweiter Teil: Erweiterungsformen. Dritter Teil: Sonstiges – Insolvenzrecht (Konkurs) (1982); VI: Verlängerungs- und Erweiterungsformen des Eigentumsvorbehaltes und der Sicherungsübertragung. Dritter Teil: Sonstiges – Insolvenzrecht (Vergleich); Insolvenzrechtsreform (1986)

Serick, Auseinandersetzung	Mobiliarsicherheiten und Insolvenzrechtsreform – Eine Auseinandersetzung mit den Berichten der Kommission für Insolvenzrecht. Mit einem Vorwort von Bruno M. Kübler (Verlag Kommunikationsforum, Köln 1987) (Nachdruck aus Serick, Band VI, Drittes Kapitel); die Fundstellen in Band VI sind hier jeweils als Zweitfundstellen ausgewiesen worden.
Serick, Festschrift Arbeitskreis	Die Profilierung der Mobiliarsicherheiten von heute im Insolvenzrecht von gestern, Einhundert Jahre Konkursordnung 1877-1977; Festschrift des Arbeitskreises für Insolvenz- und Schiedsgerichtswesen e.V. Köln zum einhundertjährigen Bestehen der Konkursordnung vom 10. Februar 1877. Köln/Berlin/Bonn/München 1977
sog.	sogenannt
usw.	und so weiter
v.	vom
vgl.	vergleiche
VglO	Vergleichsordnung vom 26.2.1935, RGBl. I S. 321; BGBl. III 311-1
Vol.	Volume
WM	Wertpapier-Mitteilungen
WM-Script	Schriftenreihe der Wertpapier-Mitteilungen
ZAkDR	Zeitschrift der Akademie für Deutsches Recht
ZB	Zweiter Bericht
z. B.	zum Beispiel
ZIP	Zeitschrift für Wirtschaftsrecht und Insolvenzpraxis. 1980 ff. (ab 1983: Zeitschrift für Wirtschaftsrecht)
ZZP	Zeitschrift für Zivilprozeß
Zweiter Bericht	Zweiter Bericht der Kommission für Insolvenzrecht. Köln 1986

II. SACHVERZEICHNIS

A

ABAF s. Allgemeine Bedingungen für die Abtretung von Forderungen
Absatzrisiko 50
Abschlußfreiheit 9
Abschlußtatbestand 39, 95
– und Wirksamkeitsvoraussetzung bei Abtretung künftiger Forderung 39, 95
Absonderung (§ 48 KO) 11, 25, 83 f.
– und Sicherungseigentum 25, 130, 138
– Vorbehaltseigentum nach Erweiterungsfall 61
– und § 27 VglO 130
Absonderungsrecht s. Absonderung
Abstraktionsprinzip 20 ff.
– und abstraktes Rechtsgeschäft 21 f.
– Bedeutung 22
– Durchbrechung 24
– und ungerechtfertigte Bereicherung 22 f.
Abtretung
– Abschlußtatbestand und Verfügungswirkung 37
– Begriff (§ 398 BGB) 69 f.
– und Forderungsverpfändung, Publizität 70
– künftige Forderung, Rechtsgrundlage 79
– und Offenkundigkeitsprinzip 69
– Rechtsgrundlagen (§§ 398 ff. BGB) 36
– Strukturunterschiede zur Vorausabtretung 37
Abtretung, fiduziarische
– und Rückgewähranspruch 99
Abtretung, gewöhnliche (schlichte) 93, 94
– Globalzession 93
– kreditsichernde, nichtfiduziarische 98
– Offenlegung 70, 94
– und Sicherungsabtretung 94
Abtretung, mehrfache
– und echtes Factoring 106
– Kollisionsproblematik 95
– künftige Forderung 95 f.
– Prioritätsprinzip 95
Abtretung, stille
– und § 407 BGB 42
Abtretungsanzeige s. Anzeige
Abtretungshindernisse
– im Konkurs 175
Abtretungsverbot
– Rechtsprechung und Schrifttum 41
– und Veräußerungsermächtigung 41, 43
– verlängerter Eigentumsvorbehalt, Kollision 173
Abtretungsvereinbarung
– und Vorausabtretung 79
Abwicklung ohne Verwertung
– einfache Sicherungsübertragung 172
Abzahlungsgeschäft 134
– und Vorbehaltskauf 169
AGB-Gesetz 10
– und BGH zu Mobiliarsicherheiten 10
– erweiterter Eigentumsvorbehalt 10
– Globalzession 10
– Schrifttum 10
– Verarbeitungsklausel 10
– verlängerter Eigentumsvorbehalt 10
Allgemeine Bedingungen für die Abtretung von Forderungen 103
– Anzeige 102 f.
Allgemeine Geschäftsbedingungen der Kreditinstitute 10
Allgemeine Geschäfts- und Lieferungsbedingungen 173
– Sicherungsgeschäfte 169
Allgemeine Sicherungsübereignungs-Bedingungen 32, 44, 58, 123
Amputation
– der Mobiliarsicherheiten 165
Analogie
– zu § 398 BGB 37, 79
– zu § 48 KO bei Sicherungsübereignung 25, 130
Anfechtung (§ 119 BGB) 22
Anfechtungsgesetz 172
Anlagevermögen 32, 58
– und Erweiterungsklausel 124
– und statische Sachsicherheiten 142
– zum Verbleib bestimmte Ware 111

Anschlußabtretung 87
- Begriff 87
- künftige Forderungen 87
- bei verlängerter Sicherungsübereignung 86

Anschlußzession s. Anschlußabtretung

Anwartschaft
- und causa 28
- dingliche 28

Anwartschaftsrecht 27
- aus auflösend bedingter Sicherungsübereignung 29f.
- und Bankenpraxis, Regel 131
- Besteller 29
- und BGH 27ff.
- und causa 29
- aus einfachem Vorbehaltskauf 26
- Erlöschen 28
- gutgläubiger Erwerb 28
- Kennzeichen 28f.
- Rechtsnatur 30
- und Rechtsordnung 26
- als schuldrechtlich-dingliches Recht 28
- als subjektiv-dingliches Recht 28
- als subjektives Recht 28f., 131
- unbedingte Sicherungsübereignung 131f.
- und Verarbeitungsklausel 32
- Vollrechtserwerb 131
- Vorbehalts- und Sicherungseigentum 131
- als Vorstufe zum Eigentum 27
- Wesen 26
- und § 17 KO 30

Anwartschaftsrecht aus Vorbehaltskauf 26ff., 131, 170
- und auflösend bedingte Sicherungsübereignung 135, 138
- Kennzeichen 131
- und Lieferantenkonkurs 131
- Rechtsnatur 27f.

Anwartschaftszweiterwerber 28

Anzeige 71
- der Abtretung 70
- der Abtretung und Erlöschen der Einziehungsermächtigung 102f.
- Blanko-Benachrichtigung (ABAF) 103
- und Factoring 75f.
- rechtsgeschäftliches Fahrnispfand (§ 1205 Abs. 2 BGB) 69
- Vorausabtretung 79

Anzeige, fehlende
- Rechtsfolge bei Verpfändung und Abtretung 70
- bei § 1280 BGB 74
- bei § 398 BGB und steuerlichen Erstattungsansprüchen 77

ASB s. Allgemeine Sicherungsübereignungs-Bedingungen

Auffüllungsgebot
- Erster Bericht und Zivilrecht 163

Auflassung (§ 925 BGB) 19

Aufrechnung (§ 53 KO)
- und Vorauszession 175

Ausfall bei Verwertung 11

Ausfallhaftung
- Konkursrecht 12
- § 64 KO 138, 143

Aussonderung (§ 43 KO) 11, 25, 175
- Sicherungsgeber im Sicherungsnehmer-Konkurs 25, 132
- Vorbehaltseigentum 25, 129, 137f.
- Vorbehaltseigentum nach Erweiterungsfall 60

Aussonderungsrecht s. Aussonderung (§ 43 KO)

Austausch von Sicherheiten 36, 140
- Rohstoff gegen neue Sache, Verarbeitungsklausel 120, 140
- Sachsicherheit gegen Forderung, Vorausabtretungsklausel 36, 118f., 140
- bei Verlängerung 36, 122f.

Austauschklausel 9

Auswechslung gesicherter Forderungen
- erweiterter Eigentumsvorbehalt 147
- erweiterte Sicherungsübereignung 123

Auto s. Kraftfahrzeug

B

Bank-Verarbeitungsklausel
- Zweispurigkeit 51f.
- s. auch Lieferanten-Verarbeitungsklausel

Bankenpool 151, 154
- Organisationsformen 155
- Poolführer 154
- und Verwertungspool 154

Bankenpraxis
- Allgemeine Geschäftsbedingungen 10

– bedingte Sicherungsübereignung 56
– und Globalzession 126
– Rückgewähranspruch 58
Bargeschäft
– Veräußerungsermächtigung 44, 114
Barzahlung
– und Vertragsbruchtheorie 97
Barzweitgeschäft 97, 114
Bausparkassenansprüche 171
Bedingung
– und Auflassung 19
– und einseitiger Widerruf 24
– und Erweiterung 58
– und Sicherungszweck 56
– und Verfügungstatbestand 23
– und Volleigentum 23
Bedingung, auflösende 56, 116
– und Sicherungsübereignung 29
Bedingung, aufschiebende 19f., 56, 116
– und Vorbehaltseigentum 24
Bedingungseintritt
– Wirkung 24
Begründungstatbestand, formalisierter 71
Benutzung
– als Gesellschaftsbeitrag (§ 743 BGB) 158
Berechtigung, pfandrechtsartige 14
– an eigener Sache bei Vorbehaltseigentum nach Erweiterungsfall 61
– und Sicherungseigentum 83
– bei Vorbehaltseigentum 148
Bereicherung, ungerechtfertigte 20
– und Abstraktionsprinzip 22f.
– und Rückabwicklung 23
Bereicherungsrecht
– Verlängerungsformen 173
Besitz
– fehlender unmittelbarer 68
– Vorbehalts- und Sicherungseigentum 135
Besitz, mittelbarer (§ 868 BGB)
– antizipierte Übereignung 78
– Begriff 68
Besitzkonstitut 8, 68
– konkretes 8
– und Nutzungsinteresse 78
Besitzmittlungsverhältnis 7f., 50, 68
– Rechtsprechung und Schrifttum 8
– Sicherungsübereignung und BGH 8
– § 868 BGB 8
Besitzpfandrecht 6
Besteller
– und Anwartschaftsrecht 29
Bestimmbarkeit künftiger Forderungen 39f., 57, 173
– außervertragliche Umstände 39
– Erfordernisse 39f.
– bei Erweiterung 58
– maßgebender Zeitpunkt 40
– Rechtsprechung und Schrifttum 40
– Teilabtretung 39
– Vorausabtretung 39ff., 95
Bestimmtheitsgrundsatz 171
Beurkundung, notarielle 4
Beurteilung, objektive 50, 52
Beweis 9
Beweisbarkeit
– individuelle Gläubigerstellung und Poolzusammenschluß 153
Beweisschwierigkeiten
– Lieferantenpool 153f.
BGH
– und Anwartschaftsrecht 27f.
– Durchlässigkeitsgebot 146f.
– Erweiterungsfall, Vorbehaltseigentum und Konkurs 143
– §§ 17 KO und 36 VglO 115
Bindungswirkung
– und Vorausabtretung 96, 119
Bürgerliches Gesetzbuch 130

C

causa 20ff., 55
– und Anwartschaftsrecht 28ff.
– bei auflösend bedingter Sicherungsübereignung 30
– Eigentumsvorbehalt und Sicherungsübertragung 169
– und Sicherungsabrede 29f., 55
– bei Sicherungsübereignung 55
– der Sicherungsübertragung 80
– bei Vorbehaltskauf 29
– s. auch Rechtsgrund

D

Darlehen
– gewöhnliches und atypisches 93
– und Sicherungsabrede 9ff.
Darlehen, atypisches 90
– Kennzeichen bei Factoring 93f.

– und Sicherungsabtretung 93
– und unechtes Factoring 90
Darlehen, gewöhnliches 90, 92
– und fiduziarische Sicherungsabtretung 93, 98 ff.
Darlehensforderung
– zu sichernde 3
Darlehensvertrag
– als causa der Sicherungsübereignung 55
– und Sicherungsabrede 10
Depot
– Lagerhalter 7
Deutsche Bank AG 31 ff., 58, 120 f., 123, 125
– Allgemeine Bedingungen für die Abtretung von Forderungen 103
Dienstleistungsunternehmen
– und Eigenkapitalquote 85
Direkterwerb 37, s. auch 146
Diskont 42
Drittschuldner, Begriff 75
Durchgangserwerb 36, 38
– Bedeutung bei Normanwendung 38
– Schrifttum und Rechtsprechung 38
– Vorausabtretung und Umwandlungsprinzip 146
Durchlässigkeitsgebot
– Austausch Vorbehaltssache gegen neu hergestellte Sache 147
– Austausch Vorbehaltssache gegen Sicherheitsforderung, BGH 146
– Begriff 62, 141 f.
– und Elastizität bei Vorbehaltseigentum, Verbundkonzept 145 f.
– und Elastizität des Vorbehaltseigentums 62, 147
– Quintessenz von Rechtsfolgen 140 ff.
– und Verarbeitungsklausel 147
– und Verbundkonzept 148
– verlängerte Sicherungsübereignung, Vorausabtretungs- und Verarbeitungsklausel 141 f.
– verlängerter Eigentumsvorbehalt 139
– und Vorausabtretungsklausel 146
dynamische Sachsicherheit s. Sachsicherheit, umsatzbestimmte

E

echtes Factoring s. Factoring, echtes
Eigenkapitalausstattung 72, 85
Eigenkapitalknappheit 86
– und Factoring-Globalzession 86
Eigenkapitalquote
– Begriff 85
– Dienstleistungsunternehmen 85
Eigentümer
– und Sicherungseigentümer 80
Eigentum
– Aussonderung (§ 43 KO) 25
– und Bedingung 23 f.
– volles 82, 129
Eigentum, aufschiebend bedingtes 23
Eigentum, gewöhnliches
– und Vorbehaltseigentum 130
Eigentum, treuhänderisch gebundenes 24, 82
– und nicht fiduziarisch gebundenes 138
Eigentumserwerb
– originär und derivativ 50
Eigentumsverschaffungspflicht
– und erlaubte Veräußerung oder Verarbeitung der Vorbehaltsware 114 f.
Eigentumsvorbehalt
– Ausformungen 109
– und besitzloses Pfandrecht 133 f.
– Erlöschen 169 f., 170
– Gegenstände 169
– gesetzliche Konzeption 110
– und Grundstück 19
– Japan 132, V (Vorwort)
– und modifizierte Übereignungspflicht 114
– Schuld- und Sachenrecht 134, 169
– Sicherungsbedürfnis bei statischer Vorbehaltsware 113
– und Synallagma 10, 162
– § 455 BGB 109
– §§ 455, 433 BGB 110 f.
Eigentumsvorbehalt und Sicherungsübereignung
– Erweiterungsformen 142 ff.
– Gleichbehandlung 133 f., 136
– Trennung 129 ff.
– Trennung, Schrifttum 134
– Verlängerungsformen 140
– Verlängerungsformen kraft Verarbeitungsklausel, Gemeinsamkeiten 120

- Verlängerungsformen kraft Vorausabtretungsklausel, Gemeinsamkeiten 119

Eigentumsvorbehalt und Sicherungsübertragung
- im BGB 109
- gemeinsame Fragen 169
- gemeinsame Verlängerungsformen 139f.
- Rechtsquellen 169
- Trennungstheorie 129
- Verbindungslinien 139
- Verbund 139
- Verlängerungs- und Erweiterungsformen 172, 174f.

Eigentumsvorbehalt, einfach erweiterter 59ff., 174
- Begriff 59f.
- und Kontokorrentvorbehalt 59f.
- s. auch Kontokorrentvorbehalt

Eigentumsvorbehalt, einfacher 19ff., 47
- Aussonderung (§ 43 KO) oder Absonderung 143f.
- Ausfallhaftung 143
- Grundlagen 169

Eigentumsvorbehalt, erweiterter 144
- und AGB-Gesetz 10
- Ausfallhaftung 143
- Begriff 44f., 123
- dynamische Vorbehaltsware 115
- und erfüllte Kaufverträge 144
- und Erfüllungsfunktion des Vorbehaltseigentums 144
- Erweiterungsfall und Durchlässigkeitsgebot 147
- Erweiterungsfall, Sicherungs- und Erfüllungszweck 61
- Erweiterungsformen im Vergleich 176
- Haftungsrahmen 34
- Käufervergleich und -konkurs 144
- künftige Forderung als Sicherungsobjekt 58
- Rechtsprechung 45
- sachenrechtliche Wirkung 144
- Sicherungs- und Erfüllungsfunktion 144
- Sicherungsfunktion 60ff.
- Spezialfragen 142
- statische Vorbehaltsware 122f., 124
- Terminologie 59
- und Vergleich 176

Eigentumsvorbehalt, kraft Verarbeitungsklausel verlängerter 47f., 52f., 141
- Käuferkonkurs 147
- und Schrifttum 145, 146f.

Eigentumsvorbehalt, kraft Vorausabtretungsklausel verlängerter 141, 173
- und BGH 145f.
- Häufigkeit 88

Eigentumsvorbehalt, verlängerter
- und AGB-Gesetz 10
- Begriff 36, 120f.
- Durchlässigkeitsgebot 141f., 146f.
- Kollision mit Abtretungsverbot 173
- Kollision mit Factoring-Globalzession 97, 173
- Verlängerungsformen 35f.

Einführungsgesetz zum BGB
- Art. 2 und BGB 5

Einheit
- Vorbehaltseigentum und fiduziarische Sicherheit 133f.

Einheitsmobiliarsicherheit
- und deutsche Insolvenzrechtsreform 136
- und Erweiterungsfall 148f.
- und Insolvenz 135
- und Vorbehalts- und Sicherungseigentum 161f.
- Vorbehaltskauf und auflösend bedingte Sicherungsübereignung 135

Einheitstheorie 133ff.
- und Erweiterungsfall 148

Einigung über Eigentumsübergang
- und Bedingung 19, 24

Eintritt des Erweiterungsfalles 60f., 142f.
- Begriff 60
- BGH bei Vorbehaltseigentum 60
- Strukturprobleme 174

Einzelabtretung 86
- existente und künftige Forderungen 87

Einziehungsermächtigung 31, 41f., 171
- automatisches Erlöschen 103
- Bedeutung 101
- Begriff, Inhalt, Schranken 42
- Dauer 33, 47
- Dogmatik 102

- und Einziehungsrecht des Sicherungszessionars 102
- Erlöschen durch Widerruf 102f.
- Fehlen ausdrücklicher Abrede 102
- fiduziarische Sicherungsabtretung 101ff.
- Formularklausel einer deutschen Großbank 102f.
- Inhalt 119
- konkurrierendes Einziehungsrecht 47
- Konkurs 175
- Rechtsgrundlagen 43, 101
- Rechtsmacht des Treuhänders 105
- Rechtsprechung und Schrifttum 101
- Schrifttum 42
- Schuldnerschutzbestimmungen, materielle und verfahrensrechtliche 42, 106
- und Sicherungsgeschäft 106
- Sinn und Zweck 103
- und Tilgung der Sicherheitsforderung durch Zahlung 106
- Überschreitung 42, 106
- Umfang 42, 47
- und Veräußerungsermächtigung 119
- Widerruf 42
- Widerruf und Schranken 103
- und § 185 BGB 42, 101
- und §§ 404, 406, 407, 409, 410 BGB 106

Einziehungsermächtigung germanischrechtlichen Ursprungs
- Kennzeichen 105ff.
- und römischrechtliche fiducia 104f.

Einziehungsermächtigung, institutionelle
- bei stiller Sicherungsabtretung 44, 102, 104

Einziehungsrecht
- des Sicherungszessionars und Einziehungsermächtigung 102

Elastizität des Vorbehaltseigentums 62f., 147
- Begriff 145
- erweiterter Eigentumsvorbehalt 139
- Erweiterungsfall 148
- Grundgedanke 147
- Inhalt 62 i.V. mit 61
- und pfandrechtsartige Berechtigung 61, 145, 148
- sicherungsrechtliche 144
- und Umwandlungsprinzip 62f.
- und Verbundkonzept 148

Erfüllung
- dynamische und statische Vorbehaltsware 115

Erfüllungsfunktion
- erweiterter Eigentumsvorbehalt 61
- und Verwertungsberechtigung des Lieferanten 144

Erfüllungsgeschäft 21ff.
- abstraktes 20
- und Bedingung 20
- bei Forderungskauf 92, 124
- und Verpflichtungsgeschäft 21

Erhaltungszweck
- und Sicherheitenpool, Erster Bericht 159

Erlösklauseln 173

Erlösüberschuß 11

Ermächtigung
- Beschränkung mit Außenwirkung 106
- und germanischrechtliche Treuhand 35, 42f.
- institutionelle 13
- und konkurrierende Rechtszuständigkeit 43
- Maßstab für Beschränkung 106
- rechtsgeschäftliche 170
- Rechtsgrundlagen 42
- und Vertrauensschutz 106
- Vollrechtsverbleib bei Treugeber 105
- Vorausabtretung 40ff.
- s. auch Einziehungsermächtigung, Veräußerungsermächtigung

Ermächtigungen germanischrechtlicher Herkunft 13, 35, 42f., 104
- Treuhänderrechte 105

Ersatzaussonderung 175

Ersatzsicherheiten
- und Verlängerungsformen 140

Erstanwärter 29

Erstattungsanspruch, steuerlicher 88
- unwirksame Abtretung 77

Erster Bericht 73, 136, 151ff., 176
- und Leitsätze 157
- Sicherheitenpool und Mobiliarsicherheiten 158

Erster und Zweiter Bericht 151ff., 156
- Einheitsmobiliarsicherheit 136, 161

Erweiterung
- und AGB-Gesetz 10
- und Bedingungsrecht 58
- und BGH bei Formularklausel 10
- Bestimmbarkeitsgrundsatz 58
- und Erfüllungsfunktion des Vorbehaltseigentums 61, 144
- und Erledigung des Sicherungszwecks 56ff.
- und Geschäftsverbindung 123
- Grundgedanke 44, 122f., 142f.
- institutionelle Schranken 174
- und künftige Forderungen 57f., 174
- Mechanismus 44f., 54f.
- und Sicherungsobjekt 58
- Technik 45
- Terminologie 60
- Wesen 44
- Zulässigkeit bei künftigen Forderungen 58

Erweiterung und Verlängerung 122
- fehlende ausdrückliche Kombination 121

Erweiterungsfall
- und Absonderungsrecht des Lieferanten 144, 148
- und Auswechslung gesicherter Forderungen 147
- Begriff 60f.
- BGH und Vorbehaltseigentum 144
- Eintritt 60f., 142, 148
- und Elastizität des Vorbehaltseigentums 145, 148
- und Erfüllungsfunktion bei Vorbehaltseigentum 61, 144
- und Sicherungszweck des Vorbehaltseigentums 61, 147
- Strukturprobleme 174
- Verwertung von Vorbehaltseigentum 143
- Vorbehaltseigentum 143f., 148
- nach Zahlung des Kaufpreises 148

Erweiterungsformen 174
- Auswechslung Kaufpreisforderung gegen neue Forderung 147
- bei Eigentumsvorbehalt und Sicherungsübereignung 122f., 142ff.
- Geld- und Warenkredit 44, 54f.
- Grundgedanke 122, 142
- Grundlagen und Ausprägungen 174
- Kennzeichen 44f., 123
- Rechtsprechung 60, 143f.
- Schranken, institutionelle und allgemeine 58, 115
- Schrifttum 55, 122
- Schwerpunkt 124
- Sicherungsabrede 54f.
- und Sicherungstreuhand 35
- der Sicherungsübereignung im Vergleich 176
- und Sicherungsübertragung 122
- statische und dynamische Sachsicherheiten 124, 142
- und Umwandlungsprinzip 34
- Wesen 44f.

Erweiterungsklausel 32, 33
- und BGH 123
- Geld- und Warenkredit 48, 123
- und künftige Forderungen 57, 59
- Muster einer Großbank 32
- Muster aus Lieferantenpraxis 48, 123
- Schwerpunkt bei statischen Sachsicherheiten 124
- und Sicherungsgut 55
- Wesensmerkmal 44
- s. auch Erweiterung, Erweiterungsformen

Erweiterungszweck
- BGH und Kombinationen 121

Erwerb, gutgläubiger
- Anwartschaftsrecht 26
- Vorbehaltsware 170

Erwerbsbeschränkungen
- bei Verarbeitungsklausel 53f., 173

F

Factor (Factor-Bank)
- Begriff 89

Factoring
- Formen, echtes und unechtes 89ff.
- Firma (Kunde) 89
- halboffenes 75
- Kollisionsproblematik 91
- und Konkurs 175
- offenes, und Geheimhaltungsinteresse 75f.
- Rechtsprechung und Schrifttum 75, 91
- Statistik 89
- verdecktes oder stilles 75

- Verfahrensarten 75, 89ff.

Factoring-Globalzession 89ff., 124
- und bloße Sicherungsfunktion bei unechtem Factoring 93
- bei echtem Factoring, Rechtsgrundlagen 92
- und Eigenkapitalknappheit 86
- existente und künftige Forderungen 90
- und Insolvenz 101
- Kollisionsproblematik 95ff., 173
- Rechtsprechung 75
- bei unechtem Factoring, Rechtsgrundlagen 92f.

Factoring-Institut 89

Factoring, echtes 89, 173
- und Ermächtigung 106
- als Forderungskauf 89f., 92
- Kennzeichen und Wesen 89, 92, 106
- Kollisionsfall in Rechtsprechung und Schrifttum 97
- mehrfache Abtretung und BGH 106
- und Prioritätsprinzip 97
- und unechtes 91ff.
- und unechtes, BGH 90
- und unechtes, Verbreitung und Gewichtung 86, 89
- und Vertragsbruchtheorie 97f.

Factoring, unechtes 90f., 173
- und atypisches Darlehen 90, 93
- und Globalzession 124
- Globalzession als Sicherungstreuhand 94
- Globalzession sicherungshalber ohne Treuhandcharakter 92ff.
- Globalzession und verlängerter Eigentumsvorbehalt 97
- heutige Bedeutung 89
- und Kauf 90
- und Kollisionsfall, Rechtsprechung und Schrifttum 97
- als Kreditgeschäft 90, 97
- Wesen 90

Fälligkeit
- gesicherte Darlehensforderung und Sicherheitsforderung 99

Fahrnispfand, rechtsgeschäftliches 5f., 67
- Bestellung (§ 1205 BGB) 6f., 67
- und Geheimhaltungsinteresse 73
- und Nutzungsinteresse 73
- Offenkundigkeitsprinzip 67, 69
- Unbrauchbarkeit für Wirtschaft 7, 71
- s. auch Pfandrecht; Verpfändung

Fertigfabrikat 48, 53, 111, 141

fiducia, römischrechtliche 104f.
- cum amico 15
- cum creditore 15
- und germanischrechtliche Treuhand 104ff.
- Vollrechtsübertragung an Treuhänder 105

Finanzbehörde 77

Finanzierungspool 151
- Nämlichkeitsproblem 154

Firma
- Begriff beim Factoring-Geschäft 89

Forderungen
- Sicherungsübertragung 3, 6, 80, 83, 93f., 170

Forderungen, existente
- Abtretung und Verpfändung 76
- Anzeige 79
- Globalzession 125

Forderungen, künftige 38ff.
- und Anschlußabtretung 87
- Einzelabtretung 87
- erste oder Ersatzsicherheit 125f.
- Erweiterung 57, 174
- und Factoring-Geschäft 95
- fehlende gesetzliche Regelung 76
- und Globalzession 87, 125
- Kreditsicherungspraxis 37, 76
- mehrfache Abtretung 95f.
- Rechtsgrund 77, 95
- Rechtsgrundlagen 36ff., 79
- Sicherungsabtretung 57, 77
- als Sicherungsobjekt bei erweitertem Eigentumsvorbehalt 58
- Strukturelemente 40, 95
- Verfügung 76f.
- verlängerter Eigentumsvorbehalt 88
- Verlängerung und Erweiterung 57
- Verpfändung 76ff.
- Vorausabtretung 33, 57

Forderungsabtretung
- Anzeige 36, 79

Forderungsausschnitt
- und Einziehungsermächtigung 102

Forderungskauf
- und echtes Factoring 89

– und Globalzession 124
Forderungsverpfändung
– Anzeige 73
– Anzeigepflicht in Rechtsprechung und Schrifttum 74
– und Geheimhaltungsinteresse 72ff., 76
– und Nutzungsinteresse 76
– und Offenkundigkeitsprinzip 69
– Publizität 70
Form (§ 313 BGB) 4
Formularabtretung 86
Formularklausel
– Bankenpraxis 32f.
– Einziehungsermächtigung einer Großbank 102f.
– Lieferantenpraxis 47f.
– objektive Beurteilung 52
Formularpraxis 172
Formularverträge 10
Frankfurter Allgemeine Zeitung 149
Frankreich 149
Freigabeklausel 9, 54
Fremdfinanzierung 72
Fremdkapital 85
Fremdkapitalbedarf
– und fiduziarische Sicherungsabtretung 86

G

Gegenstand, massefremder 83
Geheimhaltungsinteresse 72
– und Factoring 75f.
– und Forderungsverpfändung 74
– und Nutzungsinteresse 72
– und Solvenz des Schuldners 74
– und Verpfändung künftiger Forderung 78
Geld- und Warenkredit
– gemeinsame Erweiterungsformen 44f., 54ff.
– gemeinsame Verlängerungsformen 35ff., 118
– Gleichwertigkeit 126
– Sicherungsmittel 129
– Verlängerungen mit gemeinsamen Funktionen 140
– Verlängerungsformen kraft Verarbeitungsklausel 35, 48, 120f.
– Verlängerungsformen kraft Vorausabtretungsklausel 88, 118f.
Geldkredit 3
– Erweiterungsklausel 33
– und fiduziarische Sicherungsabtretung 86
– und Sicherungseigentum 4
– Verarbeitungs- und Vorausabtretungsklausel 32f., 122
Geltendmachung von Sicherungsrechten
– individuelle und kollektive, bei Sicherungspool 152
Gesamthandseigentum
– Sicherungspool 152
Gesamthandsvermögen
– Lieferantenpool 153
– Sicherheitenpool 155
Gesamttatbestand
– bei Vorausabtretung 39
Geschäftsbetrieb, ordnungsmäßiger
– Einziehungsermächtigung 102
– Verarbeitungsklausel 32f.
– Vorausabtretungsklausel 33
Geschäftsgang, ordentlicher 47
– verlängerter Eigentumsvorbehalt 47f.
Geschäftssphäre 111
Geschäftsverbindung 34, 123
– und Erweiterungsklausel 33, 57, 124
Geschäftsverbindung, laufende
– Klauselkombination 174
Geschäftsverkehr, ordnungsgemäßer (ordentlicher)
– Einziehungsermächtigung 42
– und umsatzbestimmte Sachsicherheiten 71
– Veräußerungsermächtigung 41, 71, 87, 119
– und Verarbeitungsgestattung 71
– und Verkaufserlaubnis 41
Gesellschaft bürgerlichen Rechts 152, 158
Gesellschaftsanteile an Personengesellschaften 171
Gesellschaftsbeitrag (§ 743 BGB) 158
Gesellschaftszweck 158
Gesetzesrecht, zwingendes 5
Gesetzesumgehung
– Pfandrecht 94
– und Sicherungsübereignung 110
Gestaltungsfreiheit, inhaltliche 9
Gewohnheitsrecht 110
– derogatorische Kraft 5
– und einfache Sicherungsübertragung 5, 19, 110

– und einfacher Eigentumsvorbehalt (§ 455 BGB) 110
– Erfordernisse 5, 110
– und fiduziarische Sicherungsabtretung 104
– und fiduziarische Sicherungsübertragung 94
– Geltungsbereich 5
– Rechtsquelle bei Mobiliarsicherheiten 5
– Sicherungseigentum 110
– Sicherungsübertragung von Forderungen und Rechten 6
– Umwandlungsprinzip 17

Gläubiger
– und Sicherungsgläubiger 80

Gläubigerbenachteiligung, absichtliche
– Konkursanfechtung 172

Globalvorbehalt 45

Globalzession 37, 75, 87, 173
– und ABAF, Mustervertrag 102f.
– und atypisches Darlehen 90
– Begriff und Technik 87
– und echtes Factoring 92ff., 124
– Erfüllungsgeschäft eines Forderungskaufs 91
– existente und künftige Forderungen 87, 125
– und Factoring-Geschäfte 89ff., 124
– und Forderungskauf 89, 91f.
– und Forderungskauf als Rechtsgrundlage 89, 92
– bei Forderungskauf und atypischem Darlehen 90
– Geld- und Warenkredit 126
– als gewöhnliche Abtretung, Rechtsgrundlagen 93
– bei gewöhnlichem Darlehen und unechtem Factoring 98
– Kollision mit verlängertem Eigentumsvorbehalt 91, 96f.
– und künftige Forderung 38
– Mustervertrag 101f., 102f., 124f.
– nicht fiduziarische Kreditsicherung 90f.
– nicht sicherungshalber 90
– personenbezogene 125
– Sicherungstreuhand 91
– und unechtes Factoring 90
– unechtes Factoring und Umwandlungsprinzip 101
– im Vergleich 175
– und verlängerte Sicherungsübereignung, Gewichtung 89, 126
– und verlängerter Eigentumsvorbehalt, Gewichtung 126
– und Verlängerungsformen, Abgrenzung 125f.
– der Vorbehaltslieferanten 126
– Wesen und Struktur 125f.

Globalzession, fiduziarische
– Insolvenzfall 98
– Rechtsgrundlagen 94
– und unechtes Factoring 94

Globalzession, kreditsichernde
– und AGB-Gesetz 10
– Bedeutung für Kreditsicherungspraxis 124
– als fiduziarische und nicht fiduziarische Sicherungsabtretung 97f.
– Formularklausel einer Großbank 101f., 102f., 125

Globalzession, nicht fiduziarische
– bei echtem Factoring 91f.
– Insolvenzfall 98
– Rechtsgrundlage bei existenten und künftigen Forderungen 92
– bei unechtem Factoring 92f., 98

Globalzessionsvertrag
– Musterformular einer deutschen Großbank 101f., 102f., 125

GmbH-Anteile 171

Grunderwerbsteuergesetz (GrEStG) 1983 4
– Sicherungsübereignung von Gebäuden auf fremdem Grund und Boden 4

Grundgeschäft
– schuldrechtliches 9f.

Grundpfandrecht 4f.
– Form der Bestellung 4
– und Sicherungsübereignung 5

Grundstück
– und Eigentumsvorbehalt 19
– Sicherungsübereignung 4, 6
– Übereignung, Form des Verpflichtungsgeschäftes 4
– Übereignung unter Bedingung (§ 925 Abs. 2 BGB) 19, 23
– unbedingte Sicherungsübertragung 19

guter Glaube
– bei Eigentumsvorbehalt 169
– bei Sicherungsübereignung 171

H

Halbfabrikat 111
Handelsblatt 176
Handelsketten 111f.
– Waren- und Geldkredit 122
Hauptsache
– und Verbindung (§ 947 BGB) 160
Hypothek 4

I

Insolvenz
– und quasidingliche Wirkungen 131
Insolvenzrechtsreform 107, 151ff., 156, 175
– Einheitsmobiliarsicherheit 136
– und Wissenschaft 159
Insolvenzstatistik 86, 176
Insolvenzverfahren, einheitliches 136
– Erster Bericht 156
Interessenlage
– bei Kreditsicherung durch Fahrnis 71ff.
– bei Sicherungs- und Vorbehaltseigentum 134
– bei Verlängerungsformen von Geld- und Warenkredit 118

J

Japan 4, 63, 75, 86, 129, 132, 151, V f. (Vorwort)

K

Käuferkonkurs
– und neu hergestellte Sache, Durchlässigkeitsgebot 147
– und Sicherheitsforderung bei Vorausabtretungsklausel 146
Kauf, gewöhnlicher 23
– und Bedingung 19
– als causa 20f.
– und unbedingte Übereignung 20f.
– und Vorbehaltskauf 23
– Wesen und Erweiterungsklausel 58
Klauselkombinationen 173
– bei Eigentumsvorbehalt und Sicherungsübereignung 121f.
– und fiduziarische Berechtigung 173
– Muster 34
– Rechtsfragen 34
– und Sicherungszweck aller Klauseln 34
– aus Sinn des Erweiterungszweckes, BGH 34, 121
– stillschweigende 34
– und Übersicherung 174
– Verarbeitungs- und Vorausabtretungsklausel 122
– Verlängerung mit Erweiterung 34, 122, 174
– Waren- und Geldkredit 34, 121f.
Knebelung (§ 138 BGB) 113
Kollisionsproblematik 91, 95, 127, 173, 176
– Bankenglobalzession und verlängerte Sicherungsübereignung 126
– echtes Factoring 97
– fiduziarische Globalzession und verlängerter Eigentumsvorbehalt 96
– und fiduziarische Sicherungsabtretung 98f.
– und kreditsichernde Globalzession 98f.
– kreditsichernde, nichtfiduziarische Globalzession und verlängerter Eigentumsvorbehalt 97
– Lieferanten-Globalzession und verlängerter Eigentumsvorbehalt 126
– nicht kreditsichernde Factoring-Globalzession mit verlängertem Eigentumsvorbehalt 97
– Rechtsprechung und Schrifttum 96f., 173
– unechtes Factoring 96f.
– im Vergleichsverfahren 176
– und Vertragsbruchtheorie 97
Kombinationsformen s. Klauselkombinationen
Kommission für Insolvenzrecht 73, 107, 136, 151ff., 156, 176
– Vorschläge für besitzlose Kreditsicherheiten 73
Kommissionsklauseln 173
Konkurs
– Absonderung 11
– Abtretungshindernisse 175
– Aussonderung 11
– einfache Erweiterung 175
– einfache Sicherungsübertragung 172
– einfacher Eigentumsvorbehalt 169f.
– und Einziehungsermächtigung 103
– Erweiterungsformen 175

- und Factoring 175
- Gesamtabwicklung bei Sicherungsübertragung 25
- Kontokorrentklauseln 175
- Konzernklauseln 175
- kreditsichernde Globalzession 174
- und Poolvertrag 152
- Sicherungseigentum 11
- Sicherungstreuhand 100
- Sicherungsübereignung und Verpfändung 84
- Umwandlungsprinzip 16f.
- und unechtes Factoring 91
- Verlängerungs- und Erweiterungsformen 174f.
- Volleigentum 11
- Vorbehaltskauf 170
- § 17 KO und § 36 VglO 115

Konkursanfechtung
- einfache Sicherungsübertragung 172

Konkursaufrechnung (§§ 53ff. KO)
- und sicherungsrechtliche Vorauszession 175

Konkursdividende 12
Konkursmasse
- und Treuhandeigentum 130

Konkursordnung 130
Konsorten
- Banken als 151

Konsortialkredit 151
- Finanzierungspool 151

Konstitut s. Besitzkonstitut
Kontoausgleich
- Bankenpool 154

Kontokorrent (§ 355 HGB) 59
- und Erweiterung 60
- Konkurs 175

Kontokorrent-Eigentumsvorbehalt 48
- s. auch Kontokorrentvorbehalt

Kontokorrentforderungen 171
Kontokorrentklausel 174
- im Konkurs 175
- Terminologie 60
- im Vergleichsverfahren 176

Kontokorrentvorbehalt 174
- und BGH 59f.
- und Globalvorbehalt 45
- Terminologie 59
- s. auch Kontokorrent-Eigentumsvorbehalt; erweiterter Eigentumsvorbehalt

Kontrollrecht 9
Konzernklausel 174
- im Konkurs 175
- im Vergleichsverfahren 176

Kostenpflicht
- und Einziehungsermächtigung 106

Kraftfahrzeug 7, 58
Kreditgeschäft
- zu sichernder Kredit 3f.
- Veräußerungsermächtigung 44
- und Vertragsbruchtheorie 97

Kreditinstitute
- Allgemeine Geschäftsbedingungen 10

Kreditlinie
- Bankenpool 154

Kreditnehmer
- Nutzungsinteresse 72

Kreditsicherheiten, besitzlose
- und Kommission für Insolvenzrecht 73

Kreditsicherungsmittel
- und Anwartschaftsrecht 27f.
- Erfordernisse der Wirtschaft 71ff.

Kreditsicherungspraxis
- künftige Forderungen 76

Kreditsicherungsverhältnis und Kreditverhältnis 9
- s. auch Sicherungsabrede

kritische Zeit im Konkurs 175
- Beginn 103

Kunde
- Begriff beim Factoring-Geschäft 89

L

Lagerhalter 7
Leihvertrag 68
Leitbild (§ 433 BGB)
- und dynamische Vorbehaltsware 114
- unf Eigentumsvorbehalt 110f.

Leitsatz
- und Erster Bericht 157, 159
- und Zweiter Bericht 161, 163

Lieferanten- und Bankenpool
- Organisationsformen 155

Lieferanten-Globalzession 126f.
Lieferantenkonkurs 131
- § 17 KO 30

Lieferantenpool 151
- Begriff 153
- Gesamthandsvermögen 153

- Innenverhältnis und Erlösverteilung 154
- Nämlichkeitsproblem 154
- Organisationsformen 155
- Sinn und Zweck 153

Lieferanten-Verarbeitungsklausel
- Einspurigkeit 51
- s. auch Bank-Verarbeitungsklausel

Liquidationsverfahren
- einheitliches Insolvenzverfahren 156

logische Sekunde s. Sekunde, logische

Luftfahrzeuge
- Sicherungsübertragung 171

M

Mantelzession 86
- Begriff 87
- existente Forderungen 87

Maschinen 7, 71

Massegegenstände
- und Erwerb im Konkurs (§ 15 KO) 175

Mehrerlös
- und Rückgewähranspruch 58, 99

Mexiko 165

Miete 24

Mindestdeckungsbestand 9

Miteigentum
- Bruchteilseigentum 53
- Verarbeitungsklausel 48

Miteigentumsanteil 158
- Nämlichkeitsproblem 154

Miterbenanteile 171

Mobiliarsicherheiten
- Amputation 165
- Aus- und Absonderungskraft, Reformkommission 159
- Bankenpool 154
- Begriff und Umfang 3, 109, 132, 154
- und Eröffnungsbeschluß des einheitlichen Insolvenzverfahrens 156, 159
- Erster Bericht 158
- Erster Bericht und geltendes Recht 159
- und fiduziarische Berechtigung 173
- formularmäßig vereinbarte, und AGB-Gesetz 10
- Gesamtkonzept 148
- und Gewohnheitsrecht 5
- und Globalzession 124
- Insolvenzmasse, Erster Bericht 156
- Insolvenzrechtsreform 73, 151 ff., 176
- und Kalkulierbarkeit V (Vorwort)
- nichtpfandrechtlicher Zuschnitt 117
- Rechtstatsachen 86
- reformierte, im geltenden Zivilrecht 162f., 165
- Reformkommission und geltendes Recht 164f.
- Sicherheitenpool 155
- Verarbeitung im Ersten Bericht 159f.
- Verbindung im Ersten Bericht 159f.
- Zweiter Bericht 161

Muster: Raumsicherungsvertrag 58

Muster-Verarbeitungsklauseln
- Großbank 32f.
- Lieferantenpraxis 47f.
- Theorienstreit 51f.

Musterklauseln
- Anschlußzession 33
- Bank-Erweiterungsklausel 33, 123
- Bank-Verarbeitungsklausel 32f.
- Einziehungsermächtigung 33, 47
- erweiterter Eigentumsvorbehalt 48
- Globalzession 124f.
- Globalzession und ABAF 102f.
- einer Großbank 32f.
- Kontokorrent-Eigentumsvorbehalt 48
- Lieferantenpraxis 47f.
- Saldovorbehalt 48
- verlängerter Eigentumsvorbehalt (Vorausabtretungs- und Verarbeitungsklausel) 47f.
- verlängerte Sicherungsübereignung 33 i.V. mit 31

N

Nämlichkeitsproblem
- Bankenpool 154
- Lieferantenpool 154
- Sicherheitenpool 156

Nichtigkeit
- anfängliche (§ 134 BGB) 22
- rückwirkende (§§ 119, 142 BGB) 22

Nutzung als Gesellschaftsbeitrag 158

– von § 743 BGB abweichende 158
Nutzungsinteresse
– und Besitzkonstitut 78
– und Forderungsverpfändung 73
– und Geheimhaltungsinteresse 72 ff.
– Kreditnehmer 72
– und Sicherungsübereignung 73
Nutzungsmöglichkeit
– Vorbehalts- und Sicherungseigentum 135

O

Offenkundigkeit 73 ff.
– und Sicherungsrechte 73
Offenkundigkeitsprinzip
– Durchbrechung (§§ 930, 931 BGB) 68
– und Forderungsverpfändung (§§ 1274, 1280 BGB) 69
– Sachübergabe 67
– und Übereignung (§ 929 BGB) 67
– und § 1205 Abs. 1 Satz 1 BGB 67
– und § 1205 Abs. 2 BGB 69

P

Pfändung
– Anwartschaftsrecht 26
Pfandbestellung (Verpfändung) 6 f., 71 ff.
– und Sicherungsübertragung 8, 78 ff., 171
Pfandgläubiger
– und Forderungsgläubiger 73
Pfandrecht
– Begriff (§ 1204 Abs. 1 BGB) 67
– bewegliche Sachen (§§ 1204 ff. BGB) 67
– an eigener bzw. fremder Sache 137 f.
– Forderungen 69 f.
– heimliches 7, 79, 82, 94, 100, 110
– vertragliches (§§ 1204 ff. BGB) 7, 67, 69 ff.
– s. auch Fahrnispfand, rechtsgeschäftliches; Verpfändung
Pfandrecht, besitzloses
– und Einheitsmobiliarsicherheit 135 f.
– rechtsgeschäftliches 134
– Sicherungsübereignung und BGH 135
– und Verwertung von Vorbehalts- und Sicherungseigentum 137 f.
– Vorbehalts- und Sicherungseigentum, Schrifttum 134
Planbestätigung 162
Plandurchführung 157
Pool
– Begriff 152
– gemischter 151
– de lege lata, Schrifttum 151
– und Miteigentumsanteile 151 f., 158
– Zwecke und Strukturen 151, 155 f.
– s. auch Sicherheitenpool, Sicherungspool
Poolbildung 151
Poolführer 154
Poolvereinbarungen
– und fehlende Beweisbarkeit individueller Gläubigerstellung 153
– und Unternehmensinsolvenz 151, 156
Poolvertrag 151
– Begriff 152
– konkursrechtliche Einwände 152
Prioritätsgrundsatz
– Begriff 152
– Durchbrechung 96
– echtes Factoring 97
– mehrfache Abtretung künftiger Forderungen 95 f.
– Rechtsprechung und Schrifttum 95
– und Vertragsbruchtheorie 96 f.
Prioritätsprinzip s. Prioritätsgrundsatz
Produktionsrisiko 50
Publizität
– Anzeige bei Fahrnispfand (§ 1205 Abs. 2 BGB) 69
– fehlende, und Kommission für Insolvenzrecht 73
– Forderungsverpfändung und Abtretung 70
– Verpfändung und Übereignung 67, 70
Publizitätsmittel 67

Q

quasidingliche Wirkungen 15 f., 82
– und Insolvenz 131
– schuldrechtliche Sicherungsabrede 34
– bei Sicherungstreuhand 12
– und Treuabrede 130

R
Raumsicherungsvertrag 31, 58
- Begriff 31
- Muster 58
- Rückgewähranspruch 58
- Warenlager mit wechselndem Bestand 32

Rechnung, laufende (§ 355 HGB) 48, 59
Rechnungen 39
Rechnungsdurchschrift 87
Recht, dispositives (§ 950 BGB) 49
Recht, künftiges
- und Anwartschaftsrecht 26

Recht, zwingendes (§ 950 BGB) 50
Rechte
- und Sicherungsübertragung 6, 170

Rechtsänderung
- bei Vorausabtretung 39, 79

Rechtsgeltungswille 5, 110
Rechtsgemeinschaft 5
Rechtsgeschäft, abstraktes 21 f.
- und Abstraktionsprinzip 21 f.
- und Schuldrecht 21
- und Sicherungsabtretung 99

Rechtsgeschäft, fiduziarisches 170
- und Gewohnheitsrecht 14

Rechtsgrund 20 ff.
- Eigentumsvorbehalt und Sicherungsübertragung 169
- bei künftiger Forderung 38 f., 77
- s. auch causa

Rechtshängigkeit
- und Einziehungsermächtigung 106

Rechtskraft
- und Einziehungsermächtigung 106

Rechtsmacht
- bei Ermächtigung 105
- fehlender Überschuß bei Ermächtigung 105
- Neuzuordnung 83
- und Treuabrede 105
- Überschreiten des Treuzwecks 43
- Überschuß bei Sicherungstreuhand 105
- zweckentsprechende Begrenzung bei Ermächtigung 43, 105

Rechtsmacht, überschießende 14
- Sicherungstreuhand 14, 94

Rechtsmechanismen
- bei Klauselkombinationen 34

Rechtsnorm
- und BGB 5

Rechtsordnung
- Einheit 104, 165

Rechtsquellen
- Eigentumsvorbehalt 19 f., 110
- Eigentumsvorbehalt und Sicherungsübertragung 169
- Sicherungsübertragung 5 f., 19, 110

Rechtstatsachen 85 f.
- zu Mobiliarsicherheiten 86
- Sicherungsrechte und ökonomische Analyse 73

Rechtstechnik, gemeinsame
- der Erweiterung bei Waren- und Geldkredit 44 f., 54 ff., 123
- der Verlängerungsformen bei Waren- und Geldkredit 35 ff., 48, 118

Rechtsverkehr
- und Abstraktionsprinzip 22

Reform
- Mobiliarsicherheiten 73, V (Vorwort)
- Sicherheitenpool 164
- und Tradition 107
- s. auch Insolvenzrechtsreform

Reformbestrebungen 127, V (Vorwort)
- Kritik 136

Reformkommission 175
Reformvorschläge 73, 107
Reichsgrunderwerbsteuergesetz (1940) 4
Reorganisations- und Liquidationsverfahren 156
Reorganisationsgläubiger
- Erster Bericht 157

Reorganisationsplan
- Erster Bericht 157

Reorganisationsverfahren
- Beendigung und Mobiliarsicherheiten 162
- einheitliches Insolvenzverfahren 156

réserve de propriété 149
Rohstoff 7, 48 f., 53 f., 120, 124
Rückforderungsanspruch
- des Vorbehaltsverkäufers 147

Rückgabeanspruch bei Vorbehaltseigentum
- und Sicherungszweck 137
- und Verwertungsfunktion 137

Rückgewähr, sicherungsrechtliche
- bei fehlender Vereinbarung 58 f.

Rückgewähranspruch 16, 57ff., 117, 132, 172
- Bank-Musterklausel 58
- erledigter Sicherungszweck 57ff.
- Fehlen bei Globalzession des unechten Factorings 99
- Inhalt 58, 99
- und Inhalt der Sicherungsabrede 58
- institutioneller 59
- Mehrerlös 58, 99
- Modalitäten 58
- und Rückübereignung 117, 132
- und sicherungsrechtliche Treuhand 58f.
- und Umwandlungsprinzip 132
- unbedingte Sicherungsübereignung 57
- bei Verwertung des Sicherungsgutes 58
- Wesenszug der Sicherungstreuhand 99

Rückgewähranspruch, obligatorischer
- als Verschaffungsanspruch im Konkurs (§ 69 KO) 132

Rückübereignungspflicht der sicherungsübereigneten Sache 117, 132
- und erlaubte Veräußerung oder Verarbeitung 117

Rückübertragungsanspruch
- und Rechtsprechung 59
- sicherungsrechtlicher 58

S

Sache, bewegliche (Ware i. S. von § 1 HGB) 7
- als Kreditsicherungsmittel, Erfordernisse 8, 71f.
- verbriefte 170f.

Sache, neu hergestellte 48, 120
- Durchlässigkeitsgebot im Käuferkonkurs 147

Sache, umsatzbestimmte
- sicherungsübereignete 41
- Sicherungsübereignung, Rückübereignungspflicht und Veräußerungsermächtigung 117
- Sicherungsübereignung, Rückübereignungspflicht und Verarbeitungsgestattung 117
- s. auch Vorbehaltsware, dynamische; Sachsicherheit, dynamische; Ware, umsatzbestimmte

Sachsicherheit 140
- und Durchlässigkeitsgebot 140ff.

Sachsicherheit, dynamische 35, 109ff., 140
- Begriff 112 i.V. mit 109, 116
- Erweiterungsklausel 124
- Verlängerungsformen 35
- s. auch Sache, umsatzbestimmte

Sachsicherheit, statische 35, 109ff.
- Begriff 112 i.V. mit 109, 116
- Erweiterungsklausel 124

Sachsicherheit, umsatzbestimmte, s. Sachsicherheit, dynamische

Sachsicherheit, zum Verbleib bestimmte
- s. Sachsicherheit, statische

Sachsubstanz 141
- Verarbeitung und Veräußerung 141

Saldovorbehalt 48, 59
- Terminologie 59f.

Sanierungspool 151
- als Finanzierungspool 155

Schadensersatz (§ 826 BGB)
- und Sicherungsübertragung 172

Scheinbestandteile (§ 95 BGB)
- Gebäude auf fremdem Grund und Boden 4

Schenkung 20f.

Schiffe
- Sicherungsübertragung 171

Schiffsbauwerke
- Verarbeitungsklausel 173

Schriftform
- und Sicherungsabrede 9

Schriftwechsel
- und Bestimmbarkeit 39

Schuldanerkenntnis (§ 781 BGB) 21

Schuldnerschutz (§ 407 BGB)
- und Einziehungsermächtigung 42, 106

Schuldvertrag
- Formfreiheit 9

Schutz- und Erhaltungszweck
- Sicherheitenpool des Ersten Berichts 162

Schwankungsbreite
- und fiduziarische Sicherheit 17
- bei Sicherungseigentum, Inhalt 62
- bei Vorbehaltseigentum, Inhalt 62

Schweigepflicht 74

Sekunde, logische 38
- und Vorausabtretung 146

– und § 950 BGB 50

Sicherheit, fiduziarische
– Umwandlungsprinzip und Schwankungsbreite 63

Sicherheiten
– erkennbare 73
– rechtsgeschäftlicher Austausch 118
– statische oder dynamische 35

Sicherheitenpool 151 ff.
– Bedeutung 156
– Begriff de lege lata 155 f.
– Begriff und Begründung im Ersten Bericht 157
– Definition 155 f.
– de lege ferenda 156
– de lege lata 151 ff., 155
– Erster Bericht 157
– Erster Bericht, Auffüllungsgebot 163
– Erster Bericht, Erhaltungszweck 159
– Erster Bericht und geltendes Recht 158 f., 164
– Erster Bericht, Kennzeichen 158 f.
– Erster Bericht, Schutz- und Erhaltungszweck 162
– Finanzierungspool 151, 154 f.
– und Kreditversicherer 151
– Leitsatz im Ersten Bericht 157
– und Liquidationsverfahren 157
– und Plandurchführung 157
– Reformvorschläge 156
– und Reorganisationsverfahren 157
– Zulässigkeit 156
– Zwecke 151
– s. auch Pool; Sicherungspool

Sicherheiten-Poolvertrag
– Banken- und Warenlieferanten 151

Sicherheitenrückbehalt
– Erweiterung 123

Sicherheitentreuhand
– Erster Bericht 156 f.

Sicherheitentreuhandfonds
– Erster Bericht 157

Sicherheitsforderung, künftige
– erste Sicherheit oder Ersatzsicherheit 125

Sicherheitsforderungen
– und institutionell verknüpfte Einziehungsermächtigung 119
– kraft fiduziarischer Sicherungsabtretung 88, 141
– bei kraft Vorausabtretung verlängertem Eigentumsvorbehalt, Käuferkonkurs 146
– Lieferantenpool 153
– Nämlichkeitsproblem 154
– ohne Treuhandcharakter 91 ff.
– Sicherungszedenten-Konkurs 100
– vergemeinschaftete und Pool 154

Sicherungs- und Vorbehaltseigentum
– Gleichbehandlung 135 f.

Sicherungsabrede 9, 82
– und BGB 80
– als causa 55
– und Darlehen 9 ff.
– bei Erweiterungsformen 54 f.
– und gegenseitiger Vertrag 10
– Grundgedanken 9
– Inhalt 80 f.
– als konkretes Konstitut 8
– als Kreditsicherungsverhältnis 9
– und Kreditverhältnis 10
– quasidingliche Wirkungen 82
– und Sicherungsübertragung 80
– als Treuabrede 170
– treuhänderische 11, 24
– und Vorbehaltskauf (§ 17 KO) 30, 138
– und § 17 KO 30, 138

Sicherungsabrede, schuldrechtliche 8 ff., 80, 171
– und quasidingliche Kraft 15 f.
– als Treuabrede 99

Sicherungsabtretung, fiduziarische 98 ff.
– und BGB 93
– und Einziehungsermächtigung 101 ff., 104 ff.
– Erscheinungsformen 86 ff.
– und Factoring-Globalzession 124
– Funktion 99 f.
– Funktion der Sicherungstreuhand 100
– und Geldkredit 86 ff.
– Gewichtung bei Geld- und Warenkredit 88 f.
– und gewöhnliche Vollabtretung 98
– und Gewohnheitsrecht 6, 36, 94, 104
– und institutionell verbundene Einziehungsermächtigung 104
– und nicht fiduziarische 98 ff.
– Offenlegung 94
– Rückgewähranspruch 117

– und schlichte Abtretung 94
– Sicherungsfunktion 93
– und Umwandlungsprinzip 63
– als Vorausabtretung 94
– s. auch Abtretung, gewöhnliche (schlichte)
Sicherungsabtretung, nicht fiduziarische 93
– und fiduziarische 98ff.
– als gewöhnliche Abtretung 93
– unechtes Factoring 93f.
– als Vorausabtretung 93
Sicherungsabtretung, stille 36, 101, 119
– und institutionell verbundene Einziehungsermächtigung 104
Sicherungscharakter der Sicherheitsforderung
– bei atypischem Darlehen 93
– und Treuhandcharakter bei gewöhnlichem Darlehen 93, 98
Sicherungseigentümer
– Doppelstellung im Konkurs 12
– und Eigentümer 80
Sicherungseigentum 3
– und Ausfallhaftung im Konkurs 12, 138
– Absonderung 11f., 83, 138
– als besitzloses Pfandrecht 137
– und Betriebsfortführung 11
– und BGH 11
– als fiduziarisches Eigentum 13
– Funktion 11
– und Geldkredit 4
– und Gewohnheitsrecht 5, 110
– und Nutzungsrecht 11
– Pfandrecht an fremder Sache 138, 144
– und quasidingliche Wirkungen 82
– Schwankungsbreite 62, 82
– Sicherungsgeber-Konkurs 83f.
– und Sicherungstreuhand 82
– Treuhandeigentum 12f., 130
– und Umwandlungsprinzip 16, 82
– und ungebundenes Volleigentum 11, 24
– Verwertungsbefugnis 11
– Wesen 11, 24
– und Zwangsvollstreckung 16
– und § 64 KO 12, 138, 143
– und §§ 48 KO, 27 VglO 130
Sicherungseigentum und Sicherheitsforderung
– Sicherungsgeber-Konkurs 83
Sicherungseigentum und Vorbehaltseigentum s. Vorbehalts- und Sicherungseigentum
Sicherungsfunktion
– erweiterter Eigentumsvorbehalt 61
– fiduziarische Sicherungsabtretung 93
Sicherungsgeber
– und Vorbehaltskäufer 135
Sicherungsgeber-Konkurs 16
– Sicherungseigentum 83f.
– Sicherungseigentum und Sicherheitsforderung 83
– und Treuhandeigentum 130f.
– Umwandlungsprinzip und BGH 63
– Umwandlungsprinzip bei Sicherungszession 100
– Umwandlungsprinzip und Sicherungsübereignung 83
Sicherungsgeber-Vergleich
– Umwandlungsprinzip 83
– Verlängerungen kraft Vorausabtretung 176
Sicherungsgeschäft
– Schranken 171
Sicherungsgläubiger
– und Gläubiger 80
Sicherungsgrundschuld 4, 171
– und Bankenpool 154
– Sicherheitenpool 155
Sicherungsgut 170
– Begriff 54
– Begriff im Ersten Bericht 159
– dynamisches, Verlängerungsformen 118 i.V. mit 117
– bei Erweiterung 44
– als Sicherungsmittel 44f.
– statisches 117
– und überschießende Rechtsmacht 81
– vertragswidrige Veräußerung 82
Sicherungsmittel 3, 12, 131, 133
– Begriff 45
– bei Erweiterung 45
– künftige Forderung 57
Sicherungsnehmer-Konkurs 16, 100
– Aussonderungsrecht des Sicherungsgebers 25, 132
– und obligatorischer Rückgewähranspruch 132
– und schuldrechtlicher Verschaffungsanspruch 132

Sicherungsobjekt
- Begriff 45
- künftige Forderung 58

Sicherungspool
- Außengesellschaft 152
- Begriff 152
- Geltendmachung von Sicherungsrechten 152
- und Lieferantenpool 153
- Organe 152
- Zweck 152
- s. auch Pool, Sicherheitenpool

Sicherungsrechte
- nichtpfandrechtliche 72
- ökonomische Analyse 73
- Vergemeinschaftung 152

Sicherungstreuhänder
- Rechtsstellung 104f.

Sicherungstreuhand 12ff., 80ff.
- und Absonderung bei Sicherungseigentum 25
- und Aussonderung im Sicherungsnehmer-Konkurs 25
- Außen- und Innenverhältnis 94
- echte 81
- Erfordernisse 81f., 100
- Funktion bei Sicherungsabtretung 100
- Funktion bei Sicherungsübereignung 82f.
- Gesetzesumgehung 94
- Kennzeichen und Mechanismen 99ff.
- und Pfandrecht 94
- quasidingliche Wirkungen und Umwandlungsprinzip 100
- Rückgewähranspruch als Wesensmerkmal 58f., 99, 117
- und Sicherungsübertragung 3, 12f.
- überschießende Rechtsmacht 99f.
- Unmittelbarkeitserfordernis 81
- und Verwaltungstreuhand, Umwandlung 15
- Wesen 3

Sicherungstreuhand, fiduziarische
- und „Verwandlung" von Vorbehaltseigentum im Zweiten Bericht 161

Sicherungstreuhand, römischrechtliche 13ff., 34, 104f.
- Kennzeichen 105

Sicherungsübereignung
- und Anwartschaftsrecht bei auflösender Bedingung 29
- Besitzkonstitut 8
- und besitzloses Pfandrecht 134
- Funktion der Sicherungstreuhand 100
- Gebäude auf fremdem Boden 4
- und Geheimhaltungsinteresse 72f.
- und Grundpfandbestellung 5
- Grundstück 4, 6, 19
- gutgläubiger Erwerb 171
- „heimliche" 110
- und heimliches Pfandrecht 110
- Japan 4, 132f.
- und Nutzungsinteresse 72f.
- und Sicherungsabrede als konkretes Konstitut 8
- umsatzbestimmte Ware 116f.
- zum Verbleib bestimmte Ware 116f.
- und Verpfändung, Konkurs 83f.
- Verpfändung beweglicher Sachen 6ff., 67, 71ff.
- Warenlager mit wechselndem Bestand 170

Sicherungsübereignung und Eigentumsvorbehalt
- Gleichbehandlung 136
- Verlängerungen kraft Verarbeitungsklausel, Gemeinsamkeiten 35f., 48ff., 120
- Verlängerungen kraft Vorausabtretungsklausel, Gemeinsamkeiten 35ff., 119

Sicherungsübereignung, auflösend bedingte 29f.
- Ausnahmefall 56
- und Rückgewähr 59
- umsatz- bzw. zum Verbleib bestimmte Ware 116f.

Sicherungsübereignung, erweiterte 174
- Grundgedanken 44f., 122f., 142f.
- Musterklausel 33, 44
- Terminologie 59f.
- Wesensmerkmal 44

Sicherungsübereignung, unbedingte
- Erledigung des Sicherungszwecks 56f., 132
- und obligatorischer Rückgewähranspruch 58f., 117, 132
- als Regelfall 29, 56f., 131

Sicherungsübereignung, verlängerte 31ff.
- Begriff 36, 120f.
- und Durchlässigkeitsgebot 141
- Technik 36ff.
- und Verarbeitungsklausel 36, 53
- Verlängerungsform, Begriff 36
- und Vorausabtretungsklausel 36

Sicherungsübertragung 109, 129
- Anwartschaftsrecht 27
- Ausgestaltungen 110
- Begriff 3, 109
- und bewegliche Sachen 3, 6ff.
- eingeschränkte Vollrechtsübertragung 80
- fiduziarisches Rechtsgeschäft 3
- Forderungen und Rechte 3, 6
- Funktion 80ff.
- Gegenstände 170
- Gewohnheitsrecht 5f., 110
- Grundgedanke 80
- Grundlagen 170
- und Grundstücke 4, 19
- kraft Vorausabtretung verlängerte 173
- Rechtskonstruktion 80ff.
- Rechtsquellen 5f.
- und Sicherungstreuhand 82
- als Treuhandgeschäft 170
- und § 223 Abs. 2 BGB 109

Sicherungsübertragung, auflösend bedingte 116
- s. auch Sicherungsübereignung, auflösend bedingte

Sicherungsübertragung und Eigentumsvorbehalt s. Eigentumsvorbehalt und Sicherungsübertragung

Sicherungsübertragung, einfache 3ff., 19, 170f.

Sicherungsübertragung, fiduziarische
- Gewohnheitsrecht 94
- Rückgewähranspruch als Wesensmerkmal 117

Sicherungsvorausabtretung s. Vorausabtretung, sicherungshalber

Sicherungszedenten-Konkurs
- Umwandlungsprinzip 100

Sicherungszession s. Sicherungsabtretung, fiduziarische bzw. nicht fiduziarische

Sicherungszweck
- bei aufschiebender Bedingung 56
- Erledigung 54, 56ff., 132
- erweiterter 10, 34, 148
- und Erweiterung 55, 123
- und Klauselwerk 34
- und künftige Forderung 57
- und Rückgewähranspruch 99
- und Sicherungsabrede 55, 81
- Vollrechtseinschränkungen 80
- bei Vorbehaltseigentum, Wechsel nach Erweiterungsfall 62

Sittenverstoß (§ 138 BGB) 54, 113
- und Sicherungsübertragung 171f.

Spezialitätsgrundsatz 171

statische Sachsicherheit s. Sachsicherheit, statische

Statistik
- Eigenkapitalquote 85
- Factoring-Geschäft 89
- Insolvenzen 86, 176

Steuererstattungsanspruch 77, 88

Steuerrecht
- Eigentumsvorbehalt 170
- Sicherungsübereignung 4

Streitwert
- und Verarbeitungsklausel 52

Surrogat 35, 48
- rechtsgeschäftliches 36

Synallagma 10
- und Eigentumsvorbehalt 10, 162

T

Tausch 20f.

Teilabtretung 39

Teilverzichtsklausel, schuldrechtliche
- und Konkurs 175

Tradition
- und Reform 107

transfert fiduciaire 149

Trennungstheorie
- bei Eigentumsvorbehalt und Sicherungsübertragung 129ff.
- und Verarbeitungsklausel 147

Treuabrede (Treuhandabrede) 16, 34, 81
- Außen- und Innenwirkung 81
- Inhalt 81
- obligatorische 82
- und quasidingliche Wirkungen 82, 130
- und schuldrechtliche Sicherungsabrede 15f., 34, 170

Treugeber
- und Eigentümerstellung 82

Treugut 13, 81f.

– Kennzeichnung 25
– Überschuß an Rechtsmacht 105
– vertragswidrige Veräußerung 82
Treuhänder
– und Eigentümerstellung 82
– Erster Bericht 157f.
Treuhand
– schuldrechtliche Zweckbindung 14
– und Sicherungsübertragung 34
– Wesen 14, 43
Treuhand, eigennützige
– geänderte Zweckbestimmung 15
– und Umwandlung 15
– und uneigennützige 15
Treuhand, fiduziarische
– und gewöhnliche Vollrechtsübertragung 80
– s. auch Treuhand römischrechtlicher Herkunft
Treuhand germanischrechtlicher Herkunft 13f., 35
– und Einziehungsermächtigung 104ff.
– und Ermächtigung 40
– und römischrechtliche fiducia 104f.
Treuhand römischrechtlicher Herkunft 13ff., 104f.
– und germanischrechtliche 13f., 34f.
– s. auch fiducia, römischrechtliche
Treuhand, sicherungsrechtliche
– und Rückgewähranspruch 58f., 99
Treuhand, unechte
– und Poolvertrag 152
Treuhandabrede s. Treuabrede
Treuhandcharakter
– und Sicherungscharakter 93
Treuhandeigentum
– Schwankungsbreite 82
– Sicherungseigentum 12f.
– und Sicherungsgeber-Konkurs, Absonderung 130
Treuhandgebiet 31
Treuhandgeschäft
– und Sicherungsübertragung 98, 171
Treuhandverhältnis, germanischrechtliches 42
– und fiduziarische Treuhand 43
Treunehmer s. Treuhänder
Treuzweck 106
– und ermächtigende Treuhand 43
– und fiduziarische Treuhand 43

U

Übereignung
– aufschiebend bedingte 23ff.
– durch Besitzkonstitut 8, 68
– bewegliche Sachen 21
– und Verpfändung, Publizität 70
– §§ 929, 930, 931 BGB und Offenkundigkeitsprinzip 67f.
Übereignung, antizipierte (§ 930 BGB) 50, 78
– und Vorausabtretung 78f.
Übereignungspflicht
– nach Veräußerung der Vorbehaltsware 114
– nach Verarbeitung der Vorbehaltsware 114
Übergabesurrogat 21
Übersicherung 54
– und Klauselkombination 174
– und uneingeschränkte Verarbeitungsklausel 53f.
Umlaufvermögen
– dynamisches Sicherungsgut 117
Umwandlungsprinzip 12, 16f., 34, 60, 100, 131
– Begriff 16
– und Durchgangserwerb bei Vorausabtretung 146
– und Elastizität 62f.
– und Gewohnheitsrecht 17, 62f.
– und Globalzession bei unechtem Factoring 101
– Grundgedanke 83
– Kennzeichen 82
– Konkurs und Vergleich 83, 100
– und nicht fiduziarische Sicherungsabtretung 101
– und Rückgewähranspruch 132
– und Sicherungseigentum 83
– und Sicherungstreuhand 82
– bei Sicherungszession 100
– Wesensmerkmal der fiduziarischen Treuhand 101
unechtes Factoring s. Factoring, unechtes
ungerechtfertigte Bereicherung s. Bereicherung, ungerechtfertigte
Unmittelbarkeitserfordernis bei Sicherungstreuhand 81
– Rechtsprechung und Schrifttum 81f.

Unmöglichkeit
- und Veräußerung oder Verarbeitung der Vorbehaltsware 114

Unternehmensinsolvenzen
- Statistik 86

Unternehmensrecht 73, 165
USA 89

V

Veräußerung
- durch Nichtberechtigten 43
- umsatzbestimmter Vorbehaltsware 111, 114
- unrechtmäßige 41
- s. auch guter Glaube

Veräußerung, vertragswidrige
- von Sicherungsgut 82

Veräußerungs- und Einziehungsermächtigung
- Verhältnis 119

Veräußerungsbefugnis
- schuldrechtliche Gestattung und dingliche Ermächtigung 41

Veräußerungsermächtigung (§ 185 BGB) 31, 40ff., 175
- Abtretungsverbot und Rechtsprechung 41
- Bar- oder Kreditgeschäft 44
- und Bargeschäft 114
- und Eigentumserwerb 41
- Inhalt 119
- institutionelle 43
- Konkurs 175
- ordentlicher Geschäftsverkehr 119
- und Rückübereignungspflicht bei umsatzbestimmter sicherungsübereigneter Sache 117
- Schranken 41
- und schuldrechtliche Gestattung 41
- und Übereignungspflicht aus Vorbehaltskauf 114
- Überschreitung 43
- umsatzbestimmte Sachsicherheit 40
- und § 185 BGB 41f.

Verarbeitung (§ 950 BGB) 49, 173
- und Ausgleich (§ 951 BGB) 163
- Erster Bericht und Verarbeitungsklausel 160
- und „gesetzliche“ Verlängerung im Ersten Bericht 160, 163
- Lebensanschauung 50
- und originärer Eigentumserwerb 50
- Rechtsfolge 142
- Schrifttum 49f.
- umsatzbestimmte Vorbehaltsware 111
- mit Verarbeitungsklausel 49ff.
- ohne und mit Verarbeitungsklausel 49
- Verlust der Sachsubstanz 141

Verarbeitungs- und Vorausabtretungsklausel
- Kombination 121
- kombinierte, im Vergleich und nachfolgenden Konkurs 121
- kombinierte, in der Insolvenz 176
- nachgeschaltete, bei Eigentumsvorbehalt und Sicherungsübereignung 121f.

Verarbeitungserlaubnis
- Konkurs 175
- Vergleich 176

Verarbeitungsgestattung 115, 117, 120
- Muster 32f.
- und Rückübereignungspflicht bei umsatzbestimmter sicherungsübereigneter Sache 117
- und Übereignungspflicht aus Vorbehaltskauf 114f.
- § 950 BGB 114f., 120

Verarbeitungsinteresse 71
Verarbeitungsklausel, eingeschränkte (Erwerbsbeschränkungen) 47f., 53f., 173
- und BGH 53f.

Verarbeitungsklausel, uneingeschränkte 49, 53f.
- Zulässigkeit 54

Verarbeitungsklauseln 31, 48, 120, 173
- AGB-Gesetz und BGH 10, 54
- antizipierte Sicherungsübereignung 32f., 50
- Austausch von Sachsicherheiten 120, 140
- BGH und Theorienstreit 50, 52
- derivativer Eigentumserwerb 50
- dispositives Recht in § 950 BGB 49
- Durchgangserwerb 50
- Durchlässigkeitsgebot bei Sicherungseigentum 141f.

- Durchlässigkeitsgebot bei Vorbehaltssache 141, 147
- Geld- und Warenkredit 35, 48
- im Konkurs 175
- Mechanismus 120
- Miteigentum 47f.
- Muster einer Großbank 32f.
- Muster aus Lieferantenpraxis 47f.
- originärer Eigentumserwerb 50, 52
- Ratschlag 52
- rechtsgeschäftlicher Sicherheitenaustausch 120
- sich überschneidende 54, 173
- und Sicherungseigentum, Durchlässigkeitsgebot 141f.
- und Sicherungseigentum an neuer Sache 53, 122
- und Sicherungseigentum am Rohstoff 53
- Theorienstreit 49ff.
- und Trennungstheorie 147
- und Verarbeitungserlaubnis im Konkurs 175
- Vergleich 176
- und verlängerte Sicherungsübereignung 53
- und verlängerter Eigentumsvorbehalt, Schrifttum 53
- und Verlängerungsformen 121f.
- und Vorbehaltseigentum am Rohstoff 53, 122, 147
- Zulässigkeit 49f., 54 i.V. mit 10

Verbindung
- und „gesetzliche" Verlängerung im Ersten Bericht 160
- Sache mit Hauptsache (§ 947 Abs. 2 BGB) 160

Verbot, gesetzliches (§ 134 BGB) 22
Verbundkonzept 139ff., 145ff.
Verfügung 24, 77, 79, 99, 106
- kausale 24

Verfügungsgegenstand 39
Verfügungsgeschäft 23
- aufschiebend bedingtes 23
- halbfertiges 77

Verfügungsgeschäft, unwirksames
- bei Forderungsverpfändung und Abtretung 77
- halbfertiges 77

Verfügungsinteresse 71
Verfügungsmacht
- und Ermächtigung 43
- Verlust nach Vorausabtretung 96

Verfügungstatbestand 23, 39
- und Anzeige 77
- bei Vorausverfügung 95

Verfügungstatbestand, fehlender
- halbfertiges Verfügungsgeschäft 77

Vergemeinschaftung
- Sicherungsrechte 152

Vergleich
- und Anschlußkonkurs 175
- einfache Sicherungsübertragung 172
- und Globalzession 175
- und sich anschließender selbständiger Konkurs 175
- Sicherungstreuhand 100
- Umwandlungsprinzip 17
- Verlängerungen kraft Vorausabtretung 176
- Verlängerungs- und Erweiterungsformen 175
- Vorbehaltskauf 170
- § 36 VglO und § 17 KO 115

Vergleich, außergerichtlicher
- und einfache Sicherungsübertragung 172

Vergleichsordnung 130
Verjährung 109
Verkäuferkonkurs s. Lieferantenkonkurs
Verkaufserlaubnis
- ordentlicher Geschäftsgang 47

Verkaufsermächtigung 33
Verkaufsgestattung
- schuldrechtliche 41

Verlängerungen
- „gesetzliche", und Erster Bericht 160
- und Globalzession, Unterschiede 125f.
- kombinierte 121f.
- bei Sicherungseigentum 35ff.
- bei Vorbehaltseigentum 35ff.
- s. auch Verarbeitungsklausel

Verlängerungen kraft Vorausabtretung
- AGB-Gesetz und BGH 10
- bei Geld- und Warenkredit 88, 118f.
- institutionelles Bild 43f.
- Technik 36ff., 119f.
- im Vergleich 176
- s. auch Vorausabtretungsklausel

Verlängerungen, hintereinandergeschaltete
- Mechanismus 121f.

Verlängerungs- und Erweiterungsformen
- bei Eigentumsvorbehalt und Sicherungsübertragung 172ff.
- Gegenüberstellung 122ff.
- Kombinationen bei Eigentumsvorbehalt bzw. Sicherungsübereignung 121, 172ff.
- Konkurs 174
- Verbindungslinien zwischen Eigentumsvorbehalt und Sicherungsübertragung 139
- Vergleich 175

Verlängerungsformen
- Aufriß 35f.
- und Austausch 36
- und Bereicherungsrecht 173
- und Durchlässigkeitsgebot 140f.
- und dynamische Sachsicherheiten 140, 142
- des Eigentumsvorbehaltes, Begriff 36, 120f.
- und Ersatzsicherheiten 140
- Grundgedanken 125
- Kollisionen 172
- im Konkurs 175
- und Sicherungstreuhand 35
- der Sicherungsübereignung, Begriff 36, 120f.
- Technik bei Vorausabtretung 36
- Terminologie 36, 172
- und Umwandlungsprinzip 34
- kraft Verarbeitungsklausel 120
- Veräußerungs- und Einziehungsermächtigung 119

Verlängerungsformen, gemeinsame
- bei Geld- und Warenkredit 35f., 118
- bei Vorbehalts- und Sicherungseigentum 35f., 117f., 140

Verlängerungsklausel 31

Vermögen
- und Pool 155
- des Poolmitglieds und Sicherheitenpool 155

Vermögensübernahme (§ 419 BGB)
- und Sicherungsübertragung 172

Vermögenswert, gegenwärtiger
- und Anwartschaftsrecht 26

Verpfändung
- Anwartschaftsrecht 26
- bewegliche Sache 67
- existente und künftige Forderung 78
- Forderungen 69
- offenkundige, Nachteile 71
- oder Sicherungsübereignung 6ff.
- und Sicherungsübereignung beweglicher Sachen 72
- und Sicherungsübereignung, Konkurs 83f.
- und Übereignung, Publizitätsfragen 67f., 70
- Unbrauchbarkeit für Kreditpraxis 7, 71ff.
- im voraus vorgenommene 77
- s. auch Fahrnispfand, rechtsgeschäftliches; Pfandrecht

Verpfändung künftiger Forderungen 76ff.
- fehlende Anzeigemöglichkeit 78
- fehlende Praktikabilität 76
- Grundsatzfragen 76
- und Verpfändungsanzeige 77

Verpfändungsanzeige s. Anzeige

Verpfändungsvertrag
- antizipierter 77

Verpflichtungsgeschäft 20
- und Erfüllungsgeschäft bei gewöhnlichem Kauf und Vorbehaltskauf 21ff.
- und Grundstücksübereignung 4
- bei Sicherungsübertragung 80

Verschaffungsanspruch, schuldrechtlicher
- und Konkurs 16, 132

Versicherungsforderungen 171

Verteilungsschlüssel
- Bankenpool 154

Vertrag, gegenseitiger (§ 320 BGB) 10
- und § 17 KO 30
- und § 17 KO, § 36 VglO 115

Vertragsbruch
- und Weiterveräußerung gegen Barzahlung 97

Vertragsbruchtheorie 97f.
- Kollisionsfall 96f.
- und kreditsichernde Globalzession 97ff.
- Rechtsprechung und Schrifttum 97
- Vollabtretung, gewöhnliche 98

Vertragsfreiheit
- Mißbrauch und Erweiterungsklausel 58
- Schuldrecht 9
- und Sicherungsabrede 80

Vertragspfandrecht s. Pfandrecht; Verpfändung; auch: Fahrnispfand, rechtsgeschäftliches
Vertrauensschutz (§ 407 BGB) 42, 106
Verwahrungsvertrag 68
Verwalter
- Erster Bericht 157, 163
- Treuhänder im Ersten Bericht 159

Verwaltungstreuhand 14f.
„Verwandlung"
- Vorbehalts- in Sicherungseigentum, Zweiter Bericht 161, 163

Verwertung
- Ausfall 11
- Erlösüberschuß 11
- Sicherheitsforderung 172
- Sicherheitsforderung im Konkurs 100, 172
- Sicherungseigentum im Konkurs 11, 83, 100, 172
- Sicherungseigentum außerhalb des Konkurses 172
- Vorbehaltseigentum im Konkurs 144
- Vorbehaltssache und pfandähnlicher Sicherungszweck 137

Verwertungsberechtigung
- und Erfüllungsfunktion des Vorbehaltseigentums 144

Verwertungserlös
- Sicherungspool 152

Verwertungsklausel 9
Verwertungsmodalitäten
- bei Vorbehaltssache nach Erweiterungsfall 148

Verwertungsmöglichkeit 71
Verwertungspool 151
- und Bankenpool 154

Verzug
- und Anwartschaftsrecht 28

Vollabtretung, gewöhnliche
- und Vertragsbruchtheorie 98
- und Vorausabtretung 79

Volleigentum
- und antizipierte Übereignung 78
- nicht fiduziarisch gebundenes und Treuhandeigentum 130
- Konkurs 11f.

Vollrecht
- Aussonderung 25
- und Einziehungsermächtigung 102
- Erwerb und Anwartschaftsrecht 131f.
- und Sicherungszweck 80
- zeitlich beschränkter Erwerb 104f.

Vollrecht, fiduziarisches
- als heimliches Pfandrecht 100

Vollrechtsübertragung
- endgültig und sicherungshalber, fiduziarisch 94
- zu treuen Händen 80, 110
- uneingeschränkte 80

Vollrechtsübertragung, gewöhnliche 80
- antizipierte Übereignung und Vorausabtretung 78ff.

Vollzugsgeschäft, dingliches 9
Vorausabtretung
- Abschlußtatbestand und Wirksamkeitsvoraussetzung 39, 95f.
- Analogie zu §§ 398ff. BGB 37, 79
- und Aufrechnung 175
- Bestimmbarkeit 39f.
- Bindungswirkung 96, 119
- und Durchgangserwerb 146
- und fertiges Verfügungsgeschäft 78f.
- Gesamttatbestand 39
- Gewohnheitsrecht 37, 79
- und Globalzession 38, 87
- Kennzeichen 38f.
- logische Sekunde 146
- mehrfache 173
- personen- und sachbezogene 125
- rechtliche Konstruktion 79
- und Rechtsgrund künftiger Forderung 38f.
- Rechtsgrundlagen 37
- sicherungsrechtliche, und Aufrechnung (§ 53 KO) 175
- stille Form 37
- und Verfügungstatbestand 96
- verlängerter Eigentumsvorbehalt und verlängerte Sicherungsübereignung, Gewichtung 88f.
- und Verlängerung 38
- Zulässigkeit 37
- und § 15 KO 175

Vorausabtretung, sicherungshalber
- Gewohnheitsrecht 37, 79

- und gewöhnliche Vorausabtretung 79f.
- stille Zession 119

Vorausabtretungsklauseln 33, 36
- Austausch von Sachsicherheit gegen Sicherheitsforderung 118
- Austausch Ware gegen Forderung 140
- bei Globalzession 86f.
- Muster 32ff.
- sich überschneidende 173
- und Verlängerungsformen 118
- bei Verlängerungsformen, Veräußerungs- und Einziehungsermächtigung 119
- s. auch Verlängerungen kraft Vorausabtretung

Vorausverfügung
- und Abschlußtatbestand 39, 95
- und Wirksamkeitsvoraussetzung 39, 95f.

Vorausverpfändung
- Forderung 77

Vorauszession s. Vorausabtretung

Vorbehalts- und Sicherungseigentum
- besitzloses Pfandrecht 133
- und dynamische Sachsicherheiten 140
- Egalisierung im Ersten Bericht 161f.
- Einheitsbetrachtung, Schrifttum 133f.
- Erster Bericht 162
- Gemeinsamkeiten 135
- Gleichbehandlung 135
- Rechtsgrundlagen 129
- Trennung und japanische Vorlesungspraxis 132f.
- zum Verbleib bestimmte (statische) Waren 116
- Vergleichbarkeit bei bedingter Sicherungsübereignung, BGH 135
- Vergleichbarkeit nach Erweiterungsfall beim Eigentumsvorbehalt 61, 148

Vorbehaltseigentum
- Annäherung an Sicherungseigentum 144
- Aussonderung 25, 129, 138
- als besitzloses Pfandrecht 134ff., 137f.
- Eigentum auf Zeit 147
- Elastizität 62f., 137, 145, 147ff.
- Erfüllungsfunktion 147
- Erfüllungsfunktion und Erweiterungsfall 61, 144
- und Erweiterungsfall 60, 143
- nach Erweiterungsfall, Konkurs und BGH 60f., 143f.
- als gewöhnliches Eigentum 130
- als Mobiliarsicherheit 3
- und Pfandrecht an eigener Sache 137f., 144
- und pfandrechtsartige Berechtigung 61, 145, 148
- Schwankungsbreite 17, 62
- Sicherungszwecke 137
- „Verwandlung“ in Sicherungseigentum, Zweiter Bericht 161, 163
- als Volleigentum 13, 129
- und Warenkredit 3f.
- Wesenszüge 24
- und § 903 BGB, § 43 KO 129
- und § 64 KO 138
- und § 26 VglO 129

Vorbehaltskäufer
- und Sicherungsgeber, Rechtsstellung 135

Vorbehaltskauf
- und auflösend bedingte Sicherungsübereignung 29f., 135
- und diametral entgegengesetzte Zwecke 111
- dynamische Vorbehaltsware 113ff.
- Eigentumsverschaffungspflicht bei dynamischer Vorbehaltsware 114f.
- Eigentumsverschaffungspflicht bei statischer Vorbehaltsware 112f.
- und gewöhnlicher Kauf, schuldrechtliche Gemeinsamkeit 23
- Konkurs 170
- und Sicherungsabrede, §17 KO 138
- zum Verbleib (statische) bzw. umsatzbestimmte (dynamische) Vorbehaltsware 111f.
- Vergleichsverfahren 170
- Zwangsvollstreckung 170
- §§ 455, 433 BGB und umsatzbestimmte Vorbehaltsware 114
- § 455 BGB und zum Verbleib bestimmte Vorbehaltsware 111
- und § 17 KO 30

Vorbehaltsware
- gutgläubiger Erwerb 169
- Verarbeitung (§ 950 BGB) 114

– s. auch Sache, bewegliche (Ware i. S. von § 1 HGB)
Vorbehaltsware, dynamische 41, 113ff.
– Begriff 112
– Eigentumsverschaffungspflicht und Verarbeitungserlaubnis 114
– Eigentumsverschaffungspflicht und Veräußerungsermächtigung 114
– und Erfüllungszeitpunkt 114
– Erweiterungsformen 115f.
– fehlende gesetzliche Regelung 111
– und fehlende Veräußerungsermächtigung 113
– Geschäftssphäre 111
– Hauptpflichten des Lieferanten 114ff.
– Interessenlage 112
– Veräußerung oder Verarbeitung 111
– § 17 KO bzw. § 36 VglO 115
– s. auch Sache, umsatzbestimmte; Sachsicherheit, dynamische
Vorbehaltsware, dynamische und statische 109, 111f.
– Begriff 112
– Schrifttum und Rechtsprechung 115f.
Vorbehaltsware, statische 111f.
– Begriff 112
– Interessenlage und § 455 BGB 112f.
– und § 17 KO bzw. § 36 VglO 115
– s. auch Sachsicherheit, statische; Sachsicherheit, zum Verbleib bestimmte; Ware, zum Verbleib bestimmte
Vorbehaltsware, umsatzbestimmte s. Vorbehaltsware, dynamische
Vorbehaltsware, zur Verarbeitung bestimmte
– und § 433 BGB 114
Vorbehaltsware, zum Verbleib bestimmte
– s. Vorbehaltsware, statische

W

Ware (§ 1 HGB) 7
– s. auch Sache, bewegliche
Ware, umsatzbestimmte 109ff.
– auflösend bedingte Sicherungsübereignung 116f.
– Sicherungsübereignung 116f.
– s. auch Vorbehaltsware, dynamische; Sachsicherheit, dynamische
Ware, zum Verbleib bestimmte 109ff.
– auflösend bedingte Sicherungsübereignung 116f.
– geschäftlich und privat 111
– Sicherungsübereignung 116f.
– s. auch Vorbehaltsware, statische; Sachsicherheit, statische
Waren- und Geldkredit s. Geld- und Warenkredit
Waren, künftige
– Sicherungsübereignung 171
Waren, statische s. Ware, zum Verbleib bestimmte
Warenkredit 3
– und fiduziarische Sicherungsabtretung 88
– und Vorbehaltseigentum 3f.
Warenkreditgeber
– Klauselkombination 34
Warenlager 7, 71, 170
– Fremdgut 171
Warenlager mit wechselndem Bestand 31, 58, 87f., 171
– Raumsicherungsvertrag 31
Warenlieferant 3
Wechsel 171
Wertpapiere 171
Widerruf
– ABAF 102f.
– Einziehungsermächtigung 42, 102f.
Widerruf, einseitiger
– und Bedingung 24
Widerruf, formularmäßiger
– Einziehungsermächtigung 102f.
Willensmangel (§ 119 BGB) 22
Wirksamkeitsvoraussetzung
– bei Vorausabtretung 39, 95f.
Wirtschaftspraxis 5

Z

Zahlungsbelege 39
Zahlungsunfähigkeit 174
Zedent
– Begriff 69
Zession s. Abtretung
Zessionar
– Begriff 69
Zivilrecht, geltendes 164f.
– und Auffüllungsgebot des Ersten Berichtes 163

– und reformierte Mobiliarsicherheiten 162f., 165
– und Sicherheitenpool des Ersten Berichts 162f.
Zollgut 170f.
Zwangsvollstreckung 14
– Anwartschaftsrecht aus Vorbehaltskauf 170
– Eigentumsvorbehalt 169f.
– und einfache Sicherungsübertragung 172
– und Sicherungseigentum 16
– Vorbehaltskauf 170
Zweckbestimmungserklärung 55
Zweckbindung
– und Treugutbegründung 81
Zweckbindung, schuldrechtliche 14, 104
– Innenverhältnis 81
Zweiter Bericht 136, 151ff., 176
– und „Verwandlung" des Vorbehaltseigentums 161